BESTSELLER

Pamela Jean Zetina es consultora en Comunicación Estratégica e Imagen Pública, conocida como "La Maga de la Persuasión" debido a su pasión por descubrir y compartir los trucos detrás de las relaciones exitosas, el liderazgo persuasivo y la comunicación asertiva. Es Licenciada en Comunicación (Universidad Anáhuac), Maestra en Desarrollo Humano Multidimensional (Universidad Ítaca), Máster en Programación Neurolingüística (Bandler Technologies y Neuroing), Certificada en Comportamiento y Conducta No Verbal (NoVerbal Consulting Group) y Diplomada en Imagen Física (Colegio de Imagen Pública), Argumentación e Inteligencia Verbal (Synderesis), Vocería y Comunicación para el Manejo de Crisis (ITAM) y Comunicación Política (Centro de Formación en Marketing Político). Es fundadora de la Certificación Lenguaje Persuasivo: Magia Orgánica (TM), que desde 2011 ha cambiado la vida de miles de personas que hoy cuentan con mejores habilidades de comunicación, y directora de la academia y despacho de asesores Pamela Jean Comunicación Estratégica. Imparte conferencias y cursos a nivel internacional y brinda coaching de oratoria, imagen, persuasión y medios, a destacados líderes del entorno político, artístico y empresarial, para ayudarles a comunicar lo importante de manera impactante.

PAMELA JEAN ZETINA

La magia de la persuasión

Descubre los trucos y secretos detrás del lenguaje persuasivo, el carisma y las relaciones exitosas

DEBOLS!LLO

El papel utilizado para la impresión de este libro ha sido fabricado a partir de madera
procedente de bosques y plantaciones gestionadas con los más altos estándares ambientales,
garantizando una explotación de los recursos sostenible con el medio ambiente y beneficiosa para las personas.

La magia de la persuasión
Descubre los trucos y secretos detrás del lenguaje persuasivo, el carisma y las relaciones exitosas

Primera edición en Debolsillo: junio, 2023
Primera reimpresión: noviembre, 2023

penguinlibros.com

Penguin Random House, por el diseño de portada
Diseño de interiores: Amalia Ángeles

ISBN: 978-607-383-220-5

Impreso en México – *Printed in Mexico*

Para mis padrinos, Rafa y Patacha.
Quienes en vida fueron mis guías,
mis maestros, mis porristas, mis cómplices
y me amaron "sin cuenta", a quienes me
encomendé más de una vez al escribir estas líneas
y quienes hoy desde el cielo colaboran para que
este libro llegue solamente a las manos de quienes
estén dispuestos a contribuir con amor para
construir una mejor sociedad, empezando
por ellos mismos y sus hogares.
Gracias por su infinito apoyo e inspiración.
Imprescindibles.

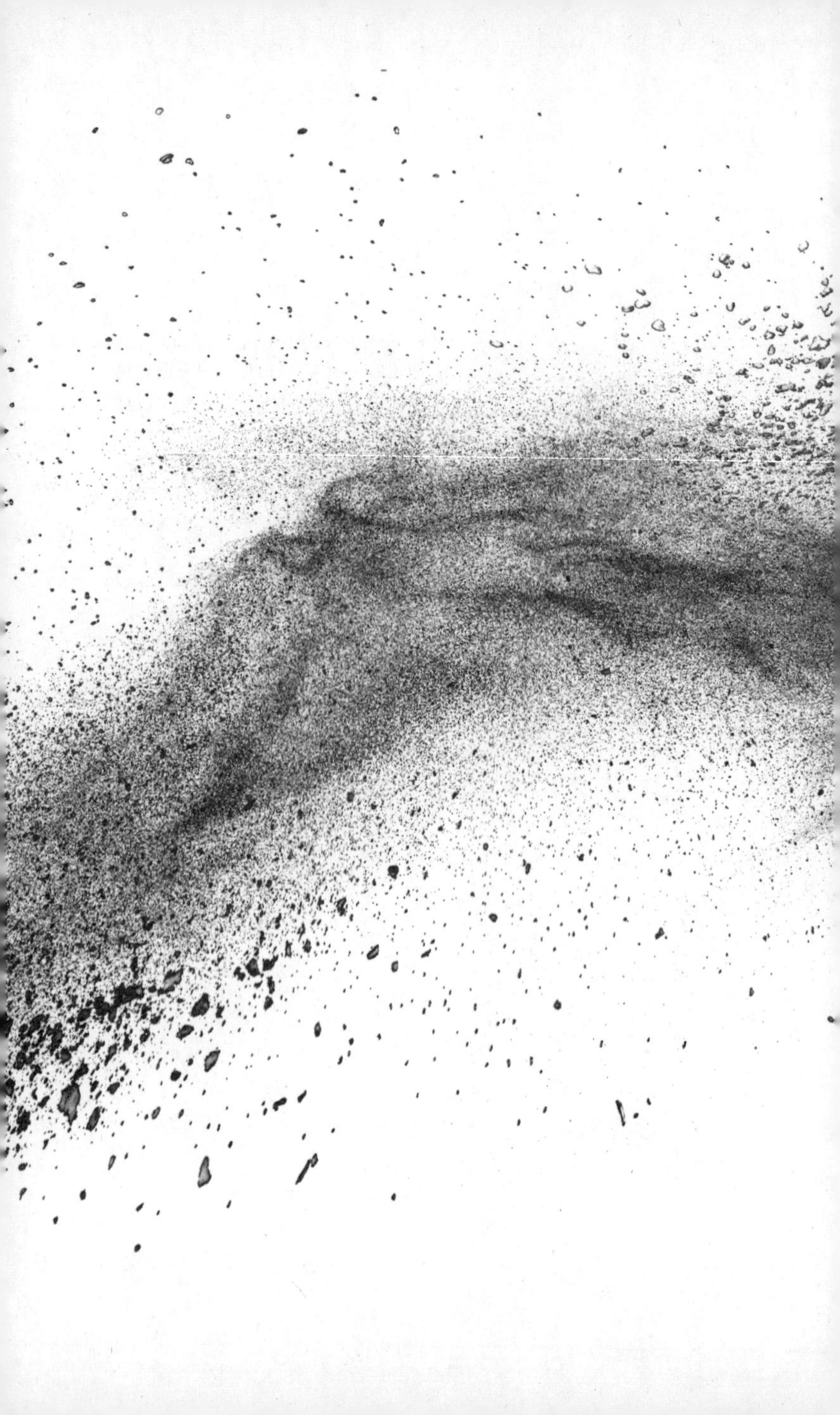

ÍNDICE

ADVERTENCIA

¿Cuál es la diferencia entre las personas que consiguen todo lo que quieren y las que jamás lo logran?

¿Por qué hay personas que son el alma de la fiesta y otras para las que su mejor compañero en la reunión son los cacahuates?

¿Cuál es el truco de los vendedores que venden hasta a su mamá y los que no concretan ni una cita?

¿Por qué hay personas que siempre consiguen un aumento, mejores puestos y siempre tienen dinero y otras que no completan ni para la tanda?

¿Cuál es la diferencia entre las mamás que tienen una gran relación con sus hijos y las que casi los tienen en arresto domiciliario?

¿Qué hacen las personas que siempre tienen una feliz pareja a diferencia de las que siempre están solas y no por elección?

¿Por qué hay jefes que son queridos y respetados y otros a quienes todos odian?

¡La respuesta la tienes en tus manos!, pero no sólo tienes la respuesta, tienes la fórmula para elegir qué persona quieres ser tú.

Durante más de 20 años he tenido la oportunidad de entrevistar a muchos expertos en diferentes temas (de todos he aprendido), pero nunca he conocido a alguien que domine y ponga en práctica el tema de la persuasión como lo hace Pamela. Es peligrosísima. No hay forma de decirle NO a nada. Sabe cómo interesarte, cómo sugerirte, cómo cautivarte, cómo convencerte, cómo hacer que decidas lo que ella necesita, y por si fuera poco... que creas que lo decidiste tú.

Pero lo más importante es que sabe cómo persuadirte para que al final tú también salgas ganando. Ésa es su magia.

Conocí a Pam hace mucho tiempo en el programa de televisión *Otro Rollo*, me acuerdo de ella muy chiquita (bueno, obvio, sigue estando muuuuuuuy joven), y lo que más me llamó la atención de ella desde el principio fue su entusiasmo, sus ganas de aprender, su simpatía nata, su disposición; pero lo que sobresalía de todo lo anterior eran sus ganas de ayudar, ése es su ADN y es precisamente lo que vas a encontrar en este libro.

He tenido la oportunidad de colaborar en varios libros con algún comentario inicial y tengo que confesarte que cuando recibí el manuscrito de éste me fui de espaldas, porque era un engargolado gigantesco y... pesadísimo (por eso cuando digo que me fui de espaldas es literal). El problema era que yo en ese momento estaba tapadísimo de chamba y pensé: ¡¿Cuándo voy a terminar este libro?!

Total que empecé a leer la primera página y, para ser sincero, ya no lo pude soltar. Ahora la bronca sería al revés... ¡¿Cuándo iba a terminar mi chamba?!

Siempre he escuchado la frase "Información es poder", pero pocas veces me ha hecho tanto sentido como en esta ocasión. Las herramientas que tiene *La magia de la persuasión* son tan valiosas que pueden cambiarle la vida a una persona.

Tanta información, ejemplos, datos, referencias, ejercicios y tácticas comprobables a la voz de ¡YA!, me hicieron no sólo devorarlo, sino querer hacerlo parte de mí inmediatamente.

Hoy me siento con más habilidades para cautivar, comprender, conectar, comunicar y convencer, y estoy seguro de que a ti te pasará lo mismo.

Por ello te hago una advertencia: *La magia de la persuasión* es un libro que definitivamente te marcará en un antes y un después. No volverás a ser el mismo.

Así que ¡vas con todo! Disfrútalo, gózalo, aplícalo y, sobre todo: mucha suerte con tu nueva vida.

Yordi Rosado

ÉSTE NO ES UN PRÓLOGO

No, éste no es un prólogo. Porque nunca he sido muy de prólogos, pocas veces los leo. No sé, quizá es que cuando un libro me entusiasma, me gana la emoción por brincarme de volada a la sustancia, al meollo del asunto.

A lo mejor estás pensando: "Pam, ubícate, el prólogo es im-por-tan-tí-si-mo porque en él el autor te pone en contexto para que puedas comprender el libro desde SU perspectiva, ¡duh!".

Más bien siento que este libro vas a leerlo desde TU perspectiva, tus propios intereses y para tus propios objetivos. ¡Y ése es el punto!, porque la comunicación es así. Podemos perder tiempo y esfuerzo en justificar por qué vamos a decir lo que vamos a decir, o simplemente invertir ese tiempo y esfuerzo en comunicar lo que queremos de una manera TAN eficiente que nuestras palabras hablen por sí mismas y penetren en la mente y el corazón de la gente de forma sutil, elocuente y persuasiva, para lograr influir en sus decisiones, pensamientos y emociones... como por arte de MAGIA.

Pero dicen que detrás de toda magia hay un truco, y eso lo descubrí a los siete años.

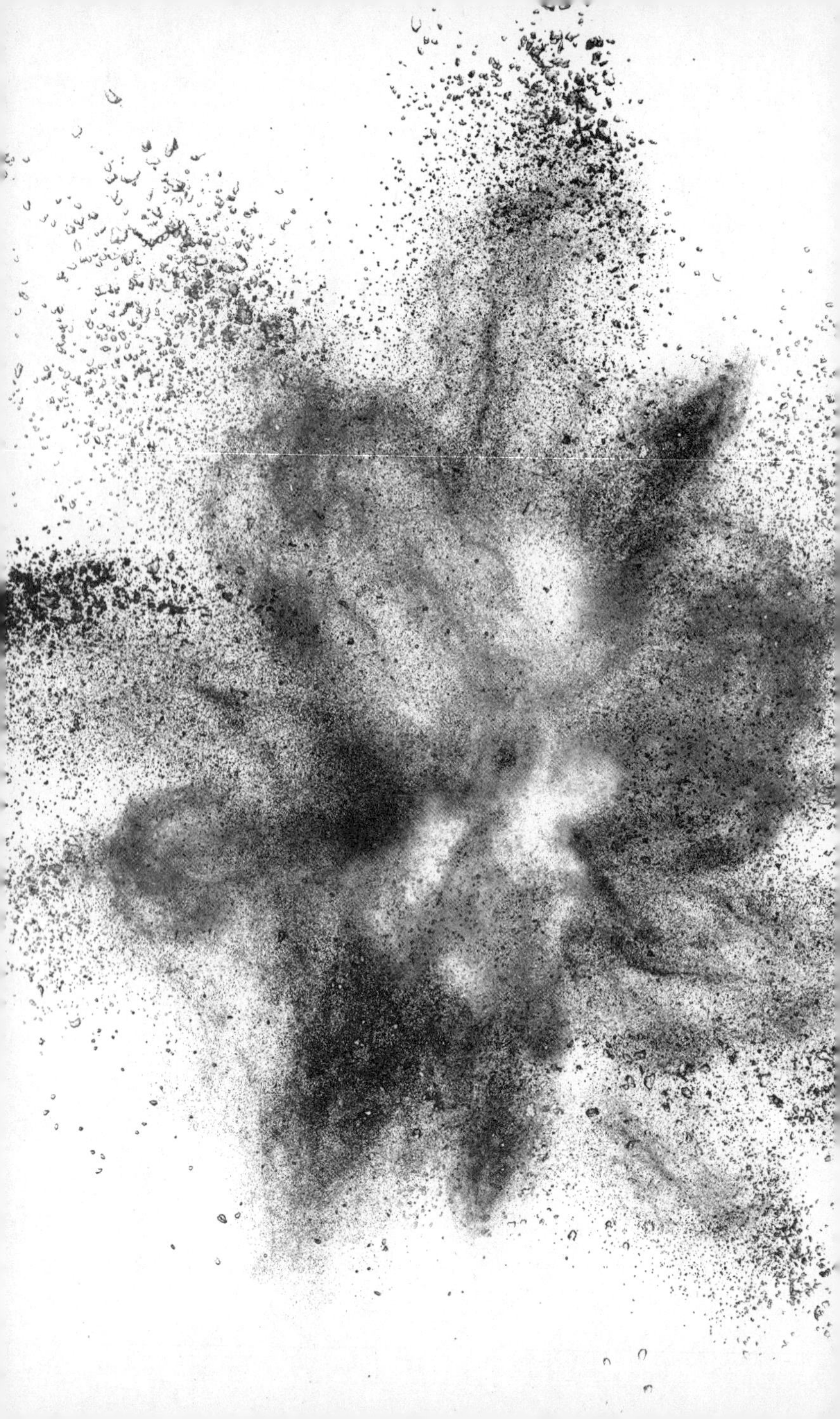

1

LA MAGA DE LA PERSUASIÓN: PA SERVIRLE A USTÉ

Yo no quería escribir este libro

En serio. Tampoco quería dar cursos ni conferencias. No quería ser especialista en comunicación asertiva ni persuasión. No quería dar asesoría en comunicación estratégica ni entrenar oradores. Es más, no quería ir como invitada a programas de televisión y radio como especialista en el tema. Suena *cool*, ¿verdad? Pero yo no quería...

Yo quería ser maga...

Desde los siete años era fan de David Copperfield, sin duda uno de los ilusionistas más talentosos que han existido. La primera vez que vi su show en el Auditorio Nacional de la Ciudad de México decidí que quería ser como él cuando creciera: una versión femenina y región 4 del maestro del ilusionismo. Estaba decidida. Quería dedicarme a reproducir por doquier la cara de sorpresa y desconcierto de cada persona de la audiencia que había dejado a un lado, por un par de horas, todo razonamiento científico para entregarse a la magia. Tan sólo durante dos horas lo que subía no tenía que bajar, la materia se creaba y destruía en lugar de transformarse, dos cuerpos podían ocupar el mismo espacio al mismo tiempo y no existían las leyes de la gravedad. ¿Así o más maravilloso?

Hubieran visto la cara de mis papás cuando se los comuniqué con tanta formalidad, como si hubiera tomado la decisión más importante de mi vida... y en parte lo era.

Ellos pensaron lo que todo padre pensaría de una niña de siete años que comunica algo similar: "Ya se le pasará...", pero como me vieron tan entusiasmada y decidida optaron por apoyarme y ayudarme a conseguir los mejores trucos de magia para que yo pudiera, por lo menos, entretenerme. Pasé horas encerrada en mi cuarto, sentada en la alfombra con Toto (una french poodle color negro que era mi fiel compañera) y un par de ratoncitos chinos que subían y bajaban por mi pierna, mientras yo me concentraba tratando de que mis pequeñas manitas hicieran lo imposible para lograr desarrollar la habilidad de la prestidigitación. (¡¿La presti... qué?! No comas ansias, ya te chismearé más adelante sobre cómo desarrollar esta habilidad para convertirte en un comunicador persuasivo.)

La maga precoz

¡Era imparable! Todos estaban atentos a mis shows de magia en cada comida familiar, y yo siempre en primera fila cuando algún mago famoso venía a México, hasta tuve la oportunidad de ir a ver a Copperfield y a Siegfried & Roy a Las Vegas. Y a los nueve años hice una gira para que el mundo conociera mis talentos... ejem... bueno, exageré un poquitín, pero es que ir al Ajusco —del ooootro lado de la ciudad— a hacer un show de magia en la fiesta de cumpleaños de mis primos chiquitos, frente a más de 40 niños de todas las edades... honestamente ya me parecía un evento internacional (si vives o has viajado a la Ciudad de México, puedes constatarlo).

Guardaba todos mis trucos, compuestos por cientos de piezas pequeñitas, en una maleta roja de Hello Kitty. Un día se perdió. Y yo... yo lloré y lloré y lloré, noche tras noche, caray, noche tras noche (igualito que Juan Gabriel). La verdad, me frustré. Volver a conseguirlos todos, después de haber invertido tanto tiempo y dinero en ellos, sería imposible. Entonces, ¿qué pasó con la entusiasmada maga precoz? Pues ante la frustración decidió que por el momento México tenía suficiente con el mago Frank y su conejo Blas. Ahí acabó mi carrera como maga. O al menos como el tipo de maga que pensaba en ese entonces que quería ser. Hoy me doy cuenta de que había malentendido el tipo de magia que estaba destinada a hacer.

Pero mi público conocedor —mi familia— seguía cautivo y expectante. No podía abandonarlos, dejarlos así, por Dios, ¿quién?, ¡¿quién los entretendría los sábados?! Para eso estaba yo.

Y por otro lado, tenía mucha energía y cero hermanos, así que mis papás decidieron meterme a clases de... pues de todo lo que se pudiera. Así que aprendí a tocar el piano, me convertí en bailarina de ballet clásico (actividad que realicé durante 12 años), en bailarina de jazz, en la bala veloz de un equipo de futbol, en poetisa y en una romántica escritora... de 10 años. Mi mamá quería que yo creciera como una mujercita culta y preparada, y eso, aunado a su propia pasión por el arte, la motivó a llevarme a todos los conciertos y obras de teatro que se pudiera. Eso me llevó a volverme loca por la música y a descubrir un nuevo tipo de magia que me tenía cautivada: la magia del espectáculo.

—Mamá, ¿sabes qué quiero hacer en la vida? Quiero descubrir la magia que ocurre detrás de las cortinas de la realidad.

Mi mamá escuchó la frase y se quedó estupefacta (dejaré este término dominguero por aquí para que te sorprendas con mi amplitud de vocabulario). Probablemente pensó: "Mi hija va a ser una gurú espiritual, es la elegida...". Después descubrió que me refería literalmente a lo que ocurre detrás de los telones del teatro, de los auditorios, detrás de una película o programa de TV, detrás de los grandes espectáculos.

—Mamá, cuando sea grande quiero ser conductora (presentadora) y productora de TV, actriz de teatro musical y comediante.

(Es probable que a estas alturas estés pensando: "¿Y esto a mí qué?, si quisiera conocer tu biografía la buscaría en Wikipedia o en un documental de History Channel". Bueno, pues, el problema es que esta historia aún no está ni en la red ni en ningún documental, y sí es MUY importante porque te ayudará a descubrir de dónde vienen muchos de los conceptos que voy a compartirte y te ayudará a comprender la relevancia que han tenido en cada faceta de mi vida y la que tendrán en cada faceta de la tuya. Así que relájate un ratito, imagínate que estás viendo una serie de Netflix, déjate llevar... los para qués quedarán resueltos cuando menos te des cuenta.)

Continuemos...

Nace una estrella

Siempre tuve cierto talento para las cámaras por una sencilla coincidencia: llegué a este mundo milagrosamente después de siete años de incansable insistencia de mis padres y, por ende, emocionados con su pequeño milagrito, decidieron documentar absolutamente TODO lo que hacía desde que nací, con cualquier tipo de aparato fotográfico y de video que tuvieran a la mano. Aunque no tengo hermanos, tengo muchos primos que desde chicos se divertían con mis ocurrencias, y desde entonces me convertí en directora y productora de mis talentosísimos consanguíneos para traer cada sábado o Navidad el show mágico-cómico-musical a la familia Zetina.

En donde había un escenario, una cámara o un micrófono, estaba yo. Como imán. Me sentía cómoda, estaba en mi hábitat natural. Al grado de que, a partir de los 10 años cuando hice mi primera comunión, me convertí en monaguillo para ayudar al padre todos los domingos en misa. Yo me sentía iluminada, casi poseída, cada vez que me hincaba junto al altar a tocar la campanita. Mis papás dicen que lo que me gustaba era el show y ése era un escenario más. ¿Será? Quizá una combinación de ambas porque, en efecto, siempre me he considerado una persona muy espiritual, como decimos mi mamá y yo: "Del equipo de Dios".

Por eso decidí estudiar conducción, oratoria, actuación en teatro, actuación en cine, improvisación, comedia musical, canto, proyección escénica, locución y un largo etcétera, y eventualmente estudié la licenciatura en comunicación en la Universidad Anáhuac. Ahí comencé a entender el gran fenómeno de la comunicación a través del tiempo. De la mano de Edward Bernays[1] descubrí la importancia tanto de la imagen pública como de las relaciones públicas y de lo necesario que es saber persuadir a las demás personas sobre aquello que es importante para nosotros. Como siempre me dice mi madre santa (a la que me verás mencionar una y otra vez pues ha sido mi más grande guía, amiga y maestra): "El mundo está hecho de gente, y es la gente quien te abrirá o cerrará las puertas de tus sueños".

Gracias a Hovland[2] descubrí la relevancia de la credibilidad de la fuente y del orden de los argumentos en una presentación. De todo esto te hablaré más adelante. Hovland dedicó sus años a investigar el efecto persuasivo del material cinematográfico de propaganda y definió la comunicación persuasiva como una formulación científica de la retórica; fue, sin duda, uno de los autores que más despertaron mi interés durante la carrera.

Y mientras estudiaba la licenciatura para, según yo, comprender la mente de los productores y ejecutivos de TV y radio que alguna vez me irían a contratar, fui a TOOOOODOS los castings habidos y por haber. Si no sabes bien lo que es un casting, permíteme explicarte: imagínate tener que ir a una entrevista de trabajo tres o cuatro veces a la semana, que dura tres minutos pero esperas a que te reciban más de tres horas mientras te mueres de los nervios, para que finalmente te di-

---

1 Bernays, Edward L., Public Relations, Edward L. Bernays and the American Scene, Faxon, 1951.

2 Carl Iver Hovland, Irving Lester Janis y Harlod H. Kelley, *Communication and Persuasion: psychological studies of opinion change*, Greenwood Press, California, 1953.

gan "no nos llames, nosotros te llamamos", y después de esperar con mucha ilusión, jamás recibas esa llamada. Entonces te quedas pensando que no eres lo suficientemente talentoso, guapo o capaz, porque SIEMPRE aparece alguien mejor que tú o que simplemente "da mejor el personaje"; acto seguido, recoges tu autoestima del piso con espátula, y corres a buscar otro casting. Si los planetas se alinean, los ángeles y santos conspiran a tu favor y te eligen en éste, vas a *call back*, esto quiere decir que fuiste de los mejores, y el filtro puede extenderse por días, semanas y meses; puedes incluso llegar a ser parte de la ultimisisisísima selección y aun así... no quedarte. Y cuando por fin te quedas en un proyecto, éste eventualmente se acaba (algunos duran solamente uno o dos días), y tienes que volver a empezar.

Mi mamá —gran abogada— y mi papá —administrador de empresas dedicado en cuerpo y alma a los seguros— (ambos muy habituados a las estructuras y ritmos de trabajo tradicionales) me veían salir nerviosa de mi casa una y otra vez, para después regresar cabizbaja y desanimada porque no me había ido bien. No podían entender por qué demonios había elegido una profesión en donde tendría que vivir en una especie rara de entrevistas de trabajo de manera permanente. Con todo y todo, en varias ocasiones ambos me acompañaron a las pruebas y grabaciones.

Pero gracias a los castings y a mi formación como actriz descubrí lo importante que es elegir y planear el personaje antes, para no correr el riesgo de quedar *mid cast* (le llamamos así a la inconsistencia o incongruencia que existe en un personaje, cuando alguno de los elementos no cuaja, no empata con el resto y el personaje no es creíble). Porque así como en el mundo del espectáculo el productor y el director de cada proyecto tienen en mente ya un estereotipo del personaje que quieren representar a través de su obra, y con base en eso evalúan si tú das el ancho y encajas en el personaje, en el mundo de los negocios y de las relaciones en general sucede igualito cuando la gente tiene cierta expectativa y se lleva una primera impresión de ti. Cuidar la congruencia entre los elementos de nuestra comunicación será fundamental para ganar credibilidad y ser persuasivos. Ya llegaremos ahí.

Nota: Aprovecho para expresar mi respeto y admiración a mis colegas artistas. Me consta que es de las profesiones más desgastantes que existen, ganan poco o nada hasta que logran hacerse de fama y pueden cobrar bien, trabajan incansablemente y a veces en condiciones durísimas. El glamur que pensamos que se vive en el mundo artístico es un gran mito.

Y ¿qué pasó con la joven estrella?

Hice un poco de todo: comerciales, infomerciales, *spots*, conduje cientos de eventos en vivo, participé en algunas series de TV, obras de teatro, fui locutora de radio y conductora de televisión. ¡Me divertí muchísimo! Me inspiraban la versatilidad y excelencia de Adal Ramones, que podía ser productor, director, actor, conductor, cantante y empresario al mismo tiempo, y hacerlo todo bien. Eso es lo que yo quería. Y por fortuna, acompañándolo a varios eventos, aprendí mucho de él y conocí a personas maravillosas que después se convertirían en grandes amigos y aliados, como Yordi.

Sin embargo, tenía muchos requisitos para trabajar que no me facilitaron el camino: no quería ni encuerarme ni enseñar de más, tampoco estaba dispuesta a besuquearme con nadie en una telenovela ni hacer escenas de cama. Me negaba a conducir programas de chismes para vivir a costa de los demás y tampoco de deportes porque no me interesaban. La verdad admiro mucho a quien sí hace todo esto y se entrega en cuerpo y alma al escenario y a las cámaras, pero "cada quien sus cubas", eso no era lo mío. Además de que no me sentía cómoda, intuía que esas cosas me pesarían en un futuro cuando requiriera proyectar una imagen más "formal" para... pues no tenía claro para qué, pero mi alma sabía que algo importante vendría.

Un día Nacho Ortiz (un gran tipo, por cierto), quien en esa época era como el San Pedro de Televisa, porque elegía a quién mandar a casting para programas importantes de entre una lista enorme de cantantes, actores y conductores, me dijo que no entendía qué estaba haciendo ahí si no estaba dispuesta a mostrar mi belleza ni a hacer ese tipo de escenas. Le expliqué que no estaba dispuesta a enseñar de más, pero que estaba en absoluta disposición de caracterizarme lo más fea y ridícula posible para hacer reír a los demás, que lo mío era la comedia. Y bueno, eso sí que le causó mucha gracia.

Como actriz, admiraba mucho la comedia de Eugenio Derbez, Héctor Suárez y, sobre todo, Andrés Bustamante, El Güiri Güiri, pero como conductora me inspiraban la elegancia y el carisma de Rebecca de Alba. Un día le pedí que me diera el consejo que le daría a una hermana pequeña si quisiera dedicarse a lo mismo que ella:

—¿Qué te hace diferente, Rebecca? —le pregunté intrigada.

—Prepárate mucho, y cuando creas que ya estás lista, sigue preparándote y perfeccionándote —me contestó.

"Tengo que prepararme más", pensé. Algo me está faltando.

Adicta y sin intenciones de rehabilitarme

Un día mi mamá encontró en el periódico el anuncio de un curso de Programación Neurolingüística (PNL), que se llamaba: "Descubriendo tu poder mental". Lo impartían Gabriel Guerrero y Omar Fuentes, dos de los maestros más reconocidos en el tema en toda Latinoamérica.

—Pam, mira, esto te puede servir para entender cómo funciona la mente de la gente y cómo puedes programarla y reprogramarla a través del lenguaje. ¿Vamos? —me dijo muy entusiasmada.

—¡Pues vamos! —le contesté inmediatamente.

Y así entré al apasionante mundo de la mente humana, y no salí jamás.

Te confieso que desde chica sentía una gran atracción por la medicina y hasta pensé estudiar la carrera, pero el mundo del espectáculo me pareció más atractivo y deslumbrante en ese momento. Sin embargo, me bastó con conocer un poquito sobre el cerebro humano para correr a comprar decenas de libros al respecto, me inscribí en todos los cursos que estaban a mi alcance sobre neurociencias, inteligencia emocional, psicología, ingeniería de la persuasión, ¡hasta PNL aplicada a la hipnosis! Más tarde me convertí en *master practitioner* de PNL y, aquí entre nos, en una especie de "neuróloga de clóset".

Entre muchas otras cosas, de Gabriel Guerrero aprendí cómo generar un cambio de estado emocional en mí y en otras personas, descubrí cómo trazar un mapa neurológico y crear tu destino reprogramando tu mente. Nos habló una y otra vez sobre cómo los grandes atletas utilizan estas herramientas para superar sus propios límites y alcanzar la excelencia.

De Omar Fuentes aprendí... ¡tantísimo! (y lo sigo haciendo, pues tengo la fortuna de colaborar con él en proyectos increíbles); por mencionar algunos temas entre tantos, gracias a él comprendí el poder de las palabras, descubrí cómo construir argumentos sólidos y persuasivos, y aprendí a leer entre líneas para entender el significado implícito detrás de las palabras.

Directamente de Richard Bandler, uno de los dos fundadores de la PNL, aprendí sobre hipnosis terapéutica y acerca de cómo los procesos mentales pueden estudiarse y programarse matemáticamente, para superar problemas como fobias y otras creencias limitantes.

Y no quiero dejar de nombrar a otros grandiosos instructores, por ejemplo a John Lavalle, presidente de la Sociedad de PNL, y a Owen Fitzpatrick, el irlandés más loco que he conocido (y no porque haya conocido a muchos irlandeses), creador de Charisma Training Academy.[3]

3 www.owenfitzpatrick.com.

Y hay que mencionarlos a todos ellos por una sencilla razón: "Honor a quien honor merece".

Una vez dicho lo anterior, solamente me queda algo que confesar: Hola, soy Pamela Jean, y soy adicta a la mente humana y a los efectos de la comunicación sobre ella.

Que la niña ahora quiere ser... ¡¿qué?!

Parecía que por fin me estaba convirtiendo en una persona "seria", pero aún no te vayas con la finta; una de las experiencias de las que más aprendí (en todo sentido) para en verdad crecer, evolucionar y llegar a enseñar lo que hoy enseño ocurrió después.

En esos cursos conocí a uno de los seres humanos que más han marcado mi vida desde el primer momento: Leonel (Leopi) Castellanos. Era mi primer curso de Introducción a la Programación Neurolingüística, yo tenía 19 años, Gabriel hablaba parado sobre una tarima, vestía una camisa negra con un dragón dibujado y llevaba un micrófono de diadema; Leopi estaba parado a su lado detrás de un teclado, con un mohawk, piercings en las orejas, unos jeans tipo baggies tan grandes que parecían caerse, tenis Converse de dos colores distintos (es decir, un zapato de un par y otro de un par diferente), un tatuaje enorme en el brazo y, mientras musicalizaba el cambio de estado que Gabriel dirigía, me miraba fijamente.

Mi mamá, al borde de un ataque en la silla de junto, lo veía con cara de "ni-te-le-a-cer-ques".

Yo lo veía intrigada.

En un break, Leopi se acercó a platicar con mi mamá y ella le contó que yo también tocaba el piano y además cantaba. Así que ni lento ni perezoso, Leopi propuso grabarme un demo, y me pareció que valía la pena, sobre todo hacerlo con alguien tan talentoso y divertido. Confieso que antes de eso, aunque era la reina del karaoke, jamás había considerado dedicarme a la música.

Grabamos el dichoso demo, compuesto por un par de poemas que había escrito de chica, motivada e inspirada por mi padrino Rafa, quien siempre me alentaba a escribir, festejaba mis aciertos y me hacía sugerencias (y quien ahora desde el cielo me ayuda con estas líneas, porque vivió para conocer, leer y retroalimentar los pininos de este libro). Así que por idea de Leopi les inventé una melodía y él los musicalizó.

En ese ínter, mi amigo Richie Rocha me invitó a abrir su show en el Bataclán con mis canciones nuevas. Le propuse a Leopi que tocara el teclado en el show y lo hiciéramos juntos, piano y voz. Pero no. Él suele pensar en grande y me dijo:

—Hay un grupo con el que palomeo los fines de semana, es un grupo de rock. ¡Vente un día a palomear y los convencemos de que toquen con nosotros!

Casi me desmayo. ¿Yo con un grupo de rock? ¡Pero mis rolas son lo más meloso y fresa que existe! (Cabe mencionar que en ese entonces de rockera solamente tenía el alma, pero todo lo demás en mí gritaba ¡pop! a todo lo que da; así que no sabía qué tan buena idea sería. #YoConfieso que no logré dormir ninguna de las tres noches anteriores a lo que te voy a platicar.)

Llegó ese sábado y con un poco de pánico atravesé la puerta del famoso Joint (el cuarto de ensayos). Ahí estaban ellos. Más rockeros imposible. Luigi en la batería vestía unos jeans rotos, una playera negra de Jack Daniels, un cinturón de estoperoles, una cadena, un paliacate de leopardo y tenía los ojos pintados de negro; él me dio un abrazo tan fuerte que me hizo perder el poco aire que me había quedado tras el impacto. Muerte en el bajo me recibió con un discurso del cual entendí una cuarta parte.

—Se llama Miguel Ángel, pero le decimos Muerte o Muerto, no responde a su nombre real, así que ni lo intentes —me advirtió Leopi.

Sam en la guitarra eléctrica traía un sombrero de paja que cubría su pelo güero, alto, muy delgado, con una camisa estilo *wife beater* y jeans, me recibió con un "¿qué onda?" no muy expresivo, mientras su piel blanca se enrojecía paulatinamente y él acomodaba el strap de la guitarra para disimular.

Chava en la otra guitarra tenía el pelo chino, cortito, castaño oscuro, traía puesta una playera verde de Benito Bodoque y de su hombro colgaba una guitarra de Hello Kitty.

—Él es como Chandler el de *Friends*, sabemos que trabaja en algo relacionado con números, pero nunca hemos sabido bien qué hace —me dijo Leopi al oído mientras se integraba a ellos en el teclado; me pasó un micrófono y me dijo que ya habían montado mis rolas y estaban listos para ensayar.

Curiosamente, en lugar de querer salir corriendo como cualquiera lo hubiera esperado, sentí que estaba en casa, que una parte de mí que había estado incompleta ahora ya no lo estaba. Tiempo después me contaron que ellos se sintieron igual, era la fuerza del destino... a esa extensa y ecléctica variedad le venía bien una chavita fresa de la Anáhuac.

Me sentí feliz.

El momento culmen de aquella primera noche con Los Leftovers fue cuando llegó la hora de tocar mi poética y melosa canción "Sé fuerte[4]."

Nota: Te comparto la canción en el siguiente código QR. Mientras la escuchas te pido que te imagines lo que pasaba por la mente de cada uno de estos rudos y peculiares personajes al momento de tocarla.

4 Vas a escucharla tal cual la produjimos Leopi y yo por primera vez en 2007. Los arreglos musicales son de él, la letra y la melodía son cortesía de una servidora. Mi primera canción en el mundo mundial.

Exacto... En ese momento, pensé lo mismo que tú... Pero para mi sorpresa, y ahora la tuya, después de tocar la canción por primera vez, Muerte volteó y con la expresividad propia de Droopy Dee me dijo: "Me encanta. Se acaba de convertir en una de mis canciones favoritas".

Ahí descubrí que detrás de esa ropa y esos looks eran igualitos a mí: sensibles, versátiles, creativos, disruptivos y con un gran corazón.

Llegó el día...

Mi primer soundcheck, mi primer camerino de rockstar, mi primera vez cantando con una banda en vivo. Y mientras el karaoke en mi casa moría de celos sabiendo que jamás regresaría, yo me moría de nervios. Luigi se acercó y me dijo algo que se convirtió en una filosofía de vida para mí y algo que comparto con mis alumnos en los cursos de oratoria:

—Pam, en esta banda todos somos rockstars —me dijo, agarrándome la cara con las dos manos.

—Sí, Luigi, ¡sé que son unos rockstars fregonsísimos! De verdad muchas gracias por darme la oportunidad y venir a tocar conmigo —contesté.

—No, no estás entendiendo. En esta banda TODOS somos rockstars, y tú eres parte de esta banda, así que también lo eres. Por eso te voy a pedir un favor: en el instante en el que pises ese escenario te vas a olvidar de que éste es tu primer show en vivo, piensa que estás en un world tour y que éste es uno de tantos conciertos pero, a la vez, el último de tu vida. Para convertirte en rockstar tienes que empezar por serlo.

Después comprobé científica y neurológicamente que Luigi tenía razón, a lo largo del libro te hablaré de eso y de cómo podrás utilizarlo a tu favor.

Empezó el toquín, yo estaba francamente aterrada y el cortisol (neurotransmisor asociado al estrés) hizo de las suyas para que se me olvidaran las letras. Chabe, una de mis mejores amigas, con quien hice mi tesis sobre jazz en la universidad, y quien además de cantar hermoso, tenía muchísima más experiencia que yo en los escenarios, por suerte estaba sentada en la fila de hasta adelante, pegadita al escenario, y me ayudó a salvar la noche soplándome algunas de las letras con los labios.

Uff... ¡cortisol del demonio! ¿Te ha pasado algo así, por ejemplo en una presentación en el trabajo? La buena noticia es que después aprendí también que el cortisol puede controlarse y que la adrenalina, en pequeñas dosis, es una excelente aliada si sabemos aprovecharla. Sigue leyendo y más adelante descubrirás cómo.

Total que, con todo y todo, ¡el show fue un éxito! Lo cual me dio entrada directita y sin escalas a Los Leftovers. ¡Hicimos una gran química!

¿Alguna vez te has preguntado qué es lo que ocurre detrás de la "química" que haces con alguien? Yo también me lo preguntaba y ahora lo sé. En el Paso 3: CONECTA, te lo explicaré. Pero no comas ansias. En este caso el orden de los factores sí altera el producto.

Así que un segundo show con rolas nuestras era inminente. Nos pusimos a componer.

Nació, entre 10 rolas más, "11" que más que una canción se convirtió en un himno, en otra filosofía de vida para la banda y para mí; de hecho, cada vez que me leas o escuches decir que es posible convertir lo ordinario en extraordinario, sabrás ahora lo que hay detrás. Porque la diferencia entre ambos términos es solamente el EXTRA, ¿te fijas? La mayoría de la gente aspira al 10, pero con este libro te convertirás en un comunicador tan hábil, que el 10 no será suficiente. El 11, ese extra, es nuestro objetivo y lo será siempre.

¿Le entras?

Por cierto, convencí a Los Leftovers de dejarte aquí un regalito, descarga la rola y hazla tuya. Más adelante también nos va a servir:

Así que llegó el día de nuestro primer show, ya como Los Leftovers. Llegamos al Bataclán en la colonia Roma, el lugar estaba a reventar. Cabe mencionar que días antes Leopi se las había arreglado para hacer llegar mi demo a Sony BMG, ese mismo día tuve un casting por la mañana y conocí a Memo Gutiérrez y a Paul Forat —en ese entonces A&R y vicepresidente de Sony BMG—. En la prueba canté "Algo más" de La Quinta Estación. Me fue bien, los vi interesados pero pensé que sería simplemente un casting más en mi traje de tigre, no le di importancia, pues ya para ese momento se me había hecho la piel un poco más dura, "ya no me cocía al primer hervor", como dicen en mi pueblo.

El show de la noche era para amigos y familia, nadie tenía la intención de llevarlo más allá; a decir verdad, cada miembro del grupo tenía su propia chamba, y en el caso de Leopi él tenía su propio grupo, Tiempo Real, a quienes amaba con amor jarocho y con quienes llevaba casi 12 años buscando firma de una disquera en cualquier parte del mundo.

Y no vas a creer lo que pasó...

Terminando el show, cuando iba directito a saludar y dejarme alabar por mi familia, apareció frente a mí Paul Forat. ¡¿Qué demonios estaba haciendo ahí?! Me detuvo en seco y me dijo: "Tienen el contrato mañana a primera hora en su correo".

#PLOP y #REPLOP.

Leopi me agarró del brazo, mientras yo seguía en shock sin entender una milésima parte de lo que estaba pasando, y me dijo: "¡Acompáñame al camerino, tenemos que hablar!".

—Pamela, no friegues, invité a Memo Gutiérrez a escucharnos como siempre lo he invitado a todo lo que hago, pensando que no pasaría nada, como nunca había pasado. Pero Paul estaba en México y resulta que te había visto en un casting en la mañana; Memo le dijo que iba a ir a un show por la noche en donde cantarías tú, ¡y Paul se apuntó! Pamelaaaaaa, he buscado esto toda mi vida. Pero chance es choro, aún no digas nada.

Yo no contesté, seguía pasmada.

Y ahí nos tienes a Leopi y a mí guardando el secreto hasta tener el contrato en las manos, y entonces sí, les dijimos a los demás. ¡FIESTAAAAAA EN AMÉRICAAAA!

Por el contrario, mis papás, tíos, primos y toda persona cercana a mí que sentía tres grados de verdadero afecto se aterraron: "La perdimos, ¿qué hicimos mal?, se va a volver drogadicta, va a vivir en giras y jamás se va a casar, y tanto que invertimos en su educación para que acabara en esto". Pero me apoyaron todo el tiempo y decidieron confiar en mí, y no me soltaron... JAMÁS.

Lo peor de Los Leftovers

Grabamos el disco con 11 rolas nuestras, irreverente y ecléctico como nosotros, se llamó *Lo peor de* Los Leftovers, como una especie de burla a las compilaciones de "Lo Mejor de..." de los artistas más famosos. ¿Qué había implícito en el nombre? (porque siempre hay algo implícito detrás de lo explícito, de eso hablaremos después), pues que si éste era lo peor y era tan bueno, seríamos imparables (modestia aparte).

Tocamos en cientos de escenarios, frente a miles de personas unas veces, frente a un puñado, otras, pero teníamos la firme creencia de que la única manera de triunfar era dando el 111 % de nosotros, así hubiera 10 000 personas o únicamente 10. Cada una de ellas merecía todo lo que había en nosotros. Y la reputación se construye una persona a la vez. Ambos son preceptos que hoy forman parte crucial de la metodología que voy a desvelar a lo largo del libro.

La primera vez que hicimos un show juntos con rolas de Los Leftovers mi formación y experiencia como conductora me traicionó, porque yo quería manejar la energía del público entre rola y rola, conduciendo el concierto. Hasta que me pusieron en mi lugar.

—¡No conduzcas, Pam! Aquí eres otro personaje, eres la mística vocalista de un grupo de rock. Métete en el papel —me dijeron mis hermanitos Leftovers.

Con ellos descubrí que para llegarle a la gente al corazón a veces es más útil hablar menos y proyectar las emociones con mayor intensidad. Descubrí que las emociones se contagian y que la única manera de provocarlas en el de enfrente es empezar por sentirlas tú mismo.

Descubrí que nuestra primera pregunta antes de comunicarnos con cualquier persona o con cualquier audiencia debe ser "¿cómo quiero hacerlo(s) sentir con esto que voy a decir?", y a partir de ahí elegir los recursos verbales y no verbales para lograrlo.

Descubrí que la gente no quiere verte perfecto, quiere verte real, quiere verte sentir, y que si un artista no suda y no se despeina sobre el escenario con emoción y pasión, nadie le cree.

Descubrí que lo que hace que seis o más instrumentos que se ven, se tocan y se escuchan de formas completamente distintas, produzcan música y no ruido al sonar juntos, depende del ritmo y la armonía que comparten. Después en PNL lo entendí como *rapport* y me di cuenta de que se puede utilizar para hacer clic con la gente.

Descubrí que lo que hace que seis o más individuos que parecen completamente distintos puedan crear arte juntos depende de su habilidad para encontrar ese punto en común que los mueve y apasiona, en nuestro caso fue la música, pero si alguna vez has estado en una negociación con tu jefe, cliente, pareja o hijo, y después de horas de discutir llegaron a un acuerdo en donde ambas partes salieron ganando de algún modo y te invadió una inmensa paz, no podrás negar que ese acuerdo sonó en aquel momento como "música para tus oídos". A lo largo del libro encontraremos la manera de identificar esos puntos de confluencia que aluden a las necesidades y motivaciones del otro, que son "música para sus oídos" y conquistarán su voluntad.

Y tres años después de hacer una gira por casi todos los bares, antros, foros, teatros y tugurios de México, financiada por nosotros, "en lo que llegaba el lanzamiento del disco" (nos decían), e intentarlo también por la libre o vía independiente en una época en la que las redes sociales apenas empezaban, decidimos que también teníamos que comer y familias que mantener. Con todo y que el disco estaba en manos de una de las mejores disqueras a nivel internacional y que lo había producido uno de los mejores productores en el mundo: Armando Ávila (y su maravilloso equipo de COSMOS), las cosas no se dieron. El *timing* fue muy malo, la disquera se quedó sin lana, la piratería estaba a mil y aún no existían plataformas como iTunes, mucho menos Spotify. Digamos que nos tocó la época de transición en el mundo de la música, y nos quedamos en el limbo. Así que nos abrazamos y decidimos seguir adelante con nuestras propias carreras y dejar la música como un hobby en el cual seguir encontrándonos, conectándonos y desahogándonos (siempre he dicho que mis noches de ensayos y palomazos salen más baratos que el Rivotril, el Tafil y el Diazepam).

Ya sabes, uno propone y Dios dispone. Pero todo pasa por algo, y hoy que lo veo en retrospectiva lo entiendo. Simplemente ahora comprendo que había confundido mis talentos de *show girl* con mi misión; ¡aunque usted no lo crea!, una vez más había malentendido el tipo de magia que estaba destinada a hacer.

¡Y qué bueno!, porque en cada esfuerzo, en cada intento, fui descubriendo o comprendiendo algo que después pude estudiar y experimentar para fundamentarlo y comprobarlo. Cada experiencia, cada persona a lo largo de mi carrera, sembró semillas que hoy dan frutos que puedo compartir contigo.

Un método como el que tienes hoy en tus manos no nació de la noche a la mañana, es consecuencia de un cúmulo de aventuras, esfuerzos y también tropezones de los cuales pude levantarme y logré capitalizar. Porque lo bailado nadie nos lo quita, ¿cierto?

Y estaba cada vez más cerca de descubrir mi vocación.

Quesque dice que ahora sí quiere enseñar

Ahí, en medio del enojo y la frustración, recibí la llamada de Jorge Hidalgo, un querido maestro de la Universidad Anáhuac.

—Pam, estamos por abrir una nueva carrera para todos los que quieren dedicarse a la industria del entretenimiento como managers de personajes públicos, productores de espectáculos, editorialistas, creadores de videojuegos, etcétera; se llama Dirección de Empresas de Entretenimiento. Necesitamos a alguien que sea de nuestra confianza y que conozca bien la industria musical en nuestro país. Pensamos en ti.

Me mandó el temario para impartir la materia de Mercado Musical e Industria Discográfica.

—¿Te sentirías cómoda impartiendo esos temas? ¿Los conoces bien? —me preguntó.

Wow, claro que los conocía. Y cuando empecé en esta industria me hubiera encantado que alguien me enseñara por las buenas en seis meses lo que yo tuve que aprender, a veces por las malas, a lo largo de casi cuatro años.

Uff, pero ¿yo dando clases? ¿A chavos que son casi de mi edad? ¿Qué autoridad voy a tener? ¿Y si no sé cómo? ¿Y si no me hacen caso? ¿Y si...? Ya sabes, eso y todo lo que la voz del miedo nos dice para imponerse y hacernos pensar que no somos suficientes.

—Güera —me dijo mi esposo Tony, que entonces era mi novio—, serías excelente maestra; además es una gran oportunidad para seguir creciendo y compartir lo que sabes, en lo que decides qué hacer con tu carrera. No pierdes nada y puedes ganar mucho.

Y tenía razón. Además, ¿qué mejor forma de canalizar la ira que tenía en contra de aquellos manejos obsoletos y absurdos de la industria musical?, porque de no evolucionar, seguiría dejando en el cajón a grandiosos talentos, como pasó con nosotros (porque la neta sí éramos buenos) y otras decenas de colegas hipervirtuosos que vi pasar por las mismas mientras las disqueras, con tal de sobrevivir, seguían sacando en su lugar refritos de artistas viejos, pues... ¡pa vender aunque sea tantito!

No, no, no. ¡Había que hacer algo! Y yo me tomé personal la encomienda de educar a quienes dirigirían la industria musical el día de mañana, para que esto no siguiera pasando en México.

Así que encerré a mi egocéntrico Miedo en un cuartito, le pedí a la Resiliencia que le entrara al quite, le di cuatro zapes bien puestos a la Perseverancia que se me andaba atolondrando, y acepté.

Pasó un semestre en el cual esa tarimita se había convertido para mí en un escenario más y yo me sentía cómoda en él, pero sobre todo se había convertido en un sueño hecho realidad: tener un trabajo o un proyecto para el cual leer, estudiar, tomar cursos y hablar en público fueron condición indispensable (ya sé, soy ñoñísima, lo acepto). Y cuando uno disfruta lo que hace los demás lo notan. Mis alumnos estaban contentos, yo feliz y mis jefes también. Así que, al conocer mi experiencia en otros rubros y lo que había estudiado a la par de la carrera, me ofrecieron dos materias más: Habilidades de Comunicación e Imagen y Opinión Pública.

Esas dos nuevas materias me hicieron leer y aprender como nunca y más temprano que tarde se convirtieron en mis favoritas. Pero además me dieron el pretexto perfecto para hablarles sobre temas que ya eran mi especialidad y de los que poco se hablaba: el lenguaje y la comunicación como medios para influir positivamente en los demás, en nosotros mismos y lograr nuestros objetivos. En pocas palabras, sobre persuasión.

Para mis alumnos esos temas eran como el dulcecito de premio al final de la clase. Me pedían más y más, ¡pero yo tenía que apegarme a un temario que no los incluía! Le platiqué a Tony y tuvo una gran idea: "Arma un curso con esos temas y ofrécelo en algún programa de liderazgo de la universidad".

Y eso hice.

Por suerte, dos queridísimos amigos y colegas dirigían entonces programas de liderazgo: Alonso Rivero y José Antonio Gea. Les mostré lo que tenía, creyeron en mí, confiaron (gracias, gracias, gracias) y a las pocas semanas ya estaba impartiendo el taller de Lenguaje Persuasivo.

Lo impartí una y otra vez. Primero a alumnos, luego había profesores y personal administrativo, más tarde amigos de mis alumnos me pidieron tomarlo por fuera, así que convertí la sala de mi casa en salón de cursos para que, de cinco en cinco (porque no cabían más), otras personas pudieran hacerse de estas novedosas habilidades.

Más tarde una alumna me dijo:

—Pam, le platiqué a mi papá sobre tu curso y me dijo que está interesado en que lo impartas en su empresa.

Le sonreí y le dije muy fresca y tropical (como diría mi amiga Joaly): "Ay, claro, sin broncas, dile que me llame".

Espera... ¿Yo, impartiendo cursos en empresas? ¿A gente tan preparada y más grande que yo? ¿Neta? ¿En qué momento? Pero ya me había demostrado que podía hacerlo... Sí. Sí podía. Así que me dije a mí misma: "Mí misma, agárrate porque vamos con todo".

Recibí la llamada. Me puse a pulir y personalizar el curso. Me presenté a impartirlo (bien plantada para que no me temblaran las piernitas) y... ¡triunfo total!

A partir de ahí las oportunidades y recomendaciones de boca en boca empezaron a llegar como una avalancha. Lo que siempre pensé que era mi lado B se había convertido en mi lado A, en mi pasión y prioridad.

Así que decidí seguirme preparando, pues la gente exigiría cada vez más. Estudié una Maestría en Desarrollo Humano

Oganizacional y Multidimensional en la Universidad Ítaca, para fundamentar muchas de las cosas que ya intuía o había aprendido con la práctica, pero también para aportar mayor valor en los procesos de las organizaciones que confiaban en mí y me contrataban.

Todo iba muy bien, hasta que un día se me ocurrió abrir la bocota en una cena familiar. Ahí estaba sentada platicando como siempre, muy agradablemente, con mi tía Martha Zetina, hermana de mi mamá. Ella había trabajado en Ocesa desde sus inicios —una de las productoras de expos y espectáculos más importantes en México, si no es que la más importante— coordinando expos, eventos, logística de grandes conciertos, entre otras cosas.

Pero en ese momento ya no trabajaba ahí, ella tenía ganas de emprender algo nuevo y yo tenía la fortuna de que pusiera sus ojos en mí.

—Panchis, ¿y si abres tu curso al público?, ¡lo promovemos juntas! Ya hablé con la gente del World Trade Center, que es algo especial y selectiva y, ¿qué crees? ¡Están interesados!

Me lleva... con tanto susto se me va a subir el azúcar. No salgo de una pa entrar a otra. Pensé.

—¡¿Estás loca?! La gente no me conoce, ¿cómo vamos a llenar un salón del WTC? —le pregunté.

—Hay salones para 20 personas. Probemos. Lo peor que puede pasar es que no llegue nadie, entonces lo llenamos con familia y amigos, perdemos lana pero sirve como inversión para tomar fotos y videos y poder promoverlo después —me contestó muy confiada.

—Lo voy a pensar —fue lo único que le respondí.

A los dos días me llamó para avisarme que ya tenía fecha, que no era opcional.

—¡Pero es dos meses antes de mi boda, me vas a matar de un infarto! —exclamé, bastante abrumada.

—Pues te vas a tener que organizar muy bien. Nada que no puedas hacer. Te conozco —y colgó.

En ese entonces yo trabajaba también haciendo *sketches* de comedia y entrevistas a especialistas en el Portal FF, el sitio de internet de Fernanda Familiar, una revista digital. Siempre agradeceré el apoyo y la fe que tuvo en mí. Su portal fue una gran escuela en muchos sentidos y me permitió conocer a gente valiosísima con la que hoy sigo colaborando, además de darles vida a personajes de comedia divertidísimos que amo, como La India Remedios y La Abuela Tulia. También conducía una sección que aún puedes encontrar en internet, llamada "111 segundos con...", en la que entrevistaba personajes famosos. Haciendo esa sección descubrí y comprobé lo poderosos que son los silencios y las pausas en la comunicación, para lograr que la gente hable de manera más franca; más adelante profundizaremos en ello.

Yordi Rosado era desde entonces muy famoso, interesante, sencillo y, además, un gran amigo desde que yo era pequeña. ¡Tenía que entrevistarlo para el portal!

Yordi me invitó a hacerle esa entrevista en EXA, desde donde transmitía su programa de radio. Terminando la entrevista le platiqué sobre el curso que impartiría en el WTC y le llamó muchísimo la atención el tema, así que me invitó a hablar al respecto durante un bloque de su programa, que se convirtió ¡en tres!, gracias a la buena respuesta de la gente.

Saliendo de ahí encendí mi celular... ¡se había vuelto completamente loco! Tenía 111 correos electrónicos pidiendo informes (recuerdo el número exacto), y Martha me habló extrañadísima: "Pam, ¿qué hiciste?, ¿en dónde estás?, ¡el teléfono no deja de sonar!".

Una semana después recibimos una llamada: "Hola, soy Diego Torres, gerente de EXA, nos interesa el curso para locutores y colaboradores de la estación, ¡hagamos un intercambio!".

Y así empezó mi gira de medios por EXA. Jessie Cervantes, director de la estación, nos recibió siempre con los brazos abiertos en EXA y en su programa. (¡Gracias, Jessie y Diego!)

Nos tuvimos que mover de salón para caber. En ese primer curso abierto al público tuvimos más de 80 personas, no daba crédito. Estaba sucediendo.

Nuestra siguiente parada fue dar una conferencia en la convención de MVS en Acapulco, frente a más de mil colaboradores del grupo. Siempre sorprendidas positivamente con la actitud, buena vibra y calidez de cada una de las personas que tuvimos el honor de conocer en esa radiodifusora.

Las conferencias siguieron, los cursos también. Abrimos una certificación llamada Lenguaje Persuasivo:Magia Orgánica (basada en el método que estoy por revelarte), que a la fecha ha transformado la vida de miles de personas que ahora saben conquistar la voluntad de la gente para triunfar en el ámbito personal y profesional. Después aparecieron en mi vida Mauricio Candiani y Adrián Peña de Allenamenti (una de las plataformas de conferencias más importantes de México), quienes creyeron en mí y con quienes logré llegar a nuevos públicos y empresas.

También crecieron las llamadas para invitarnos a colaborar en algún programa de TV, radio, medios impresos, digitales, blogs... Y como consecuencia, mientras seguíamos creciendo y ganándonos un lugar en el corazón de la gente, grandes líderes del entorno político, empresarial y artístico se acercaban a pedirme asesoría en comunicación estratégica, imagen pública o para entrenarlos en oratoria y medios.

Agradezco inmensamente la confianza de todos ellos. Principalmente agradezco a Luis Banck, quien con gran fe confió en mí y en los míos, para asesorarlo y entrenarlo a él y a su equipo. Con Luis y su gente aprendí muchísimo sobre política y buen gobierno, y me motivaba tanto que me clavé aprendiendo toneladas sobre comunicación política, redes sociales y sobre la manera en que podría aplicar mis conocimientos y experiencia en ese rubro que era entonces completamente nuevo para mí. Era muy emocionante planear estrategias de comunicación con él y su talentoso equipo, apoyarlo después en lo referente al mensaje, la imagen, comunicación visual, el *delivery*, entrevistas, etcétera, para encontrar, minutos después, en cada medio de comunicación y en la opinión pública, el resultado inmediato de nuestro trabajo que, no es por presumir (bueno, "nomás tantito"), nos salió requete bien.

Tuve que fundar un despacho de asesores: Pamela Jean Comunicación Estratégica, para darme a basto y seguir acercando nuestros servicios a más gente. Y cada día personas increíbles siguen apareciéndose y sumándose a este sueño, por ejemplo, Laura Ballin para continuar con el impulso de Martha, y quien además de coordinar los cursos de la Academia de comuniación estratégica, es una espléndida asesora en el despacho.

¡Vaya!, ya era hora...

Fue así que descubrí mi vocación, por fin comprendí el tipo de magia que quería y debía no sólo hacer, sino también enseñar: la magia de la comunicación y la persuasión. Me convertí en una metiche profesional, una apasionada por hurgar en la mente, en los sentimientos de la gente y en los procesos que nos llevan a tomar decisiones, y por descubrir los trucos detrás de las relaciones exitosas, el carisma y la comunicación asertiva.

Yo no quería escribir este libro ni dar cursos ni conferencias ni asesorías ni tips, pero descubrí que más que ser maga, quería convertirte A TI en mago. Transformarte en un ser capaz de combinar tus herramientas ordinarias de comunicación verbal y no verbal, en algo extraordinario, para obtener efectos que parecen magia.

Pero detrás de toda magia hay un truco, y eso es lo que vengo a revelarte. A través de este libro aprenderás los trucos detrás de la magia y descubrirás aquello que guardan en su sombrero los que "tienen sangre ligera", "son carismáticos", "le venden peras al olmo y arena al desierto", "son elocuentes", "tienen buena vibra", "transmiten confianza", "hacen buena química" y demás expresiones que utilizamos para definir a la gente que logra lo que se propone pues sabe cómo motivar y conseguir el apoyo de aquellos que le rodean.

Si te identificas ya con estas características, este libro será vital para ti, pues además de integrar herramientas nuevas reconocerás aquello que estás haciendo bien para poder sistematizarlo, comprenderlo y sólo así asegurarte de repetirlo cuando más te importe, quitándole el mando a la suerte y retomando tú el control. El mundo está hecho de gente que te abrirá o cerrará las puertas hacia tus sueños y objetivos, que se rige por sus pensamientos y emociones para tomar decisiones. Sólo comprendiendo cómo funciona la mente humana podrás activar los interruptores correctos en cada persona, de manera inteligente, y así mover al mundo en tu dirección.

Nota importante: A lo largo de este libro encontrarás anécdotas, testimonios y enseñanzas de muchas personas que han contribuido a construir este conocimiento. Desde seguidores que a través de las redes sociales me han ampliado el panorama al compartirme sus historias y plantearme sus dudas y preocupaciones; familiares y amigos que han sido compañeros, aliados y maestros extraordinarios; especialistas que por medio de cursos y libros han abierto mi mente a mundos que no imaginaba; así como clientes que han confiado en mí para aprender algo y que a su vez me han enseñado muchísimo. Son bastantes los libros que he leído a lo largo de mi vida y que me han guiado a distintas reflexiones que se han convertido en introyectos y timones, y aunque citaré a varios de los más importantes con la intención de que puedas complementar dichas ideas si así lo deseas, me enfocaré más en compartir contigo lo que he aprendido y descubierto a través de mi propia reflexión y experiencia. Y hago este comentario porque claramente soy una construcción compuesta por la sabiduría y enseñanzas de todos los que han marcado mi vida siempre para bien, pero si me detuviera a citarlos a todos encontrarías en estas líneas algo más parecido a una Sección Blanca o Amarilla —libros repletos de nombres y referencias, mismos que consultábamos cuando no existía Google para encontrar a una persona o servicio— que un libro realmente útil y práctico.

¡Por cierto! Casi lo olvidaba... A lo largo del libro hay diferentes elementos que harán más agradable tu paseo a través de estas líneas. Al término de cada capítulo encontrarás un resumen del mismo, para que antes de pasar al siguiente puedas recapitular rápidamente lo que acabas de aprender.

También, al final de cada truco, encontrarás Magia para llevar, se trata de conceptos específicos que te convendrá tener muy presentes una vez que cierres el libro, son los leftovers, las sobras de cada truco, que te llevarás para poder saborearlas más tarde otra vez, porque el recalentado sabe más rico.

Encontrarás retos después de cada herramienta. Son algunos ejercicios e ideas de cómo llevarlas a la práctica para convertirlas en verdaderas habilidades e incorporarlas a tu vida.

Y algo muy emocionante es que encontrarás material interactivo —videos, audios, imágenes, etcétera— al cual podrás tener acceso a través de los códigos QR (descarga cualquier lector QR desde tu tienda de Apps, muchos son gratuitos). Este material servirá para ilustrar y complementar de una forma muy dinámica lo que estás aprendiendo.

Gracias a quienes a través de las redes sociales me compartieron sus anécdotas, preguntas y reflexiones para nutrir este libro con su experiencia a través de la convocatoria que hice, llamada "La magia de la persuasión: ¡escríbelo conmigo!" A lo largo de este manuscrito mencionaré algunos de los comentarios que recibí y que más sirvieron en esta ocasión para ilustrar los conceptos. A quienes me abrieron el corazón pero por alguna razón no pude incluirlos esta vez, ¡sepan que los tengo presentes, que vendrán muchos libros más y que les agradezco en el alma!

Ahora sí…

¿Estás dispuesto a observar aquello que antes no veías?

¿Estás preparado para aprender a conquistar
la voluntad de la gente?

¿Estás listo para convertirte en un mago de la persuasión?

Acompáñame, tú flojito y cooperando…

2

PERSUASIÓN *VS.* MANIPULACIÓN: MAGIA BLANCA Y MAGIA NEGRA

—Pam, ¿nos vas a enseñar a manipular a la gente? —es la pregunta con la que me topo más frecuentemente cuando estoy por empezar un curso.

—Mmm, nop. Sería una pérdida de tiempo, porque mira, manipular es algo que ya sabes hacer desde que eras bebé. De hecho, los seres humanos solamente sabemos conseguir lo que queremos ya sea manipulando o persuadiendo, y mientras no sepas persuadir, lo que harás será manipular —suelo responderles.

Me gusta comparar la manipulación con la magia negra... Imagínate. Tienes un objetivo al cual quieres llegar a costa de cualquier persona o situación, supongamos que ese objetivo es enamorar a alguna "víctima". Pero no tienes habilidades porque no has leído los libros sobre seducción del "Efecto Leopi", entonces decides que te vale un cacahuate si a la otra persona le interesa o le conviene estar contigo, tú decidiste que ese ser humano tiene que rendirse a tus pies, y ante tu desesperación acudes a un mercado, por ejemplo el famoso Mercado de Sonora en la Ciudad de México. Ahí te encuentras a alguna bruja vendiendo magia negra, y te ofrece toloache, amarres, té de amor y hasta un muñequito de vudú.

"¡Así seguro cae!, va a perderse de amor por ti y no va a saber cómo ni a qué hora ni por qué; tú confía, marchantito", te dice la bruja.

Entonces la magia surte efecto, tu víctima cae en tus garras, pero tarde o temprano se da cuenta de que no eres el tipo de persona que necesita a su lado, que no eres lo que quiere, desea, anhela... porque tú eres una farsa; se siente engañada, algo no le vibra y se queda con un profundo sentimiento de odio, pero a la vez confía en que las leyes del karma hagan lo suyo, porque "el que la hace, la paga", y cuando le hacemos daño a alguien ese mal se nos regresa multiplicado siete veces siete. Ésos son los efectos y consecuencias de la magia negra.

Ahora imagina que eres un vendedor. Vas a la casa de una posible clienta, le presentas tu producto exagerando sus bondades, sin interesarte en sus necesidades reales, la engañas diciendo que ese producto podrá ayudarla a resolver lo que ella desee; está a punto de creerte pero te pide tiempo para hablarlo con su marido, tú la chantajeas emocionalmente y la presionas diciendo que la promoción del 50% será efectiva únicamente si toma la decisión ¡ya! Así que ella cede ante la presión, lo compra, tú te vas feliz sintiendo que lograste tu cometido y que te saliste con la tuya, incluso a pesar de ella, la manipulaste a tu gusto, pero no importa porque tienes cuentas que pagar y de que lloren en tu familia a que lloren en la suya... Pasan los días y ella se da cuenta de que lo que compró no era lo que necesitaba, ¡no le sirve de nada! En lugar de una inversión, se trató de un gasto absurdo en el que perdió tiempo y dinero. Le da coraje, se enoja y, desde luego, asocia ese sentimiento tan desagradable contigo. Habla mal de ti y de tu producto con al menos siete personas (karma instantáneo). Y como según la hipótesis de los "seis grados de separación", propuesta inicialmente por el húngaro Frigyes Karinthy y retomada por el sociólogo Duncan Watts,[1] una persona puede

1 Duncan Watts, *Six Degrees: The Science of a Connected Age*, W.W. Norton & Company, New York, London, 2003.

estar conectada a cualquier otra persona del planeta a través de una cadena de conocidos que no tiene más de cinco intermediarios, es decir, conectando a ambas personas con sólo seis enlaces, entonces tu reputación acaba sepultada tres metros bajo tierra. ¡Porque el mundo es un pañuelo y muchísima gente se enterará de lo que hiciste! Ésos son los efectos y las consecuencias de la manipulación.

¿Te fijas qué similitudes hay entre ambos ejemplos? En ambos casos lo que hiciste fue perseguir un objetivo personal, lo cual no es malo, pero lo hiciste a costa de alguien más sin tomar en cuenta las necesidades o motivaciones de tu víctima. Entonces, la manipulación es como la magia negra. En ambos casos obtuviste lo que querías de manera inmediata, pero a mediano o largo plazo saliste perdiendo.

Mauro Soria, a través de Facebook, nos compartió una historia que ejemplifica perfectamente la manipulación que vivimos por la escasa cultura de servicio al cliente que hay en muchas empresas:

> **Cuando saqué una tarjeta de nómina de cierto banco, el "asesor", forzosamente quería enjaretarme un seguro y una tarjeta de crédito, a base de engaños, ya que él creía que yo no conocía del tema. Me decía que yo podría cancelar en cualquier momento la póliza del seguro, que no tenía plazo para hacerlo y que no me cobrarían la primera anualidad de la tarjeta, aún si no la ocupaba. Lo cual, por supuesto no era cierto. Lo que este personaje quería hacer, era cubrir las cuotas de ventas que el banco les impone, en pocas palabras, quería obtener un beneficio propio sin importarle mis necesidades.**

Para Carovaro, quien a través de Youtube nos compartió lo que ella vivió con un compañero, la manipulación la hizo perder a un amigo querido del trabajo:

> **Un colega prometió ayudarme con un trabajo a cambio de que yo le apoyara con consultas técnicas gratuitas, a las**

cuales les invertí mucho tiempo. Al final, cuando resolvió su problema, se olvidó del mío; ¡no me ayudó en nada y yo perdí mi tiempo, y a un amigo!

Y desde el primer momento en nuestra infancia temprana, cuando hicimos un berrinche en un centro comercial, para hacer sentir vergüenza a nuestros papás y así presionarlos para que nos compraran lo que queríamos, y lo hicieron, aprendimos que manipular es fácil. Y lo seguimos haciendo a lo largo de nuestra vida, cuando chantajeamos emocionalmente a alguien o contamos mentiras piadosas o decimos verdades a medias o ejercemos presión emocional para no dejar al otro pensar, con tal de obtener lo que queremos. Todas ésas son formas de manipulación.

Pero no te culpes, todos lo hicimos alguna vez, porque era lo que sabíamos hacer y la única herramienta a nuestro alcance para lograr nuestros propósitos. Sin embargo existe otra manera mucho más efectiva para lograrlo, se trata de la persuasión. Permíteme explicártela en el mismo contexto de la magia.

En la antigüedad, los brujos o magos blancos eran personas que tenían conocimientos superiores al resto en materias como la astronomía, la astrología, el cuerpo humano, el manejo medicinal de hierbas y otros elementos de la naturaleza, etcétera. La gente acudía a ellos para buscar orientación o apoyo, y ellos empleaban su sabiduría para ayudar a la gente. En la mayoría de los casos obtenían alguna gratificación o retribución, probablemente a través del trueque. Ambas partes salían ganando. La gente los respetaba, admiraba y apreciaba por convertir sus talentos en virtudes y ponerlos al servicio de los demás. Ésos son los efectos y consecuencias de la magia blanca.

Lo mismo sucede con la persuasión.

Persuadir es la habilidad para reconocer mis propias necesidades y después disponerme a identificar las necesidades y motivaciones de los demás a través de la observación y de un interés genuino por el otro. Esto es, encontrar el punto en donde mis necesidades y las de la otra persona confluyen, y poder así no sólo conquistar su intelecto a través de argumentos sólidos y poderosos, sino también su voluntad para lograr que el otro haga lo que quiero, pero ¡porque quiere!

Como en las típicas pirinolas mexicanas: TODOS PONEN pero TODOS GANAN. Lo que obtenemos al persuadir es conseguir lo que deseamos, mientras ayudamos a otros a conseguir lo que desean, lo cual se traduce en relaciones sólidas, gratitud, trabajo en equipo, alianzas, lealtad, respeto, éxito compartido, una mejor sociedad y personas más felices. Ésos son los efectos y consecuencias de la persuasión.

Martha Renne Mouret, muy interesada en el tema, se puso a investigar en distintas enciclopedias algunos conceptos que nos ayudaran a entender esta diferencia "según los libros", y a través de Facebook nos compartió:

> **Persuadir, del latín *persuadere*, significa mover, inducir, obligar a creer debido a la razón expuesta. Por lo mismo, es el resultado de una reflexión interna gracias a las palabras o el discurso que alguien ha realizado. En cambio, el verbo manipular, viene del latín *manípulus*, de *manus*, mano. Y está relacionado con el manejo de las personas o cosas a través de las manos. En el ser humano lo podemos entender como alguien que "maneja" a otra persona como si se tratara de una cosa, por carecer de voluntad y razonamiento.**
>
> **Pam, ¿te has fijado qué curioso es que algunas personas parecen gustar de ser manipuladas?**

Wow, qué útil descripción y qué fuerte reflexión final. Supongo que ese tipo de personas tienen una autoestima muy baja y un autoconcepto muy devaluado. Quizá la codependencia sea un ejemplo de ello. ¿Tú que piensas, querido lector? Pero bueno, eso ya será tema para otro libro.

Como podrás notar, la diferencia entre persuadir y manipular radica en la intención. Para ambas puedes valerte de las mismas herramientas, sin embargo los resultados serán exponencialmente distintos.

No te vayas con la finta pensando que para persuadir necesitarás esforzarte menos, de hecho, probablemente el esfuerzo será mayor, sin embargo estará bien dirigido, bien enfocado, evitarás gastar tu tiempo y recursos de forma equivocada pues tendrás un objetivo claro que perseguir a través de una estrategia bien pensada, y todo esto se traducirá en resultados, relaciones y beneficios mucho mayores y más duraderos.

Otra buena noticia es que una vez que aprendas a persuadir lo harás con tanta naturalidad como ahora puedes leer estas líneas. ¿Recuerdas el tiempo y esfuerzo que te tomó aprender a leer? Hoy ya lo automatizaste, de hecho no puedes evitar leer una palabra en tu idioma si la tienes frente a ti. Así sucederá con la persuasión. Una vez que pruebes sus mieles, no querrás (y probablemente no podrás) hacer las cosas de manera distinta, porque estarás convencido de lo mucho que vale la pena aplicarlo en cada ámbito de tu vida.

Por ejemplo, los negociadores exitosos saben que para llegar a un acuerdo ambas partes deben ceder algo, pero también deben ganar algo, para eso se valen de la persuasión.

Uno de los hábitos de comunicación de las parejas felices es discutir pensando como equipo para llegar a acuerdos mutuos, en lugar de discutir buscando un culpable. Estas parejas saben que cuando en una discusión sólo uno de los dos sale ganando, la relación pierde.

El líder persuasivo, a diferencia del jefe autoritario, comprende que el puesto es sólo un título que le brinda cierta injerencia, pero que ganarse la denominación de líder depende de su capacidad de influir en los demás y motivarlos a dar 111% en lo que están convencidos, y no sólo porque tienen que hacerlo o es su deber. Sabe alinear sus intereses personales con los de la empresa, colaboradores y clientes. Es decir, es un excelente negociador y mediador. Tiene muy claro que su papel no es el de "dar órdenes" sino "coordinar esfuerzos". Que no debe lograr que lo "obedezcan" sino "motivar y mover voluntades". Entiende que su papel no es de "jefe" sino de "colaborador" y a partir de ahí se convierte en el "aliado" de su personal.

Y así, un vendedor que se convierte en un verdadero asesor al que sus clientes recurren una y otra vez con absoluta lealtad y confianza, o un padre que realmente logra influir y sembrar sus valores en la mente y el corazón de sus hijos, en lugar de imponerlos con autoritarismo, es alguien que sabe persuadir.

Hay quienes me han preguntado si todos los niños son manipuladores por naturaleza, y lo cierto es que no es así, depende mucho de lo que aprendan con el ejemplo de sus padres; entonces, desde chicos pueden intuir que no por ser lindos y tiernos tienen derecho a exigirlo todo sin ofrecer un beneficio a cambio, y comprender que las demás personas también tienen intereses y necesidades.

Tal es el caso de Marco Alejandro Cen Nava, quien a través de Facebook nos compartió una anécdota en la cual su hijo de cinco años le pidió que lo llevara a un parque de diversiones infantiles utilizando este argumento: "Papá, tú también te vas a divertir y vas a recordar cuando eras chico". ¡Qué argumento tan poderoso, y más en la voz de un niño tan pequeño pero tan naturalmente persuasivo!

RESUMEN:
Persuasión *vs.* manipulación

Manipular: conseguir lo que quiero, pasando por encima de los intereses de los demás, valiéndome de engaños o chantajes.

Persuadir: conseguir lo que quiero, encontrando hábilmente la coyuntura entre lo que yo necesito y el otro necesita, para lograr un ganar-ganar.

Pero, ¿qué habilidades necesitas desarrollar para convertirte en un mago de la persuasión?

Son básicamente dos...

3

LAS HABILIDADES DEL MAGO

Magia: La que por medios naturales obra efectos que parecen sobrenaturales.

Para convertirte en un mago de la persuasión no pretendo que salgas corriendo a comprarte guantes ni una capa ni un sombrero, ni siquiera una varita mágica; en realidad ya tienes todo lo que necesitas para lograrlo: tu cuerpo, tu voz, tu mente, tus emociones, tus ojos y tu energía vital son lo único necesario. La diferencia es que ahora aprenderás a convertir todos esos medios naturales u ordinarios en algo extraordinario para generar resultados que parecen magia. ¿Cómo? A través de dos habilidades y un método que consta de cinco pasos; cada paso tiene sus propias revelaciones y trucos.

PRESTIDIGITACIÓN

Se trata de la habilidad del mago de la persuasión para dirigir la atención de la gente hacia donde le conviene a través de su cuerpo (pases mágicos) y sus palabras (palabras mágicas).

En la magia o en el ilusionismo, a través de la práctica el mago combina una serie de movimientos o pases mágicos con una serie de palabras mágicas para dirigir tu atención a una mano mientras prepara el truco en la otra, y así obtener resultados que parecen sobrenaturales, mágicos. A esos pases ágiles se les llama en inglés *sleight of hand* y *sleight of mouth*. En español les llamamos prestidigitación.

¡En la comunicación ocurre igual! Debemos combinar nuestro lenguaje verbal y no verbal de manera integrada y congruente para obtener resultados que parecen sobrenaturales o mágicos. Debemos saber dirigir la atención de la gente de manera inteligente y deliberada hacia donde queremos, hacia donde importa, y hacerlo con sutileza y agilidad. También es algo que se logra con la práctica.

Para ello, la primera pregunta que necesitas hacerte antes de comunicar cualquier cosa es: ¿qué es lo que sí quiero?

Es decir, ¿a dónde sí quiero dirigir la atención de la otra persona?

Podría sonar lógico, pero la realidad es que lo hacemos al revés una y otra vez. Por ejemplo, cada vez que le decimos a un niño que camina por una zona peligrosa: "¡Cuidado! No te vayas a caer", dirigimos su atención a no caerse. Eso quiere decir que su mente estará concentrada en pensar: "No me debo caer, no me debo caer, no me debo caer". Y ¿qué crees que es lo primero que le ocurrirá? Exacto. ¡Se va a caer! Y le diremos: "¡Te lo dije!".

Ahora imagina todo lo que se imprime en la mente de ese niño a partir de esa experiencia: "Mi mamá / papá / figura de autoridad a quien admiro y en quien creo siempre tiene la razón, me dijo que me caería y me caí. Si él / ella no confía en mi capacidad para lograrlo, yo tampoco debo confiar en mí mismo. No soy capaz. No puedo".

¿Qué pasaría si en lugar de dirigir su atención hacia lo que NO quiero la dirijo hacia lo que SÍ quiero que suceda?

No basta con decirle únicamente: "Hazlo con cuidado", porque la palabra *cuidado* para mí, adulto, representa un cúmulo de experiencias y aprendizajes que he ido adquiriendo en la vida. Para ese pequeño la misma palabra representa probablemente muy poco, así que no seré eficiente al dirigir su atención.

Tendría que decirle algo como: "Ese lugar por el que estás caminando es peligroso, pero si te concentras y tienes cuidado lo harás muy bien, estoy seguro de ello (y después proceder a especificar): detente de la bardita, pon atención en dónde pones los pies, uno frente al otro, hazlo despacio, confía en ti y en tu cuerpo para mantener el equilibrio, tú puedes". Y entonces, cuando el niño llegue al otro lado, emocionados le diremos: "¡Te lo dije!".

Con esa experiencia imprimiremos en él confianza en sí mismo y fortaleceremos su autoestima, para hacer de una situación común y ordinaria una oportunidad extraordinaria.

Jamás has escuchado a un mago decir: "No veas mi mano derecha porque estoy preparando el truco en ella", ¿cierto? Sería absurdo.

Ahora recuerda cuántas veces has dicho o te han dicho algo tan absurdo como:

"No se te vaya a olvidar".
"No lo vayas a romper".
"No vayas a entregarlo tarde".
"No te vayas a equivocar".
"No me vayas a traicionar".
"¿Verdad que no me vas a dejar?".
"¿Todavía me quieres?".
"Me estás demostrando que ya no puedo confiar en ti".

Y como éstas, cientos de miles de frases que dirigen la atención del otro hacia lo que no queremos.

Un ejemplo que constantemente nos ponía Gabriel Guerrero en los cursos de PNL era pedirnos que NO pensáramos en algún color. ¡Hagámoslo! Por favor concéntrate para lograrlo (a ver si tú puedes):

"No pienses en el color rojo".

Ash… ¡Te dije que no lo hicieras! ¿Por qué lo hiciste?

Sé, por supuesto, que no fallaste por llevarme la contraria o porque no tuvieras la suficiente capacidad, sino porque era sencillamente inevitable.

Tu mente, al leer la palabra ROJO, disparó automáticamente el recuerdo que tiene asociado a ese vocablo, y para poder concentrarse en no pensar en ese color primero tuvo que accesarlo, identificarlo, reconocerlo, para después elegir cualquier otro.

Un mago de la persuasión, con la habilidad de la prestidigitación desarrollada, te hubiera dicho simplemente: "Piensa en el color azul".

Y de esa manera clara y específica le daría un atajo a tu mente para llegar al color en el que sí quiere que pienses, ahorrándote pasar por el escabroso pantano del error al pedirte lo que no quiere que hagas.

Hagamos la prueba, transformemos las frases anteriores, redirigiendo la atención hacia lo que sí queremos que suceda:

~~No se te vaya a olvidar~~ *vs.* Recuérdalo / Tenlo presente
~~No lo vayas a romper~~ *vs.* Trátalo con delicadeza
~~No vayas a entregarlo tarde~~ *vs.* Recuerda entregarlo a tiempo
~~No te vayas a equivocar~~ *vs.* Concéntrate y tómate tu tiempo para hacerlo correctamente
~~No me vayas a traicionar~~ *vs.* Sé que puedo confiar en ti
~~¿Verdad que no me vas a dejar?~~ *vs.* Valoro mucho tenerte a mi lado
~~¿Todavía me quieres?~~ *vs.* Me encanta saber que me quieres
~~Me estás demostrando que ya no puedo confiar en ti~~ *vs.* Sé que vas a demostrarme que puedo confiar en ti a pesar de esta situación

No quiere decir que nunca debes pedirle a la gente lo que no quieres que haga, simplemente debes tener presente que al hacerlo estás sembrando en su mente ideas que quizá nunca se le hubieran ocurrido. Pongamos en este contexto el ejemplo de lo inconvenientes que son los celos infundados:

Si tú le dices a tu pareja que no le tienes confianza y le cuestionas si te está siendo infiel con Fulano o Perengana, tu pareja pensará: "¿De qué me sirve ser fiel si mi pareja no lo valora y no me lo cree?", y peor aún: "Nunca me había fijado en Fulano, ¿qué tendrá de valioso que mi pareja lo ve como una amenaza?, voy a poner atención". Ahora imagínate lo que sucederá después de esos pensamientos que sembraste en su mente y de haber dirigido su atención hacia donde no querías.

Pues claro. Te lo dije.

Srizna Cepeda, a través de Facebook, nos contó una anécdota:

> **Tenía una relación con un chico y nos iba muy bien, pero empecé a pedirle una y otra vez que no traicionara la confianza que yo había depositado en él y que nunca me dejara sola; él me prometió que jamás lo haría, pero, ¿qué crees que pasó? De la noche a la mañana terminó traicionándome y dejándome sola, ya ni me habla y lo peor es que parece que hasta me tiene rabia. Este es uno de los muchos errores que comúnmente cometemos pidiendo que sucedan cosas que realmente no queremos.**

Ésos son los riesgos de pedir lo que no quieres. Pero si sabes cuáles son las consecuencias y decides usarlo a tu favor, puedes tomar como ejemplo esta pancarta que encontré y me pareció muy divertida:

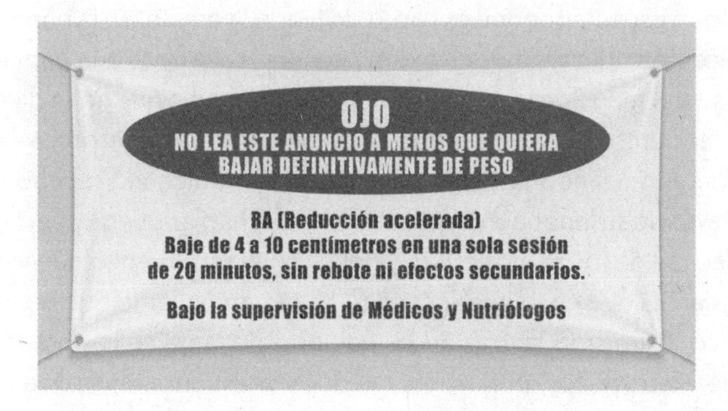

La prestidigitación y la habilidad para dirigir la atención de manera eficiente también tienen que ver con el modo en que combinas tus recursos no verbales de forma congruente para generar una buena impresión, predisponer positivamente a la gente a enfocarse en tus cualidades y transmitir confianza; en este tema profundizaremos a lo largo del primer paso del método: CAUTIVA.

RETO DE PRESTIDIGITACIÓN

Activa tus antenitas de vinil y disponte a detectar aquellos momentos en los que pides lo que no quieres o diriges la atención de los demás de forma contraria a lo que hemos expuesto en este capítulo. Incluso puedes compartir este conocimiento con algún amigo, familiar o colega, y a manera de juego o apuesta acordar que cada vez que se sorprendan el uno al otro haciéndolo de forma incorrecta tendrán que pagar el error de alguna manera.

MENTALISMO

Así como un ilusionista utiliza esta táctica para hacer creer a algún espectador que es capaz de leerle la mente, en la comunicación utilizaremos este término para referirnos a la habilidad del mago de la persuasión para escuchar lo que no se dice y leer entre líneas. ¿Cómo? Pues teniendo siempre presente que aun cuando la gente calla sigue comunicando mucho a través de su lenguaje corporal; incluso al hablar puede contradecirse de forma no verbal, y debes confiar más en lo que ves y sientes que en lo que escuchas. Eso es escuchar lo que no se dice. Asimismo, detrás de las palabras de la gente hay creencias, introyectos, prejuicios, miedos y presuposiciones que te resultará útil identificar. A eso me refiero con leer entre líneas. En una sola palabra: paralingüística.[1]

¿Has visto alguna vez a un mago adivinar aquello en lo que estás pensando y escribirlo en una carta o tarjeta antes de que se lo digas con tus propias palabras? Pues vamos a desarrollar esa misma habilidad. No puedo revelarte cómo lo logra un ilusionista, pero sí puedo decirte cómo puede hacerlo un mago de la persuasión y usarlo a su favor.

La clave radica en aprender a observar realmente, desensimismarte y desabsorberte (lo cual a veces resulta tan complicado como pronunciar estos dos términos) para poner atención a la persona que tienes frente a ti. Detrás de sus palabras y sus silencios está la información que realmente te interesa conocer, aquello que te está ocultando porque no quiere que lo sepas o simplemente porque ni ella misma lo reconoce.

Por eso, convertirte en un metiche profesional (como yo) y aprender a observar con atención a los demás te dará la habilidad para anticiparte a sus dudas, incomodidades, necesidades e intereses, y entonces ofrecerle o decirle lo que necesita para sentirse tranquilo.

La mejor manera de comprender a tus congéneres es observándolos en cada oportunidad. A partir de ahora, cuando estés esperando a alguien en un restaurante o café, vayas en el transporte o caminando rumbo a una cita, guarda el celular, levanta la cabeza y OBSERVA a la gente. Te aseguro que si pones atención a su lenguaje corporal podrás detectar, sin escucharlos, la manera en la que se sienten respecto a lo que hablan, el tipo de relación que tienen con la persona que los acompaña, y probablemente aspectos interesantes de su vida que se reflejan a través de sus accesorios, ropa, gestos y movimientos.

---

1 La paralingüística es la parte del estudio de la comunicación humana que se interesa por los elementos que acompañan a las emisiones propiamente lingüísticas y que constituyen señales e indicios, normalmente no verbales, que contextualizan y sugieren interpretaciones particulares de la información propiamente lingüística. Fuente: https://es.wikipedia.org/wiki/Paraling%C3%BC%C3%ADstica, recuperada el 6 de junio de 2018.

De la misma manera, si pones atención a las palabras específicas que eligen para expresar una idea, podrás identificar aquello que dichos términos implican. Por ejemplo, imagina que frente a ti tienes a cinco personas que te hacen este comentario:

Persona A: **Quisiera** *leer este libro*
Persona B: **Tengo** *que leer este libro*
Persona C: **Necesito** *leer este libro*
Persona D: **Deseo** *leer este libro*
Persona E: **Voy** *a leer este libro*

¿Cuál de las cinco crees que realmente lo lea?

La persona A probablemente no lo lea, ya que "querer" algo implica un antojo momentáneo que puede cambiar con el tiempo. Además, ni siquiera lo plantea en tiempo presente como "quiero", sino como una posibilidad: "Quisiera".

La persona B quizá lo lea como parte de una obligación; "tener" que hacer algo implica un mandato, y los mandatos no siempre se asumen con verdadera voluntad ni gusto, así que si a esta persona le ofreces un resumen del libro o cualquier salida más fácil, posiblemente la tome.

La persona C muy probablemente lo lea pronto y con cierto grado de urgencia, ya que lo identifica como una necesidad, y cuando se "necesita" algo es por lo general para resolver o solucionar un problema.

La persona D definitivamente lo va a leer… ¡algún día! "Desear" algo es mucho más poderoso que simplemente quererlo, pero el deseo por lo general implica una falta de estrategia, se siente lejano, como un objetivo que se busca pero aún no se sabe cómo llegar a él.

La persona E es, desde mi perspectiva, quien es más proclive a lograrlo. Está decidida, lo ve como un hecho y lo plantea en el presente.

El mundo de las palabras es infinito y maravilloso, ésta es tan sólo una muestra, pero te aseguro que si te sumerges en la cantidad de posibilidades que existen, puedes llegar tan profundo como lo desees. Un libro no nos alcanza para abarcarlo todo, pero es un buen comienzo, el entremés de un banquete fabuloso y delicioso, un festival de sabores que se revela ante ti para que lo disfrutes tanto como quieras.

RETO DE MENTALISMO

Para desarrollar la habilidad del mentalismo empieza por observar, cuestionar y analizar aquello que dabas por hecho en la manera en que los demás se comunican. No se trata de que vivas con paranoia pensando que todo mundo quiere engañarte y que detrás de todo argumento hay letras chiquitas de las cuales debes cuidarte, se trata de cuestionarte:

¿Qué es lo que realmente me quiere comunicar esta persona, más allá de sus palabras?
¿Qué hay detrás de esto que hace o aquello que dice?
¿Qué es lo que realmente busca?
¿Cómo se siente con lo que expresa?

Es más, antes de pasar al siguiente capítulo quiero compartirte un cuento muy breve que encontré en el libro *Cuentos para pensar* de Jorge Bucay,[2] que ilustra perfectamente cómo es que muchas veces lo que decimos no es lo que realmente sentimos:

> En un reino encantado donde los hombres nunca pueden llegar, o quizás donde los hombres transitan eternamente sin darse cuenta...
>
> En un reino mágico, donde las cosas no tangibles, se vuelven concretas...

---

2 Jorge Bucay, *Cuentos para pensar*, Océano, México, 2007.

Había una vez... un estanque maravilloso.

Era una laguna de agua cristalina y pura donde nadaban peces de todos los colores existentes y donde todas las tonalidades del verde se reflejaban permanentemente...

Hasta ese estanque mágico y transparente se acercaron a bañarse haciéndose mutua compañía, la tristeza y la furia.

Las dos se quitaron sus vestimentas y desnudas las dos entraron al estanque.

La furia, apurada (como siempre está la furia), urgida —sin saber por qué— se bañó rápidamente y más rápidamente aún salió del agua...

Pero la furia es ciega, o por lo menos no distingue claramente la realidad, así que, desnuda y apurada, se puso, al salir, la primera ropa que encontró...

Y sucedió que esa ropa no era la suya, sino la de la tristeza...

Y así vestida de tristeza, la furia se fue.

Muy calma, y muy serena, dispuesta como siempre a quedarse en el lugar donde está, la tristeza terminó su baño y sin ningún apuro (o mejor dicho sin conciencia del paso del tiempo), con pereza y lentamente, salió del estanque.

En la orilla encontró que su ropa ya no estaba.

Como todos sabemos, si hay algo que a la tristeza no le gusta es quedar al desnudo, así que se puso la única ropa que había junto al estanque, la ropa de la furia.

Cuentan que desde entonces, muchas veces uno se encuentra con la furia, ciega, cruel, terrible y enfadada, pero si nos damos el tiempo de mirar bien, encontramos que esta furia que vemos, es sólo un disfraz, y que detrás del disfraz de la furia, en realidad... está escondida la tristeza.

¿Qué tal? Es verdad, ¿cierto? Muchas veces nos expresamos con rabia cuando en realidad lo que queremos decir es algo como: "Estoy profundamente triste por esto que pasó, me siento desvalorizado y me duele el corazón, quisiera sentirme más tomado en cuenta por ti". Ah, pero no, disfrazamos la tristeza de enojo y decimos algo como: "No lo puedo creer, no vuelvas a hablarme en tu vida, no quiero volver a saber nada de ti".

Así que ponte abusado, y recuerda que como seres multidimensionales somos hipercomplejos, y para colmo solemos tener escasas habilidades para comunicar lo que pensamos y sentimos, por eso acabamos por rebuznar lo primero que nos viene a la mente, aunque no sea lo que en verdad guardamos en el corazón. ¡Qué fuerte!

RESUMEN:
Las habilidades del mago

Prestidigitación: La habilidad del mago de la persuasión para dirigir la atención de la gente de forma inteligente y deliberada hacia lo que sí quiere y sí le conviene.

Pregunta clave: ¿Qué es lo que sí quiero?

Mentalismo: Habilidad del mago de la persuasión para leer entre líneas y escuchar lo que no se dice a través de la observación y el análisis, con el objetivo de anticiparse a las necesidades o pensamientos de los demás.

Pregunta clave: ¿Qué es lo que esta persona realmente quiere comunicar?

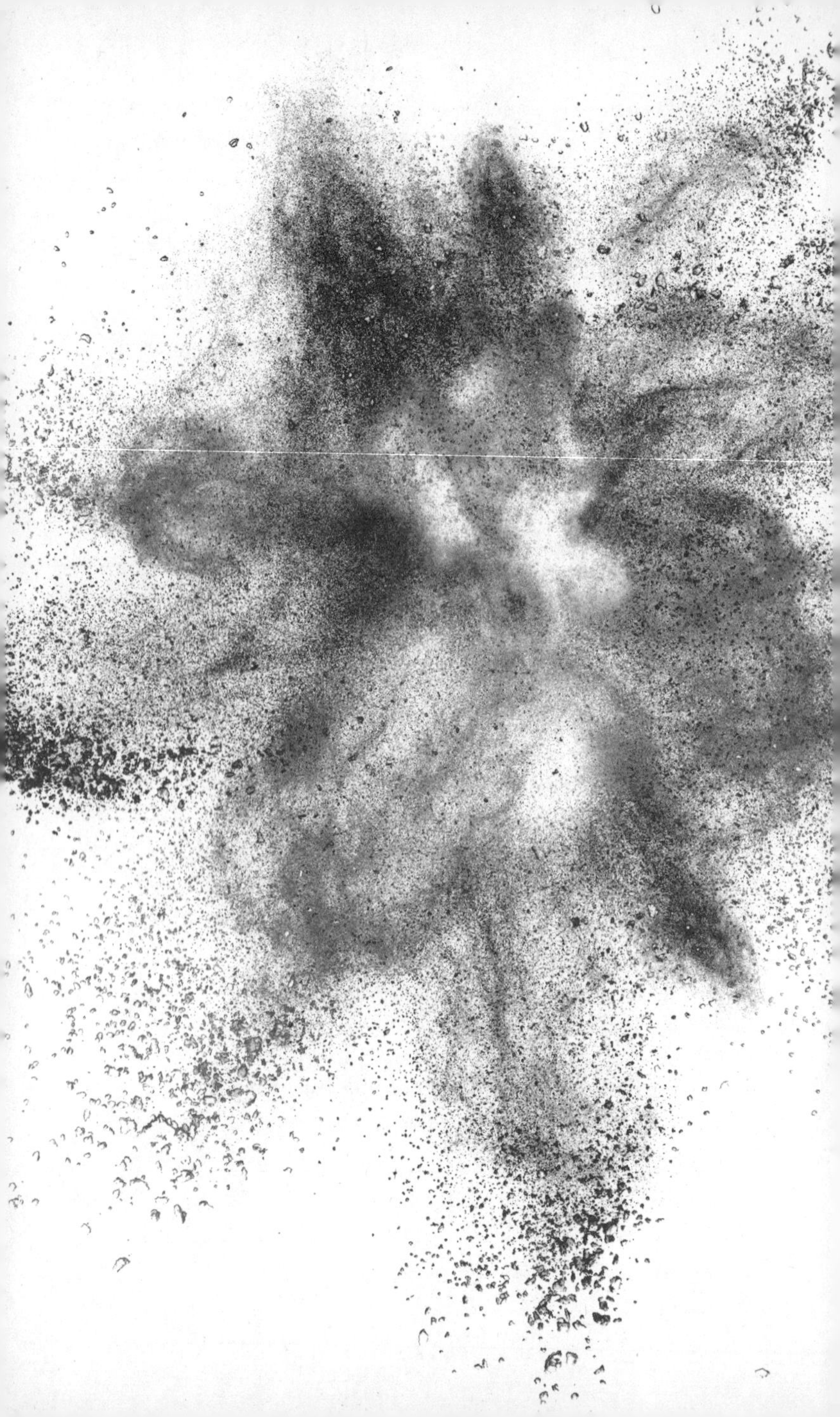

4

EL MÉTODO DEL MAGO Y SUS TRUCOS

En este capítulo encontrarás cinco pasos que conforman el método que te permitirá persuadir a quien quieras, siempre y cuando lo lleves a cabo en orden. Así como en la cocina el orden es importante y los tiempos de cada paso también (es muy sabido que sacar un pastel del horno antes de tiempo solamente hará que éste no se cocine ni se esponje como debería); pues aquí el orden y el *timing* son también fundamentales, ya que responden a los procesos fisiológicos, emocionales y mentales a través de los cuales la persona va conformando una opinión que, poco a poco, deriva en una decisión. En pocas palabras, no saqué el método de un sombrero ni me lo saqué de la manga, no es porque aquí mis chicharrones truenan y es mi libro y hago con él lo que yo quiera; no no, para nada, mi estimado chato. Este método está pensado, estructurado y planteado así, como resultado de un proceso de mucho estudio, análisis y experimentación a través de mis víctimas... *ehem*, perdón, quise decir clientes, amigos, familiares, seguidores y, por supuesto, de mi propia necesidad por mejorar mis relaciones, la percepción que la gente tiene de mí y mi manera de pedir lo que necesito para conseguirlo. Ya te iré contando sobre mis retos, limitaciones y sobre cómo, con ayuda de este método, las he ido venciendo. Porque no soy monedita de oro, pero le he echado ganas pa no sacar el cobre tan seguido.

Mira, la cosa está así, si quieres influir en las decisiones de alguien:

- Primero necesitas **cautivarlo** para incitarlo a ponerte atención,
- después requerirás **comprenderlo** para identificar sus necesidades y utilizarlas para generarle interés y motivarlo,
- posteriormente deberás **conectar** con esa persona para ganar credibilidad y transmitirle confianza, habiendo logrado generar un estado emocional y mental propicio para abrir sus canales de comunicación,
- entonces podrás disponerte a **comunicar** lo que necesitas de forma asertiva para,
- finalmente, **convencerlo** de lo que deseas.

Así que, por favorcito, por más curiosidad que te generen los demás pasos, esto no es *Rayuela* de Julio Cortázar, aquí vamos por orden y vamos pian pianito.

¡Es por tu bien mijito!

Además te voy a pedir que no leas más de un paso por día, porque lo interesante de cada herramienta y cada truco es que los integres a tu vida a través de la práctica. Al final de cada truco te dejaré un reto, como lo he hecho hasta ahora. ¡Llévalo a cabo! Perfecciónalo. Y cuando estés listo pasa al siguiente.

¡Ah! Y si de pronto un truco se te dificulta más que otro, no te me desesperes, chato, olvídate del "no puedo, esto no se me da", porque yo jamás he visto a un niño en pleno uso de sus facultades que al intentar aprender a caminar, después de la tercera caída les diga a sus padres: "Híjole, pues qué creen, estimados progenitores, que lo mío, lo mío no es caminar, como que no se me da, mejor aquí la dejamos". ¿O tú sí?

Así que antes de tan siquiera intentar claudicar, te das un buen jalón de orejas de mi parte (con enjundia) y sigues practicando hasta que no sólo lo logres, sino que lo domines y automatices. ¡Así como andar en bicicleta o aprender a manejar un coche estándar!

¿Listo?

¡Aquí vamos!

PASO 1: CAUTIVA LA IMPORTANCIA DE LA PRIMERA IMPRESIÓN

"Como te ven, te tratan".
"No hay una segunda oportunidad para una primera impresión".
"Percepción es realidad".
"La primera impresión es la que cuenta".
"Si ya saben cómo me pongo, ¿pa qué me invitan?".
Ah, no, ésa no... Una disculpa.

¡Tantas frases para describir la importancia de la primera impresión, pero nadie nos dice cómo lograr una BUENA primera impresión! ¡Maldita maldición!

Tranquilo, camarada, como diría el Chapulín Colorado "¡Que no panda el cúnico!", porque hoy te compartiré información que te ayudará a abrir muchas puertas para que sepas demostrar desde el principio todo lo que vales.

Dale Carnegie, uno de los más grandes estudiosos de las relaciones sociales y famoso escritor de *Cómo ganar amigos e influir sobre las personas*,[1] ya decía en los años 40 que la primera impresión se genera en aproximadamente 90 segundos, lo cual no me suena nada disparatado... ¡para su época! Y es que, aunque tiene razón en afirmar que ésta se genera en menos de dos minutos, creo que para la velocidad en la que estamos acostumbrados a procesar el mundo hoy en día, 90 segundos son una eternidad.

Basta con comparar una película de acción o de ficción de los años 40 con alguna de las que vemos en la actualidad. Las escenas son mucho más rápidas, incluso si vemos una película antigua tenemos la sensación de que transcurre lentamente y nos puede llegar a aburrir. Lo mismo sucede con los videojue-

---

1 Dale Carnegie, *How to Win Friends and Influence People*, Simon & Schuster, Estados Unidos, 1936.

gos, nos sorprende la capacidad de respuesta que tienen los jóvenes para reaccionar a los estímulos y combatir eficazmente a los 158 zombies que aparecen al mismo tiempo en su pantalla, ¡y no digamos cuando se trata de realidad aumentada!

O simplemente piensa en toooooda la información que recibimos durante el día a través de estímulos sensoriales. ¡Estamos hiperestimulados!

Por ello nuestra mente se ha reconfigurado para adaptarse, ahora somos más hábiles para percibir lo que nos rodea, decodificarlo, interpretarlo y tomar decisiones en tan sólo unos segundos. Te mentiría si te diera un número específico, porque no lo sé, pero a ojo de buen cubero estoy segura de que después de esta explicación estarás de acuerdo conmigo en que hoy una primera impresión se genera en mucho menos de 90 segundos.

Lo importante de saber esto es entender que será en ese poco tiempo que la otra persona decidirá si le parece conveniente seguirte escuchando, si eres de su interés o si será mejor buscar una estrategia para huir (del tipo "ahorita vengo voy al baño" o "ahorita vengo, voy a comprar cigarros"... y ya todos sabemos en qué acabó esta última).

¿Y en qué nos basamos para generar una primera impresión?

Ahí te va...

Dale Carnegie hablaba también de lo que en la actualidad se conoce como *asunción de responsabilidades*. Una de las ideas centrales de sus libros es que es posible cambiar el comportamiento de los demás si cambiamos nuestra actitud hacia ellos.

Y hago alusión a ello porque la primera actitud que tenemos hacia las personas se trata de aquello que despertamos en ellas por *cómo nos ven* y *por cómo las hacemos sentir* en los primeros segundos. Eso depende en gran parte (aunque no totalmente) de nosotros, de la congruencia con que gestionamos nuestros recursos de comunicación no verbal, como nuestra imagen física —colores, ropa, accesorios, arreglo personal—, nuestro lenguaje corporal —micro y macro expresiones faciales, ademanes y postura—, así como nuestra proyección emocional e imagen vocal —aquellos atributos no verbales de la voz que generan una imagen de nosotros independientemente de nuestras palabras o del contenido del mensaje—.

La palabra clave, entonces, es: **congruencia**.

¿Qué tan congruente eres con lo que dices (fondo), cómo lo dices (forma), lo que transmites (emociones), lo que proyectas (imagen) y lo que haces (coherencia)?

La congruencia es el polvito mágico que hace que las cosas funcionen y tengan credibilidad, es el alma de cualquier proceso de comunicación. Sin congruencia no hay esperanza. Porque la comunicación es orgánica. Esto quiere decir que funciona como lo hace cualquier organismo en el que si una parte falla o deja de funcionar en sincronía y armonía con el resto, el organismo se desestabiliza o muere.

Piensa en tu propio cuerpo, si un órgano cualquiera deja de trabajar de forma armoniosa, entonces el organismo completo se desajusta, provocando enfermedad o muerte de todita tu persona.

Ahora piensa en un reloj, si un resortito del engranaje, por más chiquito que sea, deja de funcionar como debería, se descompone el reloj completo.

En la comunicación ocurre igual, si un elemento de tu mensaje no es congruente o armonioso con el resto, se enfermará o descompondrá el mensaje completo, y con él morirá tu posibilidad de cautivar, generar confianza y persuadir.

Retomemos brevemente: "La primera actitud que tenemos hacia las personas es aquello que despertamos en ellas **por cómo nos ven** y **por cómo las hacemos sentir** en los primeros segundos".

Por cómo nos ven

Revelación: La gente escucha lo que ve

Sí, así como lo lees. Esta frase explica, en cierta manera, aquella otra frase que dice: "Como te ven te tratan". Y es que el ser humano es fundamentalmente visual. Por dos razones:

Primera razón: Imagina que vives en la época de las cavernas. Si eres mujer entonces estás con tu prole y tu tribu. Mientras cocinas en una fogata un pedazo de carne, confeccionas un abrigo de pieles con el pelaje de una presa, observas a tus cinco descendientes que juegan entre las hierbas para ver que no corran peligro y se encuentren a salvo, les lanzas la mirada número 42 para que no se acerquen a aquella zanja, mientras observas a tu comadre cavernícola hervirse un té para la indigestión.

Todo eso al mismo tiempo, gracias a tus ojos.

Aunque solamente tienes la habilidad para poner atención a una cosa a la vez (y a la fecha sigue siendo igualito), tus múltiples labores te obligan a adquirir la capacidad de alternar tu atención visual de un tema a otro, de forma increíblemente ágil. Tus ojos son tus aliados para cuidar a los tuyos.

Ahora imagina que eres hombre, con lanza en mano te acercas de forma cautelosa a tu presa, la miras fijamente observando su comportamiento no verbal para averiguar si está nerviosa porque ya se percató de tu presencia y poder anticipar si va a huir o a atacarte. Del otro lado de la maleza observas a tu congénere, con su propia lanza, persiguiendo a la misma presa. Ambos se miran, observas con detenimiento sus gestos para saber si está enojado e intentará eliminarte o si piensa acercarse en son de paz y cederte el alimento. En eso, el otro cavernícola deja caer su lanza, te observa tranquilo y mientras se acerca, levanta ambas manos para mostrarte su palma desarmada y que con eso interpretes que se acerca en paz. Tú tiras tu lanza y levantas las manos para devolverle el gesto. Ambos ceden y van en búsqueda de otra presa o deciden repartirse el manjar.

Todo esto gracias a tu capacidad de observar.

Gracias a tus ojos puedes tomar la decisión en cuestión de segundos (o menos) de si alguien o algo representa un peligro o si es un enemigo del cual debes huir o un amigo al cual puedes acercarte en santa paz. (Por cierto, de ahí nace el gesto que hoy usamos al saludar. Incluso en varios países de Asia y África se muestran una o ambas palmas de las manos al entregar algo a otra persona, en símbolo de honestidad.)

Como podrás darte cuenta, desde entonces nuestros ojos jugaban un papel fundamental para nuestra supervivencia, nos ayudaban a decodificar e interpretar el mundo y a las personas que nos rodeaban.

Aunque desde entonces también se usaban sonidos lingüísticos —componente fonológico— para expresar las emociones, fue hasta mucho tiempo después que el hombre desarrolló un vocabulario —componente léxico / semántico—, y no se diga del poco tiempo que tenemos de haber desarrollado los componentes gramaticales y pragmáticos del lenguaje, que se refieren a nuestra capacidad de combinar palabras para formar frases y usarlas en función del contexto y de nuestro interlocutor. Por lo que, en comparación con el tiempo que llevamos comunicándonos de forma no verbal, la forma verbal de nuestro lenguaje es casi nuevecita (y a varios se les nota que la están estrenando, ¡ups!, lo que sea de cada quien).

Segunda razón: Los ojos están conectados directamente al cerebro. (Por eso dicen que son la ventana del alma.)

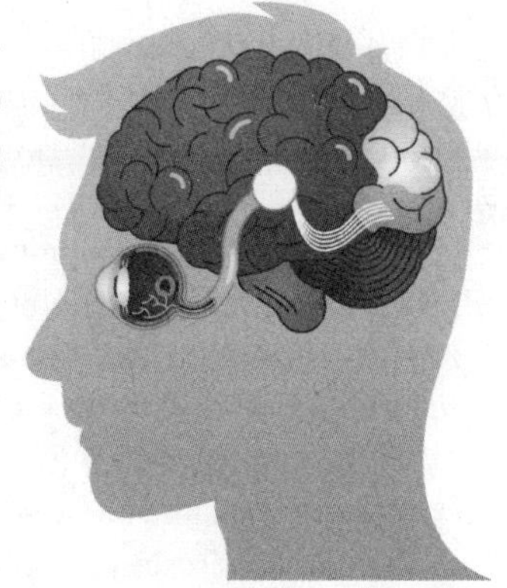

Por lo mismo, la vista es el sentido que le comunica de forma más veloz lo que está sucediendo allá afuera, y el cerebro toma esa información como su primera referencia; a partir de ahí genera un prejuicio que lo inclinará a pensar de determinada manera respecto a la persona que tiene enfrente.

A eso le llamamos atención selectiva, porque a partir de la información visual que recibió, el cerebro se sentirá inclinado a poner atención solamente a aquellos estímulos posteriores que se adapten a la decisión que ya tomó de forma casi instintiva, de si puede o no confiar en ti. Por ejemplo, si decidió no confiar, solamente escuchará de lo que digas, aquello que le compruebe racionalmente que no eres una persona de confianza. En cambio, si decidió confiar, pondrá más atención a tus aciertos verbales que a cualquier error, incluso podría llegar a justificar tus desaciertos si existe un nivel alto de sugestión. Por eso la gente escucha lo que ve.

Pero esto también sucede, por ejemplo, en el mundo culinario.

¿Te ha pasado que cuando en una boda o en algún evento te sirven la botana o el entremés, sin siquiera probarlo, nada más de verlo, te haces una idea de cómo será el resto del banquete? Pues a partir de esta primera impresión tu atención selectiva también entra en juego.

Cuando era chiquita, mi tía, la chef Angelina Millotte, era directora académica del Centro Culinario Ambrosía. Para mi suerte, Gelly (como muchos la conocemos), y Luis su esposo, me adoptaron como una hija, lo cual me ha hecho acreedora a muchos beneficios, por ejemplo a un amor invaluable y a aprender muchísimo de ellos, pero también a muchas obligaciones, ¡porque su hija putativa tenía que saber comportarse en sociedad, y aprender de etiqueta y protocolo a la perfección! Por esa razón cada verano me invitaba a tomar una variedad increíble de cursos relacionados con estos temas.

Ahí aprendí que de nada sirve tener los mejores ingredientes si uno no sabe combinarlos estéticamente para crear una primera impresión visual positiva en el comensal. Porque bien dicen que "el hambre entra por los ojos", y el antojo también.

Pero tampoco sirve de nada que el platillo se vea muy bonito si a la hora de probarlo la experiencia se vuelve tenebrosa.

Por Gelly aprendí sobre la combinación de elementos, texturas y colores en un platillo para hacerlo atractivo. Sobre maridaje para acentuar los sabores, sobre el arreglo de los elementos en la mesa y sobre la importancia de crear armonía al comer a través de una correcta etiqueta, para que la experiencia sea agradable y completa.

Es decir, al igual que en la comunicación, en la comida todos nuestros sentidos juegan un papel crucial, y el primero que entra en juego es el de la vista, ¡aunque los alimentos estén diseñados para agradar primordialmente al sentido del gusto!

Por cómo las hacemos sentir

Revelación: Las personas deciden, después piensan.

Lo que *la* Jean quiso decir con esta última frase matadora del libro *You, Inc., The Art of Selling Yourself*[2] es que la primera impresión se decide con los ojos, como ya lo habíamos platicado, pero también ¡con los sentimientos! La gente te evaluará de acuerdo a cómo la haces sentir y esto influirá en la ya mencionada atención selectiva. Del papel de las emociones en este proceso se trata principalmente el Paso 3: CONECTA.

Ya llegaremos ahí, mientras tanto te dejo con esta frase de Maya Angelou: "Las personas podrán olvidar lo que dijiste, lo que hiciste, pero jamás olvidarán lo que les hiciste sentir".

Y es que, según Harry Beckwith y Christine Clifford, las personas no buscan información para tomar una decisión, la

---

2 Harry Beckwith y Christine Clifford, *You, Inc., The Art of Selling Yourself,* Warner Business Books, Nueva York, 2006.

buscan para justificar lo que ya decidieron de manera intuitiva y visceral.

Por el momento pongamos un par de ejemplos en los que se reúnen los tres elementos clave que hemos mencionado y que entran en juego en una primera impresión: lo que vemos, lo que sentimos y la congruencia que percibimos.

Ejemplo A: Eres nutriólogo, un paciente llega a tu consultorio por primera vez. Abre la puerta de tu cubículo, lo ves, te ve... eres gordo (¡PUM!).

Lo primero que ese prospecto de paciente sentirá es confusión, la cual hará que su mente se ponga alerta para encontrar al gato encerrado, lo hará sentir incómodo, y ante la incomodidad, el instinto lo hará querer huir. Ahora toda su atención racional se irá selectivamente a "darse cuenta" de que tu dieta no es lo que él buscaba.

¿El error? La incongruencia entre el emisor y el mensaje.

Ejemplo B: Llegas a una junta, conoces a todos por primera vez. Tu primer rebuzne, perdón, comentario, es quejarte del tráfico, del clima y de los parquímetros. Los presentes comienzan a quejarse contigo, empiezan a hacer corajes, de pronto se sienten enojados e incómodos. Asocian ese estado interno contigo porque tú eres lo que vieron y escucharon mientras lo sentían, peor aún... ¡tú lo generaste! Por alguna razón, ahora prefieren buscar otro proveedor porque tú tenías un "no sé qué que qué sé yo" que no les latió.

¿Capisci?

Ok, ya comprendimos que detrás de la magia de un "me dio buena espina, sí me late" existe una primera impresión positiva, pero como detrás de la magia hay trucos, detengámonos a descubrir aquellos que nos permitirán cautivar a quien tengamos enfrente.

1
TRUCO

EL PODER DE LA IMAGEN FÍSICA

Revelación: Imagen es percepción y percepción es realidad

En el mundo del ilusionismo la imagen y reputación del mago son muy importantes. Si no nos inspira, si no nos transmite ese "no sé qué que qué sé yo", quizá confianza o admiración, entonces no tendremos la predisposición de dejarnos sorprender por él, de dejar a un lado nuestras creencias y prejuicios, y de entregarnos a la magia.

Lo mismo sucede en la hipnosis, seremos más susceptibles a ser hipnotizados en la medida en que el hipnotizador logre cautivarnos a través de su imagen y reputación para volvernos más sugestionables.

¡En la comunicación también! Hovland, uno de los primeros investigadores de los fenómenos de comunicación en masas y de la persuasión, ya hablaba de esto en los años 30, y si aún viviera definitivamente estaría de acuerdo con esta afirmación: Si la fuente no es creíble, si la imagen no es congruente, si la reputación de una persona no nos invita a confiar, no habrá lugar ni disposición para que la magia de la persuasión ocurra.

Podemos explicar el concepto de imagen al cual nos referimos, en palabras de un querido amigo, colega y uno de los principales expositores del tema actualmente en México y Latinoamérica, Alvaro Gordoa:

> **La imagen no hace referencia solamente a cuestiones físicas, estéticas, de apariencia personal. Imagen es percepción y percepción es lo que retenemos en nuestra mente después de haber tenido una experiencia vivencial captada por nuestros sentidos. Las percepciones acumuladas generan opiniones y juicios de valor. Nuestra imagen vive en la cabeza de los demás y se convierte en una realidad para quien nos percibe. Por ende, no somos dueños de nuestra**

imagen pero sí somos absoluta y aplastantemente responsables de la misma, porque se produce por estímulos verbales y no verbales. Cuando a la imagen se le suma una opinión, se da el fenómeno de la identidad, y si le sumamos el factor del tiempo, estamos ante el interesante fenómeno de la reputación, que no es otra cosa que una imagen o percepción sostenida a lo largo del tiempo.

Comencemos por comprender los trucos que nos ayudarán a proyectar una imagen física útil y eficaz según nuestros objetivos.

La historia de una clienta, a quien llamaré Mariana, ilustra claramente uno de los errores más comunes que cometemos cuando de imagen física se trata.

Mariana es una mujer espectacular, honestamente lo es en muchos sentidos: inteligente, audaz, preparada y, encima de todo, ¡muy atractiva! Y lo sabe... así que no duda en usar prendas extremadamente ajustadas, escotes, minifaldas, transparencias, tacones muy altos, un maquillaje extravagante y, por supuesto, los labios pintados de rojo, porque... pues ¿por qué no usar todo eso si puede lucirlo? Sin embargo, me contactó por su mala relación con los colaboradores con quienes trabaja en una empresa internacional: "Me tienen envidia, inventan chismes y hablan a mis espaldas, no es mi culpa ser bonita e inteligente".

Gulp...

En efecto, no lo es. Lo que sí es su culpa es no saber sacar provecho de sus atributos. Ella dice que se viste así precisamente para sacarse provecho, la realidad es que cuando las decisiones que tomamos no son funcionales y juegan en nuestra contra alejándonos de nuestro objetivo, entonces NO estamos sacando provecho de nuestras cualidades.

El error de Mariana no es querer verse bonita, sino olvidar que las prendas, accesorios y adornos se caracterizan más por su valor simbólico que por el valor funcional y estético. Ella está olvidando el mensaje implícito en lo que elige ponerse cada día, y eso genera una incongruencia que exaspera a sus compañeros: "¿Si es tan inteligente, por qué dirige con tanto empeño la atención a su físico?", "¿quiere que la valoremos por eso?", "y no sólo su ropa, ¡su lenguaje corporal es demasiado seductor y sensual!", "¡pero si a la oficina se viene a trabajar, no a ligar!", "seguramente se ganó su puesto directivo por otras habilidades que no son precisamente profesionales" (ésos son sólo algunos de los comentarios que recibí cuando les hice una breve entrevista).

Otro es el caso de Jorge, él se acercó a mí desesperado porque no sabía qué estaba haciendo mal en sus entrevistas de trabajo: "De plano no lo logro, Pam. Tengo preparación, y aunque nunca he trabajado como empleado en una empresa, llevo años acumulando experiencia en el rubro a través de un negocio propio".

Observé a Jorge, se desenvolvía con seguridad, sabía de lo que hablaba, pero su arreglo personal no correspondía al puesto que estaba buscando. Él quería trabajar en el área de finanzas en una empresa muy grande, atender a clientes de manera directa para convencerlos de hacer inversiones arriesgadas a cambio de ganancias jugosas. Si tú fueras a hacer este tipo de apuesta con el dinero que has ganado a pulso, con el sudor de tu frente, durante años, ¿qué te daría más seguridad?:

a) ¿Ponerlo en manos de alguien que se ve pulcro, armonioso, experimentado y organizado como este personaje?:

b) ¿Ponerlo en manos de alguien que se ve desaliñado, desordenado, informal y demasiado joven?:

Te apuesto a que te inclinarías por el primero sin pensarlo demasiado (a menos de que conocieras bien al segundo o te identificaras con su imagen física, entonces pensarías que es como tú y quizá te generaría más confianza). Pero por lo regular, en términos de imagen, solemos creer inconscientemente que una persona que tiene orden, pulcritud y armonía en su arreglo personal seguramente la tendrá en sus pensamientos, procesos y emociones. Por el contrario, alguien que se descuida a sí mismo nos genera desconfianza porque sentimos que muy probablemente nos descuidará a nosotros.

La ley del Kybalión dice que "como es arriba es abajo y como es adentro es afuera", y aunque no siempre sea absolutamente real y no debamos generalizar ni juzgar a alguien por su apariencia, simplemente no podemos evitarlo, es un tema de supervivencia que no depende de nuestro cerebro racional sino del intuitivo.

Jorge me decía: "Siempre me he peinado y vestido así, éste soy yo, no me voy a traicionar a mí mismo, así me siento cómodo".

Jorge comprendió después que traicionarse a sí mismo tenía más relación con no estar dispuesto a evolucionar para alcanzar sus sueños y objetivos, y no con la manera en que gestionaba sus herramientas de arreglo personal.

¿Te parece lógico? A mí también... Pero, ¡ojo! Antes de juzgar a Mariana o a Jorge obsérvate y, de manera absolutamente sincera, contesta esto: por las mañanas, antes de salir de tu casa, te ves al espejo y te preguntas: "¿Cómo me veo?", o, por el contrario, te preguntas únicamente: "¿Cómo me siento?".

Si contestaste que sí, entonces estás corriendo el mismo riesgo que Mariana y Jorge de no ser tan carismático, agradable, exitoso y querido en tu entorno por un pequeño detalle: la incongruencia entre tu lenguaje no verbal y el contexto.

No quiere decir que esté mal procurar verte o sentirte bien, lo único que es inconveniente es que ésas sean las únicas preguntas que te hagas.

Déjame explicarte: usar una prenda, accesorio o adorno solamente porque se te ve bien, está de moda o sea cómodo no lo hace funcional; lo que hace que una decisión en términos de vestimenta sea buena tiene que ver con lograr un equilibrio entre *tu esencia* y aquello que te hace sentir cómodo; *tu objetivo*, es decir, lo que quieres lograr, y *lo que la gente necesita o espera ver* para poder creerte.

Uff, ya sé, aquí es en donde muchos, que a pesar de los años no han abandonado la adolescencia, empiezan con frases como las de Jorge: "No voy a traicionarme a mí mismo adoptando un estilo que no me pertenece", "yo prefiero ser auténtico y vestirme como yo quiero", "éste soy y si no les gusta, ni modo".

Mi respuesta es: ¿trabajas para tu ropa o tu ropa trabaja para ti?, porque si estás consciente de que tu imagen es un medio para conquistar la misión de tu alma, entonces te darás cuenta de que debes gestionar tus herramientas al servicio de tus metas. ¿Te acuerdas del ejemplo del nutriólogo pasadito de peso que con su apariencia física no está ayudando a que lo crean capaz de solucionar los problemas de salud de sus pacientes? Pues lo mismo pasa con la ropa. Si tu público está conformado por personas de la tercera edad, que tenderían a ser muy tradicionales, y vas a hablarles sobre planes de retiro, ¡ponte algo clásico, sencillo, en colores neutros y seguramente no tendrás problema! Si vas a hablar frente a un público universitario en donde la mayoría llega de jeans, hasta pants y tu tema es sobre "cómo ser un empresario exitoso", no te recomiendo llegar de pants, pero tampoco de traje; mejor crea un equilibrio usando unos jeans y un blazer azul marino. ¿Me explico? Así puedes establecerte como similar de una manera sutil y hacerlos sentir comprendidos y en confianza, sin perder el toque aspiracional.

"Entonces, Pam, ¿cómo sé que mi look, mi estilo personal y lo que elegí ponerme es funcional de acuerdo a lo que quiero comunicar?" Ésta fue una pregunta que recibí hace poco en el curso Imagen de Éxito que impartimos en línea. ¡Y es una gran pregunta!

Para responderla y poder nutrir este primer paso del método con la perspectiva de uno de los consultores en imagen más reconocidos de México, autor de *Imagen Cool*, *El Método H.A.B.L.A.* y *La Biblia Godínez*, además rector del Colegio de Imagen Pública, y por suerte un gran colega y amigo, le pedí a Alvaro Gordoa que me ayudara a contestar esa pregunta.

La magia persuasiva de la ropa

Por **Alvaro Gordoa**

Si estás bien por dentro estarás bien por fuera. Sí, es cierto. Como también es cierto que es un cliché que sé que has escuchado miles de veces... pero ¿alguna vez habías escuchado que si estás bien por fuera te sentirás bien por dentro? ¡Vaya cambio de enfoque!

Y no solamente eso, sino que de acuerdo con la manera como te sientes con la ropa que llevas puesta, desarrollas actitudes que afectan la manera como los demás te perciben, sumadas a las percepciones que ya de por sí tu look estaba generando... ¿interesante, no crees?

A todo esto se le conoce como Psicología de la Ropa, y no es otra cosa más que el estudio de cómo nuestro vestuario, accesorios y aliño corporal afectan el comportamiento humano, ya sea en la manera como nos condiciona psicológicamente, o bien cómo afecta en la manera que nos perciben los demás.

Por lo tanto, cualquier cosa que nos ponemos encima tiene un doble efecto: 1) el efecto que produce en nosotros y que altera nuestra conducta, y 2) el efecto que produce en los demás alterando sus conductas.

Sobre el primer efecto podría citarte cientos de estudios, como el de Barbara Fredrickson, de la Universidad de Carolina del Norte, en donde pusieron a alumnos a hacer un examen de matemáticas vestidos y a otros con traje de baño, resultando que los primeros sacaron una calificación 50% superior en promedio, o el de la Universidad de Northwestern, en donde personas vestidas con bata aumentaban su evaluación en pruebas de coeficiente intelectual. Pero seguro tú mismo lo has sentido en una fiesta de disfraces en donde adoptas la personalidad de tu personaje, o esos días cuando te vistes y arreglas con tu ropa favorita y sientes que vas deslumbrando a todos por la calle. Si nunca has sentido este efecto, te reto a que la próxima vez que te sientas mal o estés crudo te bañes y arregles como si fueras a una cita importante, verás cómo bajan tus malestares por arte de magia.

Del segundo efecto lo que hay que entender es que con la indumentaria cada individuo encuentra su propia forma de expresión y emplea variaciones personales de tono y significado, convirtiendo nuestra apariencia personal en todo un sistema de comunicación no verbal. Por lo tanto nunca hay que ver la moda como algo frívolo o superficial, sino como un complejo lenguaje de signos y símbolos con el que nos comunicamos con los demás. A esto se le llama Semiótica del Vestuario, y permíteme ponerme un poco académico.

Mucho antes de que dos personas entablen una plática ya han estado hablando en un lenguaje mucho más antiguo y universal: el lenguaje de los signos. Ha hablado nuestro sexo, edad, clase social y, sobre todo, ha hablado todo lo que llevamos puesto: el estilo, los colores, las texturas, los patrones, el diseño, el peinado, los accesorios, los adornos corporales y el aliño personal, mandando mensajes que hablan mucho de nosotros. Hemos dado información sobre nuestros gustos, profesión, estado de ánimo y hasta sobre nuestra personalidad y autoestima.

La semiótica es la ciencia que se encarga del estudio de los signos, por lo tanto la Semiótica del Vestuario explica que todo lo que nos ponemos encima comunica. Por ejemplo: una mujer de pelo largo entrecano, vestida con ropa holgada blanca de meditación con bordados indigenistas, descalza y sin maquillaje, manda mensajes muy diferentes a los de un individuo con la cabeza rasurada, con un traje negro con raya de gis, camisa blanca con mancuernillas de oro, corbata de seda roja y fumando un gran habano. Mientras la primera abre los canales de comunicación y te genera confianza y paz, el segundo los cierra imponiendo respeto a través del miedo.

Por lo tanto, al arreglarte debes estar consciente de este doble efecto y de que la manera en que te produces está reflejando quién eres y te está condicionando a comportarte de cierta forma. Por lo que debes preguntarte: ¿todos los elementos de mi apariencia física son coherentes?, ¿están enviando el mismo mensaje y ese mensaje es el que quiero transmitir?, ¿la manera como me siento es la manera como quiero hacer sentir a los demás? Si las respuestas son positivas, adelante, ¡póntelo!; pero si son negativas, piénsalo dos veces antes de salir a comunicarte con los demás.

En resumen y para dejarlo aún más claro, a partir de hoy cuando te pares frente a un espejo nunca más preguntes solamente ¿cómo me veo? o ¿cómo me siento?, sino que a partir de hoy pregúntate: ¿qué mensajes estoy enviando?

Entendido esto, ahora podrás entender mi frustración ante la pregunta que más me hacen como consultor en imagen pública, y es: ¿cómo me visto para...?, y ahí le suman un sinfín de objetivos: para una entrevista de trabajo, para una primera cita, para conocer a mis suegros, para pedir un aumento de sueldo, para renunciar, etc., etc., etc... Y digo que me frustra porque la gente piensa que tengo una varita mágica cuando la respuesta es invariablemente la misma: ¡depende!

Depende, porque en imagen pública no hay cosas buenas ni malas, sino lo que debe ser... esto quiere decir que no hay un "prototipo ideal" a seguir, sino que la imagen física es relativa. No es lo mismo lo que desea proyectar una abogada que un publicista, ni son los mismos los objetivos de los estudiantes y de los empresarios, o cómo cambian las necesidades de la audiencia de un rockstar respecto a la de los pacientes de un médico. Nuevamente: en imagen pública no hay cosas buenas ni malas sino lo que debe ser.

¿De qué depende que toda imagen sea relativa?, de estos tres factores:

1) **Nuestra esencia.** ¿Quiénes somos? es una pregunta difícil de responder ante los demás, pero nosotros podemos responderla con certeza. Y es que así como percibimos a los demás, desde que tenemos conciencia nos autopercibimos... a esto se le llama Imagen Interna. Esta autopercepción es fundamental en la manera como nos relacionamos con los demás y cómo nos mostramos hacia el exterior, y es la suma de muchísimos factores, como nuestra personalidad (temperamento y carácter), principios y valores, gustos y preferencias, y un amplio etcétera en donde por supuesto se encuentra nuestro estilo, que es la manera como expresamos esa individualidad.

   Nuestra esencia son todas esas cosas que nos hacen únicos e irrepetibles y que debemos respetar. No debemos ni podemos intentar ser alguien más, ya que al estar produciéndonos o comportándonos como alguien que no somos, nos sentiremos disfrazados, y esa falsedad hará que el cambio que estamos intentando se haga sin convicción, por lo que no comunicaremos y nos sentiremos violados en nuestro ser.

2) **El objetivo que deseamos lograr.** ¿Qué metas tienes en la vida?, ¿cuál es tu visión a futuro?, ¿qué quieres lograr el día de hoy...? Sean cuales sean tus respuestas, te aseguramos que podemos resumir tus objetivos de una manera sencilla: quieres ser mejor y tener más.

   Ya sabes que nuestra imagen física es todo un sistema de comunicación no verbal y que al pararte frente a un espejo debes preguntarte: ¿cómo me veo, cómo me siento y qué mensajes estoy enviando?; ahora debes de sumarle también la pregunta: ¿los mensajes que estoy enviando me ayudan a lograr mis objetivos o representan un obstáculo? ¡Si tu objetivo es abrir los canales de comunicación, que tu apariencia no los cierre!

3) **Las necesidades de nuestras audiencias.** Por último tienes que pensar en tus receptores. Recuerda que te vistes para ti y para los demás, por lo tanto, tienes que estar muy consciente de las necesidades de quien decodificará tus mensajes.

   ¿Qué sentimientos necesitas despertar en tus audiencias?, ¿qué esperan los demás de ti?, y ¿si tú estuvieras en su lugar, qué te gustaría ver?, son preguntas fundamentales que debes realizarte al producirte físicamente. Entonces no es lo mismo reunirte con los amigos más cercanos que atender la importante junta de negocios o ir a cenar con la nueva conquista romántica.

Por lo tanto, para poder juzgar objetivamente tu imagen física tienes que preguntarte: ¿estoy respetando mi esencia?, ¿los mensajes que mando me ayudan a lograr mis objetivos?,

¿satisfago las necesidades de mis audiencias? Si la respuesta es sí a todas, entonces estaremos hablando de una imagen bien lograda que seguramente será persuasiva, pero si encontramos una respuesta negativa a cualquiera de las tres preguntas, entonces no salgas hasta hacer los ajustes necesarios.

Para concluir, deja de pensar que para presentarnos correctamente ante los demás y lograr su aceptación tenemos que estar siempre muy formalitos, maquillados y trajeados. ¡Habrá momentos en los que vestir informal y romper algunas reglas de vestuario sea lo correcto! Lo importante es qué actitudes adoptas al portar ciertas prendas y qué efecto producen en quien te percibe.

Y esto es lo divertido de la magia de nuestra ropa y su poder persuasivo, que con ella estamos hablando un lenguaje muy amplio y complejo que hará que se convierta en el mejor complemento a nuestras estrategias de atracción. ¡El hábito sí hace al monje! ¿Ya viste cuántos sombreros, capas y varitas mágicas tienes en tu clóset? ¡Tu guardarropa también hace magia!

¡Gracias, querido Alvaro!

Toma en cuenta los colores

Pero eso no es todo, hay muchas otras variables que debemos considerar. Apuesto, por ejemplo, que habías oído poco sobre el poder que tienen los colores en el proceso de percepción. Pues estemos conscientes de ello o no, los colores comunican muchísimo.

A nivel psicológico y cultural, tenemos asociados los colores a ciertas actitudes, características o estados de ánimo. Pongamos como ejemplo estos refranes: "El que de amarillo viste, en su belleza confía", "El que quiere azul celeste, que le cueste", "A esa de rojo..." (Ups, ya, ¡perdón!, pero es que es cierto.) Y no sólo eso, los colores también generan en nuestro cuerpo reacciones fisiológicas y activaciones emocionales, debido a su vibración. En serio, no me estoy poniendo metafísica, en realidad esto es pura ciencia. Que nuestros ojos sean capaces de percibir distintos colores es porque los núcleos en las células que conforman cada color se comportan de manera diferente. El núcleo recibe la luz del sol en un proceso parecido a la respiración, y posteriormente lo exhala haciéndolo visible para nosotros. Cada núcleo va a hacer esta especie de exhalación de acuerdo con sus propiedades específicas, y eso genera variaciones en el color. De acuerdo con Reginald Roberts, autor del libro *Psicología del color*[3] y creador del Curso de Formación en Psicología y Terapia del Color, los colores que observamos no son más que diferentes cualidades —longitudes de onda y frecuencia— de luz blanca pura.

De hecho, los principios básicos de los colores son conocidos desde que sir Isaac Newton miró a través de un prisma de cristal y descubrió el espectro cromático, pero como nos hemos cegado por la atracción estética del color, hemos pasado por alto sus sorprendentes poderes. Científicos y técnicos del mundo se están dando cuenta de la influencia fisiológica y psicológica que los colores tienen sobre las personas, flores, insectos, animales, la vida celular y fetal. Roberts habla en su libro sobre un artículo publicado en el *Daily Express*, en donde se narra el caso de una aerolínea británica que notó que la decoración amarillo-marrón de ciertos aviones provocaba más mareos que la de otros colores. Al cambiar el color se redujo el número de mareos entre los pasajeros.

La mercadotecnia utiliza esta información en sus productos para generar reacciones psicológicas; los hospitales, restaurantes y otros sitios abiertos al público, así como diseñadores de interiores, utilizan las cualidades del color en los espacios para generar distintos estados de ánimo; tanto la medicina alópata como la alternativa usan las propiedades de los colores para sanar y restablecer la armonía del cuerpo.

3 Reginald Roberts, *Psicología del color*, Lectorum, México, 1949.

A partir de hoy tú los usarás de forma deliberada e inteligente para alterar tu estado de ánimo de acuerdo con tus objetivos e influir en la percepción de la gente hacia ti.

Utiliza la psicología del color al elegir qué colores usar en tu ropa y accesorios, ¡y combínalos para lograr el efecto ideal tanto en tu estado de ánimo como en la percepción que los demás tendrán de ti!:[4]

Blanco: Neutraliza la energía, igual que el beige. Su elemento es el metal. Refleja la luz, por ello es ideal para días calurosos. Realza los demás colores.

Asociado, desde los aztecas y el inicio de muchas civilizaciones indígenas, con la realeza, la espiritualidad, lo iluminado y la victoria. Es el color del duelo en muchos países asiáticos.

Representa pureza, honestidad, inocencia, optimismo, frescura, limpieza y simplicidad.

Ojo: asegúrate de traerlo bien limpio o comunicarás lo contrario.

Rojo: Su elemento es el fuego. Levanta la energía. Es un color cálido, ideal para días fríos. Eleva la producción hormonal, la circulación y la temperatura corporal. Puede exacerbar la ira y la combatividad. Conecta con el corazón y los ojos. Muy útil para levantar el temperamento de personas tímidas o melancólicas.

Representa vitalidad, fortaleza, energía, pasión, determinación, valor, romanticismo.

Cuidado: en exceso puede comunicar impulsividad y agresividad en los hombres, y demasiada sensualidad en las mujeres. Úsalo en detalles para proyectar fuerza y poder. Al combinarse con negro, obtenemos el color vino o rojo quemado, que se asocia con mayor elegancia y autoridad.

---

4 Georgina Ortiz, *Usos, aplicaciones y creencias acerca del color,* Trillas, México, 2014; Víctor Gordoa, *El poder de la imagen pública,* Grijalbo, México, 2006; Josep Viñals, *La energía del color,* CUAM, México, 2012, y Reginald Roberts, *Psicología del color: curso de formación en psicología y terapia del color,* Prana, México, 1949.

Azul: Ideal para bajar la temperatura corporal en días calurosos. Útil para relajarse, es un color sedante. Fomenta la paciencia. Permite la aproximación de otros, se recibe calma y se ofrece paz.

Es el color de la comunicación.

El azul marino transmite profesionalismo, autoridad, fuerza, profundidad, intelectualidad y credibilidad.

El azul rey o en tonos más vivos transmite jovialidad en equilibrio.

El azul claro o celeste transmite sabiduría, tranquilidad, confianza, amabilidad. Asociado con soñadores o artistas creativos que se ocupan poco por las cosas materiales.

Cuidado: vestir siempre de azul puede proyectarte como alguien depresivo, rígido o tradicionalista. No se recomienda para cuando se requiere transmitir alegría.

Por el contrario, el azul turquesa mejora la creatividad.

Naranja: Su elemento es la tierra. Por ser un color cálido, da una sensación de proximidad. Ideal para climas fríos.

Transmite calidez, entusiasmo, ánimo. Se asocia con la creatividad y el éxito.

Muy útil para levantar el temperamento de personas melancólicas, favorecer el optimismo y levantar el tono sexual.

Recomendación: no abuses del naranja si vas a hacer una presentación en público de mucho tiempo, será muy cansado verte.

Amarillo: Su elemento es la tierra. Por ser un color cálido, da una sensación de proximidad. Ideal para climas fríos.

Representa energía, honestidad, felicidad, optimismo, seguridad, diversión, espontaneidad, alegría y esperanza.

Muy útil para levantar el temperamento y la energía de personas tímidas o melancólicas.

Se asocia con el sol, la realeza. Es el color del duelo en Egipto.

Toma en cuenta esto: el amarillo refleja la luz, así que si vas a pasar mucho tiempo al exterior en un día soleado, evítalo o deslumbrarás a la gente, y no por tu inteligencia.

Verde: Su elemento es la madera. Relaja los músculos sin ser tan frío como el azul. Útil para calmar los nervios y tranquilizarte.

Representa equilibrio, entusiasmo, esperanza, crecimiento, estabilidad, salud.

Se asocia con lo orgánico, la naturaleza, la frescura. Puede asociarse con la juventud, al grado de transmitir inmadurez. No es muy elegante para usarse de noche, a menos de que como mujer optes por un verde esmeralda.

En tonos oscuros, favorece un juicio claro.

Ojo: ciertos verdes pueden acentuar el enrojecimiento de la tez (porque tiende a resaltar parcialmente su color complementario, el rojo) o, por el contrario, subrayar la palidez. En tono esmeralda favorece a los pelirrojos o personas con tez brillante cuyo tono contrasta con el color de su cabello.[5]

Púrpura o morado: Se asocia con el poder, la realeza y la riqueza material, desde las culturas mediterráneas de la Antigüedad. También con la muerte y la transmutación de las almas o de la energía. Favorece la disposición al cambio.

Representa seriedad, misticismo, persuasión, flexibilidad, elegancia, sensualidad romántica.

El violeta se asocia con personas que tienden a guardarse sus propios pensamientos y pocas veces expresan sus emociones en público. También con quienes disfrutan de la vida y están en armonía con el mundo.

En todos los tonos, el púrpura, morado y violeta incrementan la espiritualidad.

Ojo: si vas a tratar temas financieros o donde requieras proyectar pragmatismo, evítalos, pues están asociados con el mundo de las ideas, la ensoñación y las ilusiones.

---

5 C. Jackson, *El color de tu belleza*, Juan Garnica, Barcelona, 1984.

Rosa: El rosa claro suaviza la energía. Se asocia con la dulzura, el amor, la infancia y la amistad. Transmite delicadeza, amabilidad, gratitud, cercanía, salud. Un rosa de color carne resaltará el color terroso del rostro. Rosas en tonos vivos, como el fucsia, son útiles para levantar el temperamento de personas tímidas o melancólicas.

Si eres hombre y te da miedo verte afeminado o si como mujer quieres usar el rosa en un ambiente laboral, combínalo con colores oscuros para crear un equilibrio.

Gris: Debilita las reacciones psicológicas, lo que lo vuelve recomendable en periodos de trastornos emocionales.

Transmite tenacidad, neutralidad, equilibrio.

Recomendación: vestirte todo de gris te podría hacer transmitir falta de carácter, conformismo o indiferencia; mejor combínalo con colores más vivos y no abuses de él ni lo uses por periodos demasiado largos.

Muy bueno para moderar discusiones en donde debes mostrarte ecuánime y neutral.

Negro: Su elemento es el agua. Absorbe la luz del sol y el calor, por ello es ideal para climas fríos.

Representa sobriedad, poder, formalidad, elegancia, autoridad y misterio.

Muy importante: si el negro no se porta con seguridad y garbo, transmitirá inseguridad y timidez.

También, en determinados contextos, se asocia con la muerte, la tristeza y el miedo.

Es el color del duelo en Occidente y en países de religión católica desde 1672, por obra de la señora Montespan, quien cambió de blanco a negro el color de las viudas.[6]

Café: Su elemento es la tierra. Por ser un color cálido, da una sensación de proximidad. Óptimo para climas fríos y para si-

---

6 A. Descamps M., *Psicología de la moda*, FCE, México, 1986.

tuaciones en las que se quiere transmitir cercanía, confianza y honestidad. Ideal para terapeutas y maestros.

En un traje, comunica mediocridad. Asociado con personas que trabajan mucho, ganan poco y complican los procesos. Mejor utilízalo en blazers o chamarras, para fines en los que no busques transmitir formalidad.

No abuses de él pues, mientras que por un lado favorecerá tu paz interna para poder concentrarte en algo, por el otro, hace lento el metabolismo y puede repercutir en tu digestión. Cualquier color que no haya mencionado está conformado por la combinación de uno o varios de los que sí enlisté. Para deducir su significado identifica los colores que lo conforman, lee sus características, mételas en una licuadora, baja un poco la intensidad de las mismas y, *¡voilà!*, tienes la respuesta.

Puedes encontrar esta información resumida en una infografía en el pliego de fotos de este libro. También puedes descargarla aquí, para que la imprimas y la pegues en tu clóset, o la pongas de fondo de pantalla en tu celular y así tener la información presente siempre.

De la moda lo que te acomoda

Una de las premisas de la imagen física es acentuar o ajustar nuestro estilo según nuestro objetivo, no cambiarlo. Se trata de mostrar, a través de estímulos visuales, aquellos rasgos de nuestra personalidad que nos ayuden a transmitir confianza, consistencia y credibilidad de acuerdo con el contexto. El objetivo de las ideas que estoy por compartirte ahora es hacer de tu conocimiento ciertas reglas que existen en cuanto a protocolos y códigos de vestimenta, para que tomes aquellas que mejor te permitan proyectar una imagen congruente con tus objetivos.

Ojo, se vale romper las reglas si tienes la certeza de que eso te ayudará a comunicar lo que quieres, el punto es que si las rompes sea de forma deliberada y estratégica, y no por ignorancia.

Recomendaciones para hombres:

1) **Trajes:** Los trajes oscuros comunican autoridad. Sin embargo, evita usar trajes negros antes de las seis de la tarde. Así que ese traje negro tan bonito que te compraste guárdalo para un coctel o reunión en la noche. De día puedes utilizar trajes color gris oxford o azul marino. Pueden ser incluso TAN oscuros que parezcan negros, ¡pero que NO sean negros! ¿Entendido, chato? Ésta es una regla básica de protocolo.

Los trajes gris clarito son para eventos de día, comunican mayor accesibilidad. Y el traje café que te compraste... ese... regálaselo a quien más gordo te caiga en la oficina. No uses trajes cafés, culturalmente se perciben como el "uniforme" de una persona que trabaja mucho y gana poco. Además el color café, al usarse en exceso, hace lento tu metabolismo generando cansancio, indigestión, estreñimiento, etcétera. Puedes usarlo en chamarras o blazers, pero en un look informal.

Ahora que ya sabes qué trajes comprar, es preferible que inviertas en tres trajes de muy buena calidad a que compres seis medio chafas. Cuida que la tela no sea brillosa. Un traje, así como toda tu ropa y accesorios, hablan de ti y de tu estatus. ¿Quieres ser el jefe de la empresa? ¡Empieza vistiéndote como una figura de autoridad y mando desde ahora! Invierte en ello. Esto hará que la gente perciba ese nivel, elegancia y autoridad en ti, y entonces te tengan presente cuando el puesto que buscas esté vacante. Claro, nuestro objetivo es proyectar congruencia, así que si tus resultados son pésimos, ni siquiera un traje de Pal Zileri o hecho a medida podrá ayudarte.

¡Ojo! Gracias a mis amigos de Tomorrowland Taylors, entendí que no es lo mismo un traje hecho "a la medida" que hecho "a medida", como ellos los trabajan. Los primeros se tratan de trajes hechos con forros que ya vienen con ciertas tallas desde la fábrica y solamente se les ajustan algunos detalles de ancho o largo para que te queden mejor. Pero si por lo general los trajes comerciales o de sastre te acaban quedando "raros", lo mejor es que optes por un traje hecho a medida en donde también el forro esté diseñado y fabricado según tus medidas y necesidades. Por cierto, un forro de buena calidad será la diferencia entre un traje que se vea realmente fit, elegante y te dure mucho, a uno que se arrugue fácilmente y haga que tengas que cambiar de modelito a cada rato porque ya "dio de sí". ¡Cuida tu inversión! Recuerda: generalmente lo barato acaba saliendo más caro, pero no todo lo caro es de buena calidad, por eso hay que estar bien informados.

2) **Camisas:** Las camisas que comunican mayor autoridad y formalidad son las de puño francés, es decir, las de mancuernillas. Si has de usarlas, por favorcito, por piedad, por lo que más quieras, ¡no uses mancuernillas ostentosas, con brillantes o figuritas de Star Wars! Elige unas discretas y elegantes, de preferencia plateadas. Si quieres aportar a tu look algo de jovialidad, puedes optar por las mancuernillas de tela que están de moda en distintos colores.

Seguidas de estas camisas están las de botones, ya sean blancas o de colores lisos, sin bolsas en el pecho. Las camisas con estampados comunican menor autoridad y mayor accesibilidad, si tienen bolsillo en el pecho son aún más informales. ¡Por favor nunca pongas tu tarjeta, pluma o celular en el bolsillo de la camisa, no abuses del "Godinismo"! Ese bolsillo es decorativo, no funcional. Guarda tus cosas en el bolsillo interno del saco o en el del pantalón, sin que tu cartera haga que parezca que tienes una pompa de Latin Lover y la otra de paletero en bajada. ¡Ah!, y una vez que decidas qué botón de la manga de la camisa se ajusta mejor a tu muñeca, quita el otro.

En las mangas de tipo estándar te ponen dos para que elijas uno. Guarda el otro de repuesto, pero en un cajón.

Muchas personas me han preguntado cuál es el sitio más elegante para poner sus iniciales en las camisas, si debajo del pecho o en la manga. La realidad es que aun si tu camisa es mandada a hacer, lo más elegante es no ponerlas. Recuerda: menos es más. En la ropa, la sencillez es muestra de que la elegancia se lleva en la sangre y que no se trata de un disfraz.

3) **Zapatos:** ¡Ay los zapatos! Dicen tanto de ti... Por favor, tenlos bien boleaditos, limpios, cuídalos. También es preferible que inviertas en unos buenos zapatos de cada estilo —sugiero oxford, monkstrap y mocasines— al menos en negro y café, a que tengas 10 de diferentes estilos y colores y se vean chafas.

Para que tus zapatos de piel guarden la forma y no se arruguen con la humedad de tu pie, compra hormas de madera y pónselas en el momento en que te los quites y vayas a guardarlos (una razón más para guardarlos tú y no aventarlos al piso cuando te echas... perdón, cuando te dispones a ver la TV). Así te durarán como nuevecitos mucho más tiempo.

Los zapatos con agujetas son para trajes completos, looks formales y de autoridad. Si de plano no tienes zapatos con agujetas para tus looks formales, puedes utilizar zapatos tipo monkstrap, pero siempre con suela de cuero. Los zapatos con suela de goma o mocasines son para looks más informales. En el pliego de fotos puedes encontrar una guía para combinar tus zapatos dependiendo del color de tu pantalón y del estilo del calzado. También te la dejo aquí por si quieres descargarla y tenerla a la mano:

4) **Calcetines:** Los calcetines deben ser del color de tu pantalón o de tus zapatos. Los de conejitos, balones de futbol, puntos y rayas de colores déjalos para el fin de semana. Por favor, asegúrate de que tus calcetines sean lo suficientemente largos para mantenerse arriba y cubrir tu pantorrilla. ¡Evita acaparar miradas cuando al cruzar la pierna se te vea blanca y peluda! Ten piedad.

Recomendaciones para mujeres:

1) **Luce tu cuerpo:** No importa si eres flaca, delgada, de figura torneada tipo Bubulubu o más bien rellenita y sabrosona; lo importante es tu porte, la manera en que te sientas respecto a tu cuerpo, la seguridad que proyectes y, por supuesto, tu actitud. Sin embargo, te sugiero optar por utilizar prendas adecuadas a tu tipo de cuerpo.

Si eres rellenita utiliza colores oscuros en las zonas de tu cuerpo que te gustaría afinar visualmente, por ejemplo: tu cintura, abdomen, cadera, muslos, etcétera. Elige colores más alegres y brillantes en aquellas partes que quieras resaltar: quizá tu busto, para verte más torneada (si usas un color brillante entonces no uses escote, sería demasiado). Elige ropa de telas delgadas o finas, por encima de lanas gruesas. Evita estampados grandes, opta por estampados pequeños. Evita rayas horizontales, círculos o cuadros, opta por colores lisos o rayas verticales para estilizar tu figura.

Si eres muy flaquita evita vestirte de colores oscuros, pues te harán ver aún más delgada. Elige pantalones de colores neutros como el blanco, beige o gris claro; faldas, vestidos y blusas de colores. Aun si necesitas usar un pantalón oscuro, contrástalo con una blusa alegre y colorida con algún estampado. Los cinturones a la cintura (incluso de resorte) serán tus grandes aliados, opta por colores oscuros en dichos cinturones pues reducirán visualmente el tamaño de tu cintura en comparación con tu cadera y tu busto, ¡te verás más torneada! Si tus piernas son muy delgadas, evita usar pantalones de tubo, *leggings* o muy ajustados.

2) **¿Sensual o sexual?:** Sea cual sea tu constitución física, recuerda que la sutil diferencia entre ser fina y femeninamente sensual y ser vulgarmente sexual radica en el equilibrio.

Se vale usar escote, ropa entallada, minifalda y labios rojos, ¡pero no todo al mismo tiempo! Jajaja, en serio, es más común de lo que te imaginas.

Una sensualidad elegante, femenina, se expresa con pequeños detalles, es decir: si usas escote, no entalles tu blusa ni uses falda (¡y que sea un escote sutil, por favor!). Si eliges una blusa entallada, opta por un pantalón más holgado. Si te pones unos *leggings* o pantalones entubados, combínalos con una blusa holgada. Si maquillas tus labios de rojo, entonces sé discreta con el maquillaje de tus ojos; pero si quieres acentuar tu mirada con un maquillaje más cargado o estilo *smokey eyes*, entonces elige un color claro o *nude* en los labios. Mostrar demasiada piel, hará que, como dice mi mamá, parezca que se te está pudriendo la mercancía y la tienes en oferta.

Busca un equilibrio.

3) **Manos:** El cuidado de tus manos habla mucho de ti. No necesitas invertir cientos de pesos en manicure y pedicure, pero procura traer tus uñas parejas y limpias, y las manos suaves e hidratadas (exfólialas con una mezcla de azúcar y limón, frótalas suavemente y después aplica una crema hidratante). Si buscas un look más ejecutivo, elegante y de autoridad, evita barnices de uñas con estampados, brillantina y *nail art*. Por cierto, ¡las uñas postizas larguísimas ya no se usan, pasaron de moda y no proyectan una imagen de autoridad!

4) **Tipo de cuello:** Si tu cuello es corto, opta por blusas de cuello en V y collares largos. Esto lo hará verse más alargado y estilizado. Di no a las gargantillas y aretes largos que casi rozan con tu hombro, esos déjaselos a las de cuello largo. Los aretes pequeños y finos te harán lucir más, hay muchas opciones de acuerdo con tu personalidad y estilo.

5) **Los accesorios:** entre más finos y discretos, más elegantes. Si ya estás expresando elegancia con otros aspectos de tu vestimenta, entonces puedes darte la oportunidad de generar un equilibrio entre elegancia y accesibilidad / jovialidad utilizando algún accesorio más llamativo o juguetón, ¡pero sólo uno! Eso sí, si el fin de semana vas a ir a un bar, una comida, una reunión o al antro, ¡presume esa gargantilla psicodélica y colorida que está de moda, se vale, pues el contexto lo amerita! Dentro de los accesorios, además de joyería, broches, mascadas, etcétera, están los zapatos. Saber cómo combinar tu calzado de acuerdo al tipo de prenda que vayas a usar o al código de vestimenta te ayudará a lucirlos muchísimo. En el pliego de fotos encontrarás una infografía de cómo combinar tus zapatos según el estilo que elijas. También puedes descargarla en este código para tenerla a la mano:

6) **Bolso y portafolios:** Eres una dama, no una mula; evita cargar con bolso de mano, portafolios y maletín con computadora. Consigue mejor una bolsa más grande en donde te quepa todo o un portafolios en donde además puedas guardar tus cosméticos, cartera y celular. Recuerda, menos es más.

7) **Medias:** Las medias estampadas NO son elegantes. Usa medias lisas para trabajar y deja tus medias estampadas para las reuniones sociales. El color de las medias no debe contrastar con el color de tus zapatos. Si dudas, entonces utiliza medias color neutro o *nude*. En verano y primavera es mejor no usar medias (a menos que el protocolo de la empresa en la que laboras lo solicite); mejor depila bien tus piernas, hidrátalas, puedes utilizar algún autobronceador o simplemente igualar el color y textura de tus piernas con un aerosol en tu tono de piel de Sally Hansen, por ejemplo. Para las mujeres mayores de 60 años que así lo prefieran, las medias de algún color neutro serán bienvenidas en cualquier época del año.

8) **Corte de pelo:** El pelo largo, debajo del hombro, expresa jovialidad, pero a nivel cultural no es muy bien visto en mujeres mayores de 50 años. El cabello más corto (al hombro por ejemplo) expresa autoridad y elegancia. Si quieres ser percibida como una mujer con mucha experiencia profesional, esto puede ayudarte.

9) **Tinte:** El tono de tu pelo debe de ser parecido a tu tono natural (Dios es sabio y por eso te hizo así), recuerda que todos los colores de tu cuerpo tienen una concordancia y sintonía natural; romper con ella te hará verte "rara", quizá desaliñada, aniñada, pálida, etcétera. Si quieres jugar con el color de tu cabello puedes teñirlo uno o dos tonos arriba o abajo de tu color natural, lo mismo con las luces. Di NO al cabello negro con luces muy marcadas en tono rubio. Si eres morena evita los tonos rojizos.

10) **Cejas:** No depiles tus cejas por completo para dibujarlas después, solamente utiliza las pinzas para limpiar y delinear su forma, ¡no las dejes demasiado delgadas! Se vale rellenarlas con algún lápiz o polvo del mismo color, pero por encima de la vellosidad natural de la ceja. Si te tiñes el cabello, procura llevar tus cejas en un tono ligeramente más oscuro que el color de tu pelo.

RETO

Aunque también se trata de que te veas bien y que te sientas cómodo con lo que decidiste ponerte, ahora sabemos que "¿cómo me veo?" no es la pregunta correcta; al menos no la única que debes hacerte para crear armonía, transmitir credibilidad y cautivar, por ello, a partir de hoy, antes de salir de casa mírate al espejo y hazte las siguientes preguntas:

- ¿Cómo me siento?
- ¿Cómo debería verse la persona que transmita este mensaje para hacerlo creíble desde el inicio?
- ¿Qué mensajes necesito transmitir a través de mi vestimenta para brindar soporte y fuerza?
- ¿Qué comunico con esto que me estoy poniendo? ¿Qué mensaje estoy enviando? ¿Estoy siendo coherente con mi objetivo?
- ¿Qué simboliza lo que estoy vistiendo? ¿Qué emociones, recuerdos o asociaciones evoca?
- ¿Todos los elementos de mi apariencia están enviando el mismo mensaje? ¿Estoy siendo congruente?
- ¿Estoy en armonía con el contexto en el que me desenvuelvo?
- ¿Qué puedo usar para establecerme como similar con mi público a través de mi ropa? ¡Sin disfrazarme, sin perder mi esencia, sin olvidar el objetivo!

Magia para llevar

Cautiva con una imagen física persuasiva:
Una imagen física persuasiva es el resultado de un equilibrio entre lo que nos hace sentir cómodos, lo que hace que nuestro mensaje sea creíble y lo que los demás esperan.

"Haz que los demás puedan ver, lo que deben de pensar."

2 TRUCO

IMAGEN VOCAL

Revelación: Lo que más comunica de tu voz no está en tus palabras

¿Sabías que en la voz tienes una herramienta poderosísima para persuadir, transmitir confianza y seguridad, ser verdaderamente interesante, mantener la atención de la gente y proyectar carisma? Aunque quizá cientos de veces te has referido al volumen o tono de voz de alguien como "molesto", "aturdidor", "sexy", "atractivo", etcétera, probablemente nunca te habías cuestionado qué es lo que tú transmites y proyectas a través de tu voz.

¿Sabías que tu voz influye en la percepción que otros tienen o se formarán de ti? Por eso podemos decir que tenemos una "imagen vocal".

Nuestra voz tiene una faceta verbal que consiste en aquello que decimos, nuestras palabras, la estructura de nuestras ideas, nuestros argumentos; aspectos en los que normalmente nos enfocamos. Pero también tiene una faceta no verbal que consiste en la manera en la que decimos las cosas, misma que pasa de largo para la mayoría de la gente.

Sin embargo, esta segunda faceta es aún más relevante que la primera.

¿Por qué?

Sencillamente porque a través de las cualidades de nuestra voz generamos una percepción que afecta inmediatamente la disposición que tendrá quien nos escucha de creer o no creer, confiar o no confiar, en nuestro mensaje.

Esto no quiere decir que el fondo de nuestro mensaje no sea relevante, de hecho, el objetivo de tener una buena imagen vocal será convertirla en nuestra gran aliada para enganchar la atención de la gente, de manera que se abra realmente a escuchar lo que tenemos que decir.

Por eso enfoquémonos en la forma y descubramos este universo infinito de posibilidades que existe en aquella herramienta poderosísima (si la sabemos usar): nuestra voz.

¿A qué debemos poner atención? ¿Qué características de nuestra voz debemos conocer y aprender a gestionar? ¿Cómo aprovechar sus cualidades de forma eficaz?

Ahí te va...

Los atributos de la imagen vocal, es decir, aquello que un buen manejo de la voz nos puede ayudar a proyectar, son:

- **Seguridad:** alguien con confianza en lo que dice, que transmite certeza.
- **Conocimiento:** alguien que sabe de lo que habla, con fundamentos y experiencia.
- **Coherencia:** alguien que siente y actúa en consecuencia y con congruencia con lo que expresa.
- **Credibilidad:** alguien en quien se puede confiar, que habla con la verdad.
- **Empatía:** alguien capaz de comprender y conectar con quien lo escucha.

Ahora probablemente te estás preguntando: "Y si no siento que la mía proyecte todo eso, ¿cómo le hago?".

Hay muchas preguntas con las que me enfrento constantemente cuando doy cursos de oratoria o entreno oradores: "Y si no me gusta mi voz, ¿tengo remedio?" "Nunca he trabajado la voz de manera consciente y ya estoy grande, ¿es tarde para empezar ahora?" "¿Cómo le haces para hablar durante tantas horas seguidas y no cansarte o quedarte ronca, es un talento natural?" "¿Naciste cantando y hablando bien o cualquiera puede aprender?".

¿Te acuerdas que te conté que tuve la fortuna de dedicarme a cantar profesionalmente durante un tiempo? Pues lo que no te he contado es toooodo lo que me pasó y lo mucho que tuve que aprender (a la mala) sobre la voz...

Cuando aprendemos a hablar lo hacemos en gran medida por imitación. Si somos de familias con voces fuertes y graves, tenderemos a heredar estas características y adoptar sus mañas; es el caso de mi familia: voces poderosas, graves y hasta roncas (por un lado 11 tíos y por el otro siete, con sus respectivas parejas e hijos, ¡imagina el tamaño de las mesas en los eventos familiares! Claramente para hacerte escuchar entre tanta gente, hay que desarrollar estas características en la voz).

Pero siempre había pensado que la voz ronca en una mujer era sexy, hasta que empecé a cantar y me di cuenta de que si bien las canciones de Alejandra Guzmán me salían rebién, pues no era suficiente, quería cantar boleros, baladas, jazz, rock, comedia musical, ¡de todo!

Mi maestra de canto, Lourdes Solorio, quien me ayudó a educar la voz desde que tenía 16 años cuando decidí que no podía seguir haciéndolo de manera lírica con apoyo de mi karaoke, me dijo que el desconocimiento de cómo manejar mi voz de manera profesional, el no saber respirar ni impostarla, así como el haberla forzado en tantas ocasiones, me había generado lesiones en las cuerdas vocales que no sería fácil quitar, pero que debíamos de trabajar en mi técnica para evitar que siguieran creciendo.

Me frustraba mucho tratar de cantar agudos y sentir cómo el aire se colaba por mis cuerdas vocales provocando un sonido tipo hisssss, como el que se escucha en los discos de acetato. Además, a veces los nervios, la contaminación, el cigarro ajeno (nunca he fumado) o el haber pasado mucho tiempo hablando me ponían más ronca de lo normal y no lograba alcanzar las notas altas en mis canciones.

Gracias a ella entendí muchas cosas, aprendí a cantar. Después me di a la tarea de perfeccionar mis recursos y descubrí una técnica fundada por Seth Riggs, quien era entrenador de grandes personalidades del mundo artístico como Janett y Michael Jackson, Stevie Wonder, Prince, la cual se llama: Speech Level Singing. Tuve la suerte de conocer a Eddie Robson,[7] quien era alumno del mismísimo Seth, y quien impartía clases de canto hasta Xochimilco (¡del otro lado de la ciudad!).

Eddie aceptó entrenarme, así que yo atravesaba la ciudad todos los jueves para poder practicar con él una hora. Apasionada como soy, no me importaban las tres horas que invertía en trasladarme desde mi casa hasta su estudio y de regreso.

Gracias a esta técnica aprendí que se debe de cantar con el mismo esfuerzo que uno ocupa al hablar, ni más ni menos, que la voz debía salir tan natural como en una plática, y que así se puede obtener una voz más flexible, versátil, potente, relajada y consistente; básicamente se trata de reeducar tu sistema nervioso.

¡Pero mi voz hablada era el problema principal!

En un congreso de International Vocal Training, compañía que fundó y dirige Eddie, conocí a John D. Loza, reconocido investigador especializado en la voz y el canto, y su técnica Evolución-R.

John trabajó también con mi voz, me enseñó a entender cómo funciona nuestro aparato fonador y a vencer varios mitos de enseñanza de las viejas escuelas que, lejos de ayudar al estudiante, lo exponían a lesiones y trastornos.

---

7 Fundador y director de International Vocal Training, www.vocaltraining.com.mx,

John, desde luego, identificó mi lesión y me motivó a arreglar el problema fisiológico antes de que siguiera lastimándome, pues ya no era un juego, tenía un contrato con una disquera internacional, y si quería una larga carrera en la música o en la conducción debía cuidarme.

Fue así como llegué con el doctor Arturo Ávila, otorrinolaringólogo especialista en el manejo y cuidado de la voz profesional, director de Voice Center México.

Arturo me explicó que debía operarme las cuerdas vocales para eliminar unos pólipos que se habían generado con el tiempo por abusar de mi voz, mismos que ya no sólo me dificultaban cantar sino también hablar por periodos prolongados de tiempo, a veces acababa afónica. Me dijo algo muy importante: "Si te operamos y no trabajas en tu voz con ayuda de un foniatra, vas a acabar igual y las cuerdas no se pueden operar muchas veces".

Me explicó que mi técnica al cantar era muy buena, pero mi técnica al hablar era muy mala y que, puesto que hablaba durante más horas al día de las que cantaba, obviamente en el instante en el que llegaba a un ensayo o show ya estaba inflamada y lastimada. Me explicó que una voz ronca no es lo mismo que una voz grave, que la ronca está enferma. Y que debía reaprender a hablar.

¡¿Qué?! Piedad. Auxilio. Que alguien me explique *ka astá pasandaaaa*.

¿Reaprender a hablar a mis 21 años?

En fin. Me aventé el tiro.

Me operaron y estuve tres semanas en recuperación en las que me la viví pegada a un pizarrón de 50×30 cm porque no podía ni debía decir ni "pío". Después, con apoyo de la doctora Karina Rocha, mucha persistencia y constancia, reaprendí a hablar.

Y gracias a lo que aprendí, además de cantar, hoy puedo hablar durante horas sin lastimarme, ¡y también me he dedicado a apoyar a muchos oradores a sacar mejor provecho de su voz sin lastimarse!

Ésta es una de las razones por las que dedico tanto tiempo a explicar en mis cursos, y en este libro, sobre ingeniería vocal, para que entiendas cómo funciona tu aparato fonador, cómo no cometer las mismas barbaridades que yo y cómo sacarle provecho a esta herramienta TAN importante cuando de comunicación se trata.

Esto es algo de lo que descubrí con tantos médicos y maestros, y que considero importante que conozcas:

Ingeniería vocal

¿Cómo te imaginas tus cuerdas vocales? Yo me las imaginaba como las cuerdas de una guitarra a lo largo de la tráquea.

¿Coincides?

¡Pues no son así, ni cerca! Chécate nomás:

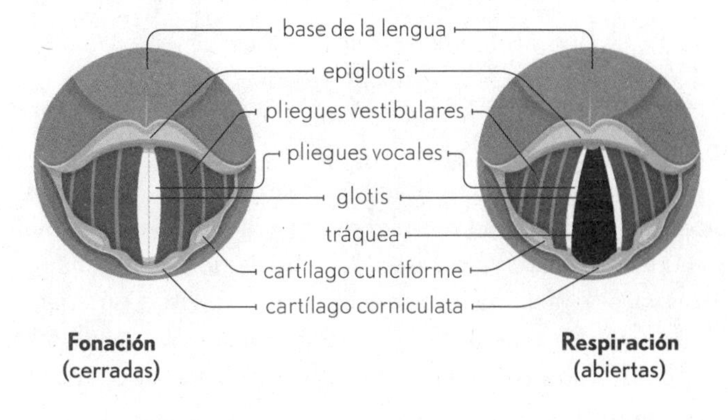

Las cuerdas vocales son una membrana con forma de moneda, dividida en dos. Se cierran cuando comemos o bebemos algo. Se abren cuando respiramos para dejar pasar el aire, se cierran cuando hablamos y el aire que pasa por la tráquea desde nuestros pulmones las hace vibrar produciendo sonido. Si vibran rápido, producen un sonido agudo, pues el hilito de aire que dejan pasar es muy delgado, como un flautín. En cambio, si vibran despacio, producen un sonido grave, pues dejan pasar más aire, como ocurre por ejemplo en un saxofón.

Nuestra habilidad para gestionar el impulso y la fuerza del aire que utilizamos al hablar se traducirá en una voz más agradable, útil, flexible y persuasiva. En pocas palabras, en una mejor imagen vocal.

Dejemos que el mismísimo doctor Arturo Ávila nos revele algunos mitos sobre el manejo de la voz y la manera en que debemos cuidarla para asegurarnos de contar con esta gran aliada para toda la vida (y suspira pensando: "Ojalá José José hubiera leído este libro antes").

Cómo cuidar la voz en las artes vocales

Por el doctor **Arturo Ávila Chávez**

"Si voux voulez connaitre quelq'un,
ne regardez son masque, mais ecoutez sa voix."
[Si deseas conocer a alguien, no mires su rostro, escucha su voz].

Sin duda la voz cotidiana se convierte en gran parte de nuestra personalidad, nos permite expresarnos de manera diferente ante determinadas circunstancias. Podría decirse que nuestras voces a menudo revelan mucho sobre nuestra experiencia de vida en general, y el condicionamiento social, cultural, de desarrollo y psicológico en particular. La voz es un modo primario de nuestra autoexpresión. Cómo elegimos usar (o limitar) este instrumento revela mucho acerca de nuestras fortalezas y debilidades autopercibidas, la mayoría de las cuales aprendimos de las experiencias de la vida.

Como ya lo mencionó Pam, la voz se produce gracias a la vibración de los repliegues vocales (cuerdas vocales) que se encuentran en la laringe. Dentro del cartílago tiroides (donde se encuentra la manzana de Adán), justamente a la mitad del cuello, donde se cruzan o intersecan varios órganos y estructuras anatómicas como son la vía aérea superior, la vía aérea inferior y el esófago (vía digestiva).

Es por este motivo que en una persona que presenta disfonía (pérdida parcial de la voz) se debe considerar que existe un estado inflamatorio en mayor o menor medida de los repliegues vocales secundarios a un abuso o mal uso de la voz, o alguna alteración o padecimiento en alguno de los órganos o estructuras que circundan la laringe y que, por lo tanto, afecta de manera secundaria a las cuerdas vocales.

Basados en esta premisa anatómica pura, podemos concluir que una de la recomendaciones de la buena higiene vocal es mantenernos sanos y libres de enfermedades en términos generales. Cualquier alteración en la salud puede condicionar alteraciones en la vibración adecuada y eficiente de los repliegues vocales.

Intentaré ser breve con recomendaciones básicas importantes para evitar estados inflamatorios sobre los repliegues vocales (que se traducen en disfonía) y que con el tiempo se pueden transformar en lesiones orgánicas como nódulos, pólipos, granulomas, quistes, etcétera.

1) **Hidratación:** La cantidad de agua en nuestro cuerpo es fundamental para una adecuada lubricación de las cuerdas vocales. Esto se lleva a cabo gracias a las glándulas salivales menores que se encuentran en toda la región laríngea. ¿Cuánta agua? Pues usar la orina como parámetro es un buen indicador. Cuando la orina se encuentre discretamente pálida o discretamente amarilla, se considera un estado de hidratación correcto del cuerpo y de los repliegues vocales por consiguiente.

2) **Abuso y mal uso vocal:** Sin duda el exceso de uso de los repliegues vocales puede causar disfonía. Debemos considerar que los repliegues pueden vibrar hasta varios cientos de veces por segundo. Si a esto sumamos una mala técnica vocal, se incrementan los riesgos de lesiones cordales.

3) **Evita hablar fuerte o tener conversaciones en lugares ruidosos:** El efecto Lombard es la tendencia involuntaria

de aumentar el esfuerzo vocal en ambientes ruidosos para mejorar la audibilidad de la voz.

4) **Evita el uso del tabaco:** Éste favorece la disminución en la hidratación de los repliegues vocales, pero además el impacto generado por el humo y la combustión del cigarro son importantes componentes inflamatorios a corto y a largo plazos, como el cáncer laríngeo.

5) **Reduce el consumo de cafeína (té y café):** El abuso de estas sustancias favorece que los esfínteres arriba del estómago se relajen y favorezcan el reflujo gastro laríngeo y que el ácido del estómago irrite las cuerdas de manera directa.

6) **Descansa:** Recuerda que los profesionales de la voz (es decir, todos los que usamos la voz para trabajar... exacto, todos) se convierten en "atletas" de la voz, y parte fundamental del buen desempeño es gracias a que los músculos de la laringe puedan relajarse y recuperarse después de trabajar vocalmente.

Y en este mismo tenor, y para finalizar, debemos entender que el órgano fonador es un reflejo de lo que comemos, hacemos y sentimos. El mantener la salud integral en nuestro cuerpo es fundamental para mantener unas cuerdas vocales sanas.

¡Gracias por los tips, doc!

Así que no dudes en acudir a un experto de la voz: coach de imagen vocal (como yo), foniatra, profesor de voz hablada o hasta maestro de canto.

¿Pero para qué voy a tomar clases de canto si no voy a pedir un aumento de sueldo al son de *El Fantasma de la Ópera* ni vivo en una comedia musical?

El trabajar tu voz para cantar te permitirá por un lado lucirte en el karaoke con un nuevo talento, pero también te servirá para hablar mejor, y viceversa.

¿Te acuerdas que te platiqué de Eddie Robson, reconocidísimo maestro de canto, nombrado vocal coach VIP por

Vocalizeu, presidente de la escuela International Vocal Training, primer representante en Latinoamérica de la técnica Speech Level Singing (SLS)? Pues Eddie preparó una gran sorpresa para ti, que te ayudará a conseguir una voz más armoniosa y melódica al hablar. Al terminar de leerlo, haz los ejercicios con la guía de Eddie, con ayuda de tu lector de códigos QR.

La voz persuasiva

Por **Eddie Robson**

La voz es uno de los elementos y recursos más importantes que tenemos los seres humanos para persuadir o para que nuestras ideas tengan una mayor penetración en las demás personas, por lo cual es fundamental saber cómo utilizarla para este fin y cómo trabajarla, no sólo para que esté en buenas condiciones, sino para que podamos jugar con ella de la manera que nos plazca y así lograr un objetivo en particular.

La modulación de la voz es una de las claves para enfatizar una idea o incluso una sola palabra. Si queremos convencer a alguien de que una idea o una palabra en particular es importante, hay que bajar la velocidad, darle tiempo, bajar el volumen, descender la laringe un poco y soplar más de lo normal. O hacer todo lo contrario, dependiendo lo que queramos enfatizar, ya que podemos subir el volumen, darle otra resonancia, etcétera. Pero hacerlo sin técnica puede derivar en graves problemas crónicos de la voz.

El saber ejercer una presión adecuada en las cuerdas vocales, trabajando correctamente la posición de la laringe y ciertos músculos, que en especial son dos: el tiroaritenoides y el cricotiroides, no sólo te permitirá hablar por muchas horas sin cansarte, sino que también podrás desarrollar una voz con más cuerpo y con características sonoras más agradables para quien te escucha.

La pregunta entonces es ¿cómo logramos ejercer una presión justa sobre las cuerdas para producir un sonido con cuerpo y presencia, pero que no se oiga gritado u opaco? Y ¿cómo logramos sostener esa calidad durante todo el tiempo, independientemente de si hablamos fuerte o suave, para jugar con nuestra voz y usarla para persuadir?

La respuesta se relaciona con el uso de los dos músculos ya mencionados, el tiroaritenoideo al cual llamaremos TA y al cricotiroideo que llamaremos CT.

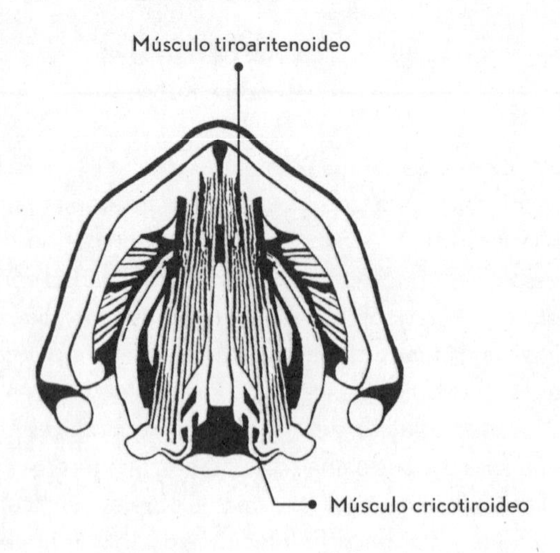

Cuando escuchamos a alguien hablar con una voz con cuerpo y presencia, dentro del canto, caracterizamos a esa resonancia con el nombre de "voz de pecho", que es una voz más grave y profunda, y para generarla se usa más el músculo TA.

Y cuando la voz es más sutil, sin tanto peso y más al estilo de una cantante mujer de Disney o de ópera la llamamos "voz de cabeza", y aquí se utiliza más el músculo CT.

En el caso de alguien que desea persuadir con su voz, lo importante es saber cómo utilizar ambas resonancias de acuerdo con el contexto, el objetivo y la intención.

Por ejemplo, no es lo mismo decirle a alguien "te amo" con una voz soplada y sutil, en un volumen más bajo y con una velocidad lenta, que decírselo con voz de pecho, rápido y sin sentimiento. Una forma resultará más efectiva que la otra. Pero en una conferencia o reunión en donde se desea proyectar poder, liderazgo, credibilidad, dominio del tema, etcétera, es necesario hablar con una voz de pecho, incluso por varias horas, lo cual genera mayor uso del TA, presión y puede generar fatiga vocal rápidamente.

Los ejercicios que mantienen una voz en su mayor nivel de equilibrio en cuanto a la presión que se ejerce sobre las cuerdas, para evitar fatiga y otros problemas, son los ejercicios de "semioclusión".

"Semi", que se refiere a "medio", "casi" o "no del todo", y "oclusión", que se refiere a "cierre".

Existen varios tipos de ejercicios, el más famoso es hacer trompetillas o pucheros, como muchos les llaman. Pero el mejor de todos, desde mi experiencia, para los que no son cantantes, es el uso de popotes.

Este ejercicio lo aprendí de dos maestros y personas que han influido mucho en mi vida como vocal coach, el doctor Ingo Titze, quien es director del Centro Nacional de Voz y Habla en la universidad de Utah, y el vocal coach de las estrellas en Inglaterra, Joshua Alamu. Los pasos son muy sencillos y hay dos modalidades dependiendo del nivel de cada persona, pero yo recomiendo que siempre se inicie trabajando con el popote más ancho y después con el delgado.

RETO DE SEMIOCLUSIÓN

- Toma un popote de 11 milímetros de ancho, el cual puedes encontrar en venta en sitios de internet. Es importante que sea de este ancho porque funciona mucho mejor.
- Pon entre tus manos una botella de agua de 600 mililitros llena hasta la mitad.
- Toma el popote con la boca y mételo a la botella de agua y sumérgelo casi hasta el fondo.

+ Una vez hecho esto, toma aire y sopla por el popote produciendo fonación, es decir, sonido. Mantén una nota al nivel del habla por algunos segundos mientras generas burbujas de forma constante. Puedes producir un tono grave yendo hacia arriba y luego hacia abajo, una y otra vez. Es importante que no salga aire por la nariz ni por los lados de la boca, sólo por el popote, y mantén esa sensación de voz de pecho.

¡Eso es todo! Haciendo esto de 10 a 15 minutos diarios, si es posible dos o incluso tres veces al día, sentirás los resultados de forma casi inmediata. Lo importante es hacerlo todos los días para que la memoria muscular comience a hacer su trabajo y cada vez se vuelva más automático el resultado para el cerebro.
Hazlo conmigo:

¿Cuál será el resultado?

La presión que las cuerdas vocales ejercen estará en equilibrio y los músculos TA y CT trabajarán de manera justa. Cuando sacamos aire y hablamos, hay una presión negativa, que podemos entender gracias al efecto Bernulli. Y esa presión negativa hace que las cuerdas se cierren incluso más de lo que deberían para estar en su punto óptimo, lastimándonos poco a poco sin que nos demos cuenta en el proceso. Y cuando se usa un popote la presión que no logra salir se regresa haciendo un *loop* compuesto por una presión positiva, que es la que entra, y una negativa, que es la que sale. Ese *loop* equilibra la presión. Entre más avanzado estés con este ejercicio, puedes hacerlo con un popote más delgado, como los que se usan para el café, y soplar a través de él ya sin la botella de agua, sólo hay que soplar produciendo sonido. Al ser más chico el espacio por el que sale el aire, habrá mayor presión, y el ejercicio tendrá mejores resultados. Y el segundo efecto que causa este ejercicio, como lo mencioné, es el correcto posicionamiento de los músculos TA y CT para que funcionen de manera equilibrada.

Es por estas razones principalmente que los ejercicios de semioclusión son fundamentales para no cansarnos, poder hablar por horas sin que nos preocupemos, y mantener en forma nuestros músculos para modular nuestra voz de manera libre. Cuando se trata de voz hablada, queremos que el sonido no se vaya a la nariz porque un sonido nasal sonará muy molesto para el público o para la persona a la que le estemos hablando, y lo más seguro es que tenga un impacto negativo.

Así es que en este caso lo importante es enfocarnos en la posición de la laringe, la cual trabaja en conjunto con la posición de la boca en algo que llamamos "formantes". Los formantes son los grupos de frecuencias que se generan después de hacer un sonido en el trayecto de las cuerdas vocales hasta los labios. Y los dividimos en dos, F1 y F2.

F1 es el grupo de frecuencias desde las cuerdas vocales hasta la faringe, es decir, hasta la zona en la parte de atrás de la boca. Y F2 es el grupo de frecuencias que va desde la faringe hasta los labios. Cuando cerramos o estrechamos la boca de las comisuras, la laringe tiende a bajarse y genera frecuencias más graves. Eso le da mayor cuerpo a la voz, las cuerdas vocales vibran en el centro y están relajadas, y esto es técnicamente correcto.

Por la evolución del ser humano con ciertos sonidos, al escucharnos, psicológicamente generaremos en nosotros y en los demás químicos de bienestar llamados endorfinas, lo cual es una referencia para el cerebro de seguridad, poder, liderazgo y sensualidad, entre otros factores, que son elementos clave buscamos persuadir a través de la voz.

Aprender a bajar la laringe nos permite darle un sonido más agradable a la voz para lograr la imagen vocal que queremos, además de generarnos un estado continuo de mayor relajación, y nos dará la posibilidad de poder hablar sin lastimarnos.

Para ello hay que estrechar las comisuras de los labios al emitir las vocales. La vocal *U* es la más cerrada, seguida por la *I*, luego la *E*, la *O* y al final la *A*, que es la más abierta. Entre más cerrada sea la vocal, maximizaremos las frecuencias del formante 1, que son las que nos dan el cuerpo y los graves.

En este aspecto, sí es recomendable tomar clases de canto, porque a pesar de que se logre bajar bien la laringe haciendo más ejercicios con la *U*, por ejemplo, quizá sea necesario tener más brillo en la voz para poderla proyectar más, y en ese caso los ejercicios adecuados serían con la *A*, para desarrollar más armónicos en la boca o en el formante 2.

Y una vez logrado esto, podría migrase a lo que en inglés se le llama "UH", que es una mezcla entre la *O* y la *A* para que sea un poco cerrada, pero al mismo tiempo tenga ese brillo y presencia que buscamos.

Depende mucho de los hábitos de cada persona, ya que cada quien ha aprendido a usar su voz de cierta manera, por lo cual es muy importante que un especialista, en este caso un vocal coach, nos ayude a moldear el sonido que buscamos para que sea agradable, y desarrollemos las frecuencias que nos hagan falta, algo que difícilmente haremos solos, ya que lo que escuchamos de nosotros mismos al hablar no es lo mismo que los demás escuchan.

Sin embargo, algo que puede ayudar a cualquier persona en general, para bajar la laringe, también es hablar como si fueran "tontos", lo cual en inglés se le llama *dumb sound*. Ese sonido te ayudará a hablar técnicamente bien y a modular tu voz para hacerla mucho más agradable para subir o bajar el volumen, poner más o menos presión sin lastimarte y sobre todo creará un mayor impacto en lo que estés diciendo, ya que llamarás la atención de los demás de una manera mucho más fácil, serás más convincente y atraparás a los que están a tu alrededor sólo por el hecho de modular tu voz de forma profesional. Difícilmente alguien se resiste a esa voz con armónicos graves y bien trabajada.

Haz más ejercicios conmigo:

¡Gracias, Eddie!

Ahora que ya sabes cómo funciona tu aparato fonador, cómo cuidarlo y conoces algunos ejercicios que te ayudarán a tener un color de voz más agradable, profunda y rica en armónicos, ha llegado él momento de descubrir aquellos componentes de la voz que, aprendiendo a gestionarlos, te permitirán ser comprendido claramente y, sobre todo, mantener la atención de la gente mientras hablas, con la intención de impactarlos de una manera más efectiva, y que tus mensajes generen mayor recordación.

Primer componente de la imagen vocal: Dicción

Cuando alguien te dice: "Tienes que articular mejor tus palabras, abre bien la boca al hablar porque no se te entiende, vocaliza...", se refiere precisamente a que tienes que trabajar en tu dicción.

La dicción tiene tres características: pronunciación, puntuación y fraseo.

1) **Pronunciación:** Pronuncia con claridad y volumen la palabra completa.

Cuando estudié locución profesional con Germán Olarte en Radioconcepto México y más tarde tomé un curso de manejo profesional de la voz en el CEA de Televisa con el maravilloso Raúl Román, me enfrenté a muchos retos para perfeccionar mi herramienta vocal, uno de ellos es de los más comunes y consistía en dejar caer las últimas letras de algunas palabras. Es decir, le imprimía fuerza y volumen al principio de la palabra, pero el final de la misma se volvía débil y se perdía. Si frente a ti tienes a una persona que te está viendo mientras hablas, quizá podría acabar de leer la palabra en tus labios; pero si estás en un teléfono, la persona con quien hablas no te ve o, en mi caso, estás frente a un micrófono de radio, no corregir este error de pronunciación hará que la gente pierda una gran parte de tu mensaje. ¡No lo permitas!

Para averiguar si es tu caso, grábate hablando y escúchate posteriormente. ¿Tiras las palabras o las frases al final produciendo fonemas vagos? De ser así, corrígelo con este ejercicio:

RETO 1 DE PRONUNCIACIÓN

Elige cualquier texto. Ten a la mano una grabadora de voz para que puedas registrar tus áreas de oportunidad, así como tu progreso.

- Lee el texto completo a una velocidad media, después hazlo más rápido.
- Escucha tu grabación y marca en el texto las palabras cuyo final no se alcanza a apreciar bien al escucharte, debido a una falta de fuerza en el volumen de las últimas letras.
- Ahora lee a velocidad media ese mismo texto pero omite las consonantes, es decir, pronuncia únicamente las vocales. Hazlo de nuevo pero con mayor velocidad.
- Vuelve a leer el texto completo en ambas velocidades, poniendo especial atención en sostener el volumen de las palabras de principio a fin, y de pronunciar claramente las dos últimas letras de cada palabra.

¡Nota la diferencia! Entre más lo repitas, más lo automatizarás para que después no tengas que pensar en ello.

Aquí te dejo otro par de ejercicios de pronunciación que puedes practicar para evitar los fonemas vagos. ¡Hazlos conmigo!

Otro error común de pronunciación es arrastrar las palabras, no pronunciar correctamente algunas de las letras en ciertos vocablos. Éste puede ser un error ya de fábrica, uno adquirido o uno que puede llegar eventualmente cuando estamos cansados y nuestro aparato fonador ya no tiene la fuerza para emitir los sonidos con enjundia.

Este siguiente reto es para todos, pues además de activar y fortalecer los músculos vocales que están débiles y causan una mala pronunciación, ayuda a conectar mejor nuestras neuronas asociadas a procesos de emisión lingüística. Quizá te parecerá zonzo al leerlo. La realidad es que, por sencillo que parezca, sus efectos son verdaderamente impresionantes.

RETO 2 DE PRONUNCIACIÓN

Para mejorar tu pronunciación te recomiendo poner un lápiz de forma horizontal en tu boca y morderlo. La lengua debe quedar libre (aunque algo limitada) en la parte de atrás del lápiz. Ahora lee un texto en voz alta, lentamente, asegurándote de que cada letra de cada palabra se entienda bien. Si te atoras en una palabra, practícala una y otra vez hasta que sea comprensible. Normalmente esas letras que nos cuestan trabajo en este ejercicio son las que solemos arrastrar al hablar. Esto sucede porque los músculos fonadores encargados de pronunciar dicha letra no están bien ejercitados. Por eso esta práctica te ayudará a fortalecerlos y mejorar tu pronunciación. El ejercicio puede resultar algo doloroso por un momento, pero es mágicamente efectivo; un minuto bastará para sentir un cambio significativo e inmediato. Hazlo diario un par de minutos o, al menos, antes de emitir un mensaje importante.

Haz el ejercicio conmigo:

2) **Puntuación:** Procura puntuar mientras hablas para dotar al discurso de espacios e intenciones emocionales.

RETO PUNTUACIÓN

Para mejorar tu habilidad de puntuación al hablar y ser más claro, empieza por poner más atención a tu manera de escribir. Toma un curso de redacción, compra un libro sobre el tema, utiliza los signos de puntuación de forma consciente. Ten presente que la pausa que se genera tras una "coma" no es igual que la que acompaña a un "punto y coma" o a un "punto y seguido". El trabajar con ello te ayudará a expresarte mejor tanto al escribir como al hablar, y transmitirás la imagen de una persona inteligente, culta y preparada. ¡Muchos pájaros de un tiro!

3) **Fraseo:** haz frases cortas, fáciles de asimilar y comprender. No pongas siempre las pausas en el mismo lugar.

RETO FRASEO

Piensa antes de hablar. Habla más lento y estructura tus ideas. Expón un argumento, haz una pausa para permitir que tu interlocutor lo asimile, espera a notar una breve retroalimentación verbal o no verbal por su parte que te haga saber que te está siguiendo, y continúa con la siguiente idea. ¡No hables como merolico! Ten presente que el que te escucha va dos pasitos atrás que tú pues tiene que llevar a cabo todo un proceso para interpretar tu mensaje: oír, decodificar, conceptualizar, dotar de significado, contextualizar y comprender cada frase.

Segundo componente de la imagen vocal: Modulación

Si piensas que tus comentarios son importantes, bien argumentados y fundamentados, estructurados, valiosos... y aun así sientes que la gente no te escucha, se distrae, te interrumpe, se pierde o se duerme, ¡tienes que trabajar en tu modulación!

Recuerda, no basta con ser relevante, hay que ser también interesante.

La modulación consta principalmente de cinco elementos. Conócelos, descubre tu potencial, explora, juega con ellos y utilízalos de forma consciente en todas tus conversaciones. Lo que deberás hacer es alternarlos, hacer variaciones y, con ello, evitar ser monótono y aburrido:

+ **Volumen:** establece un volumen base que sea lo suficientemente potente para que todos puedan escucharte. No es igual el volumen base con el que hablarías con un amigo en un café que en una junta con 10 personas o un auditorio con 50. A partir de ahí, sube y baja el volumen para enfatizar tus ideas. Considera que utilizar un volumen bajo en determinados momentos podría estimular la curiosidad de tu interlocutor o tu audiencia.

+ **Velocidad:** igual que con el volumen, establece una velocidad base y a partir de ahí acelera o disminuye la velocidad en distintos momentos de tu charla. Tip: Aquello que la gente puede visualizar, de lo cual puede ir creando una imagen o película mental, puedes decirlo más rápido. Por ejemplo, si cuentas una anécdota o describes una situación. Usa detalles. Sin embargo, los conceptos abstractos que la gente no puede imaginar sino que debe entender de forma literal, por ejemplo "las cualidades de la voz se dividen en dicción y modulación, la dicción a su vez tiene tres componentes y la modulación cinco", esos debes puntualizarlos lentamente para que la gente pueda comprenderte. Lo mismo cuando utilices datos duros como porcentajes, estadísticas, cifras, fechas, nombres, etcétera.

+ **Pausas:** una pausa larga, utilizada en el momento adecuado, puede ser una aliada maravillosa para recuperar la atención de la gente, para generar intriga o curiosidad, para permitir a la gente asimilar o reflexionar sobre lo que acabas de decir, para sentir. Solamente ten presente que al guardar silencio con tu voz, debes mantener la mirada firme sobre tu auditorio o tu interlocutor y pon atención a lo que tu cuerpo seguirá comunicando mientras estés callado.

+ **Gama tonal:** son los tonos —graves o agudos— que utilizas al hablar. Nos ayudan a transmitir emocionalidad. Cuida que tu tono no sea monótono, expresa tus emociones haciendo tu voz más aguda o más grave en determinados momentos, según la emoción que estés representando.

+ **Intención:** nos permite ilustrar la profundidad, fuerza, tamaño, intensidad... de lo que decimos. Radica en la duración de la palabra y en la fuerza que imprimimos al decirla. Por ejemplo, no es lo mismo decir "tengo una casa muy grande" que decir "tengo una casa muuuuuuy grande" (la imagen mental de quien te escucha cambiará). De igual forma, resulta distinto decir "llegué lentamente y lo asusté" que decir "llegué leeen-ta-meeen-te y lo asusté".

RETO FRASEO

Una idea que te servirá de forma maravillosa para practicar e ir integrando estos elementos es convertirte en un cuentacuentos. Elige un cuento y nárralo empleando cada uno de estos recursos de forma exagerada, dando voz a los personajes, al narrador, creando imágenes mentales solamente a partir de las características de tu voz. El exagerar los recursos te permitirá conocer tus posibilidades para después poder emplearlas de forma más natural en una conversación. Si consigues que un niño pequeño quiera escucharte y al terminar la historia lo ves entusiasmado, ¡quiere decir que lo estás haciendo muy bien! Sigue trabajando. Grábate para que puedas escucharte y te des cuenta cómo es que te perciben los demás. Recuerda que como tú escuchas tu voz, es distinto a como la percibe quien está afuera de tu cuerpo, pues la voz se transforma al viajar por el aire y llegar a oídos ajenos, a una bocina a través del micrófono o a una grabadora.

Realicemos juntos este reto:

Magia para llevar

Claves de imagen vocal para cautivar:

- ✦ Nuestra voz tiene un componente no verbal que influye en la manera en que somos percibidos. Se le llama IMAGEN VOCAL.
- ✦ Los atributos que queremos construir para tener una voz persuasiva son:
  - a) Seguridad
  - b) Conocimiento
  - c) Coherencia
  - d) Credibilidad
  - e) Empatía
- ✦ Los dos componentes de la imagen vocal para ser comprendidos claramente, mantener la atención de la gente y generar mayor recordación, son:
  - a) Dicción: pronunciación, puntuación y fraseo.
  - b) Modulación: volumen, velocidad, pausas, gama tonal e intención.
- ✦ El dominio de estos componentes a través del ejercicio y la práctica nos brindará la habilidad de decir lo importante de manera creíble, interesante y memorable.
- ✦ Cuida tu voz, es una de las herramientas más importantes de cualquier mago de la persuasión.

"Todo lo que sucede en la cabeza y en el corazón se manifiesta en nuestra voz, ya que es el espejo del alma."
—Purificación Estarli

3
TRUCO

LENGUAJE CORPORAL

Revelación: El cuerpo habla, cuida lo que dice

Primera clave para un lenguaje corporal persuasivo: Todo lo que hagas con tu cuerpo debe de tener una razón de ser, un motivo

Esto quiere decir que ninguno de tus movimientos debe carecer de sentido. Todo lo que hagas en el escenario, en esa sala de juntas, frente a un cliente, en una entrevista de trabajo o en esa cita tan importante, comunica algo. Recuerda: Siempre que la gente pueda verte, estará creando una imagen de ti, generando una primera impresión, un juicio o una creencia a partir de lo que ve y de cómo se siente con base en ello. ¡Aun mientras estás en silencio escuchándolos a ellos! Por eso debes estar consciente de tu lenguaje corporal. Por ejemplo, si vas a hacer una presentación en público, incluso antes de pasar al frente a hablar, mientras permanezcas visible para los demás, la gente analizará tu nivel de escucha, tu postura, tu ropa, los accesorios que traes, la manera en la que te paras de la silla, cómo caminas hacia el escenario cuando te presentan, la forma en que acomodas el micrófono, etcétera. Esto no te lo digo para ponerte nervioso, sino para que estés alerta.

Segunda clave para un lenguaje corporal persuasivo: Di sí a los ademanes ilustrativos, di no a los apaciguadores o adaptadores

¡¿Qué dijo?!

Vamos por partes. Ademanes son aquellos movimientos que haces con tus manos y brazos para comunicar. Lo que debes procurar es que tus extremidades te ayuden a comunicar lo que sí quieres y no lo que preferirías que la gente no notara. Recuerda que lo que queremos, ante todo, es CONGRUENCIA entre lo que decimos (fondo del mensaje) y la manera en la que lo decimos (forma del mensaje). Los ademanes tienen varias clasificaciones, pero los que más nos importan en este momento son: ilustrativos, apaciguadores y adaptadores.

Los *ilustradores o ilustrativos* son aquellos que nos ayudan a dibujar con nuestras manos lo que estamos expresando con nuestra voz. Por ejemplo: "Tengo un perro chico". La palabra "chico" es tan ambigua que probablemente unos se imaginen un perrito taza de té y otros un cocker spaniel. Con nuestras manos podemos especificar la medida aproximada para lograr comunicar exactamente lo que deseamos y asegurarnos de que todos los presentes están entendiendo el mensaje como nosotros queremos. También nos pueden ayudar a complementar aquello que no estamos diciendo con nuestras palabras, pero nos importa que los demás sepan. Por ejemplo: "Mi jefe se paró a mi lado". No estoy diciendo con palabras de qué lado, pero puedo aclararlo con mis manos al señalar el lado derecho mientras hago dicha afirmación.

En pocas palabras, los ademanes ilustrativos brindan apoyo y fuerza a nuestro mensaje oral, ayudándonos a ser más específicos, amenos y consistentes.

Los *apaciguadores* y *adaptadores,* también conocidos como *manipuladores,* son aquellos que comunican lo que no queremos que los demás sepan; juegan en nuestra contra, reflejan incomodidad. Esto ocurre porque al sentirnos incómodos ante alguna situación nuestro cuerpo segrega adrenalina y un shot extra de energía como reserva, en caso de que tuviéramos que luchar o huir; sin embargo, la mayoría de las veces no hacemos ninguna de estas dos cosas y el exceso de energía queda estancado en nuestro sistema, provocando que hagamos cosas "raras" con nuestro cuerpo, las cuales mandan la señal al subconsciente de nuestro interlocutor de que "algo" no está bien con nosotros, y provocan desconfianza. Dicha incomodidad puede ser generada por nerviosismo, miedo, inseguridad, ansiedad, malestar físico o emocional, etcétera. Y queremos evitarlos pues obviamente no deseamos que los demás se den cuenta de que nos sentimos así, respecto a lo que decimos, pues perderíamos credibilidad.

Además, las emociones se contagian, si nosotros proyectamos incomodidad, eso es lo que transmitiremos y generaremos en los demás. Algunos ejemplos de este tipo de ademanes son: jugar con el anillo, el reloj, el cabello, la ropa, la pluma, los papeles que tengamos en la mano; guardarnos las manos en las bolsas, tocarnos la cara, recargarnos en una silla o en el podio, mordernos las uñas, sobarnos los brazos o las piernas. ¡Incluso mover los brazos por moverlos pero sin ilustrar nada es un ejemplo de este tipo de ademanes! También el caminar compulsivamente por el escenario o el lugar (haciendo un surco en el piso) sin un rumbo fijo durante una presentación acaba poniendo nerviosa a tu audiencia, proyecta ansiedad, nerviosismo y distrae.

Ademanes que te conviene evitar

Antes de hablar sobre ademanes y posturas específicos, voy a compartirte lo que Juan Pablo García Olvera, fundador de NoVerbal Consulting Group, con quien me certifiqué como especialista en conducta y comportamiento no verbal, nos repetía una y otra vez. Decía que era muy importante tener cuidado con aquellos libros que hablan sobre el lenguaje corporal a manera de "recetas", afirmando cosas como: los brazos cruzados indican que una persona está cerrada o en desacuerdo con lo que dices, alguien que se talla los ojos durante la conversación lo hace porque no quiere ver lo que le estás diciendo, etcétera.

¿Por qué?

Bueno, porque no existe ninguna ciencia que pueda afirmarlo con precisión. De hecho, los únicos signos de lenguaje corporal que han sido comprobados científicamente por estudiosos como los doctores Adam Kendon, Paul Ekman, David Matsumoto y Erika Rosenberg son las microexpresiones faciales. Éstas se refieren a las activaciones en los músculos faciales, resultado de la producción de una de las siete emociones básicas en el cuerpo —tristeza, ira, alegría, asco, miedo, sorpresa o desprecio—, y duran aproximadamente 200 milisegundos, es decir, una quinta fracción de segundo. ¡Ésas sí que son bastante exactas! No precisamente para detectar mentiras específicamente, sino para identificar inconsistencias entre lo que una persona dice, lo que realmente está pensando o lo que siente respecto a determinada idea.

A lo largo de la certificación dedicamos horas a aprender e identificar las AU (Action Units) o Unidades de Acción, que conforman el FACS (Facial Action Coding System) para identificar las emociones de una persona a través de los micromovimientos que sufren los músculos de la cara como consecuencia de una activación emocional.

Te confieso que antes de llegar a esta certificación había leído muchos libros que intentaban codificar emociones y pensamientos a través de los ademanes o movimientos corporales con un alto grado de credibilidad. Esperaba encontrar un recetario similar en aquel diplomado, y aunque me decepcionó descubrir que no existe realmente, descubrí muchas otras herramientas que me ayudaron a comprender realmente cómo funciona la mente respecto a la comunicación no verbal y entender desde dónde sugieren lo que sugieren autores famosos de lenguaje corporal.

Los ademanes que estoy a punto de mencionarte están fundamentados no en principios científicos, sino en numerosos estudios que muestran la manera en que solemos percibirlos e interpretarlos con base en nuestra cultura, educación, creencias y programaciones sociales. Es decir, la ciencia reconoce que al producir las hormonas o bioquímicos asociados a la tristeza, el párpado superior desciende, se elevan levemente las esquinas internas de las cejas, las comisuras labiales descienden y el labio inferior es empujado hacia arriba y hacia adentro. Una o todas estas unidades de acción. Pero la ciencia todavía no nos dice que con la tristeza necesariamente la cabeza descienda, los brazos cuelguen ligeramente alejados del torso y la espalda se encorve a nivel superior; sin embargo si nosotros percibimos a alguien de lejos que muestra estos tres signos en su cuerpo, nos apresuraremos a suponer que está triste o desanimado. Un perito no podría usar esa suposición como prueba en una investigación, a diferencia de las FACS que sí son válidas a nivel judicial, sin embargo eso no quita que dicho lenguaje corporal genere una percepción y un prejuicio en las personas que están alrededor.

La clave para leer el lenguaje corporal de la gente radica en no caer en dos de los principales errores de lectura:

- **Significado único:** este error consiste en dar un solo significado a determinado ademán, por ejemplo, decir que absolutamente todas las personas que cruzan los brazos están cerradas ante la conversación. Y es un error, pues como mencionaba anteriormente, aunque definitivamente podríamos percibir eso, no debemos de apresurarnos a emitir un juicio sobre el otro sin antes evaluar sus otros canales de comunicación. Y esto tiene que ver con el segundo error clásico.
- **Aislamiento de la conducta no verbal a la verbal y al paralenguaje:** esto quiere decir que los ademanes son solamente síntomas o indicios que debemos observar con precaución, pero siempre leerlos en conjunto con lo que la persona dice a través de sus palabras y los componentes emocionales y no verbales de su voz: modulación, pausas, intencionalidad, cambios de volumen, velocidad y tono, etcétera.

Una vez dicho lo anterior, exploremos algunas señales de comportamiento no verbal que podrían ser mal interpretadas o percibidas por los demás, para que no caigas en prejuicios absurdos o envíes señales inconsistentes que generen desconfianza.

Evita estos ocho ademanes apaciguadores o adaptadores durante tus conversaciones:

1) **No te rasques la nariz.** Este gesto está asociado con alguien que miente. Esto porque las personas sanas mentalmente solemos sentirnos incómodas o ponernos nerviosas al mentir, por el miedo a ser descubiertas o simplemente por

sentir que traicionamos la confianza de alguien. Esa incomodidad hace que nuestro sistema entre en alerta y nuestras glándulas suprarrenales expulsen noradrenalina —mejor conocida como adrenalina—. Cuando la adrenalina invade nuestro cuerpo dilata los vasos sanguíneos y hace que el flujo de sangre corra más rápido por nuestro cuerpo provocando comezón en ciertas zonas, como la nariz. ¿Alguna vez has mantenido una de tus extremidades bajo un chorro potente de agua, por ejemplo en un jacuzzi? Si lo has hecho, probablemente has notado que después de un rato empiezas a sentir comezón en esa parte del cuerpo, esto es porque la presión del agua estimula la circulación en esa zona y genera esa sensación. Curioso, ¿cierto? Pues así ocurre con la adrenalina. Ojo, no quiere decir que todo el que se rasca la nariz, mienta. Podría ser solamente una reacción alérgica o una manía, así que no te precipites al juzgar. Sin embargo, evita este ademán, porque los demás podrían juzgarte.

2) **Evita taparte la boca al hablar o al escuchar.** Si lo haces al hablar, aunque quizá tu motivo sea ocultar algo que estás comiendo, puede leerse como que no estás seguro sobre lo que dices, mientes o te arrepientes mientras lo expresas. Por otro lado, se cree que quien se lleva la mano a la boca de manera repentina mientras escucha es porque tiene algo que decir, que está a punto de salirse de su boca, pero por alguna razón intenta reprimir; por ello el inconsciente reacciona

llevando la mano a la boca como queriendo bloquear la comunicación. Haz la prueba; cuando veas a alguien taparse la boca repetidamente mientras hablas, pregunta: "¿Hay algo que quieras comentar?" Verás que una gran parte de ellos escupirán, casi vomitarán lo que estaban pensando, pues la tentación ante tu pregunta será demasiada. Mientras tanto, tú procura evitar este ademán.

3) **Bajar la barbilla y mirar hacia arriba mientras escuchas puede interpretarse como un gesto de sumisión, aún más si ladeas la cabeza.** Es como decir *you got me at hello*, básicamente dejar en evidencia que la persona a quien escuchas te tiene cautivo. Si intentas mandar un mensaje de autoridad, no lo hagas; pero si lo que quieres es mostrarte evidentemente interesado y afable, entonces utiliza este recurso.

Por otro lado, mirar a alguien con el mentón hacia abajo, la mirada hacia arriba, el ceño fruncido, los ojos entrecerrados y la mano cubriendo la boca o recargada en la barbilla puede percibirse como si estuvieras evaluando lo que el otro dice, no creerle del todo; quizá estar pasando lo que escuchas por el filtro de tu propio juicio.

4) **¿Has notado cuando alguien soba sus piernas o brazos como si estuviera sacudiendo migajas de los mismos? Si no hay nada que limpiar realmente, se trata de un gesto apaciguador.** Como ya lo hemos explicado, conocemos así a los llamados del sistema nervioso para ser apaciguado o tranquilizado por el cuerpo, precisamente porque quien lo hace se encuentra en estrés o tensión extrema. ¿Y por qué tendemos a "toquetearnos" cuando estamos nerviosos? Porque cuando el sistema nervioso identifica un exceso de cortisol —la hormona del estrés— en nuestro cuerpo, le pide de volada al cerebro que le ayude a equilibrar esta situación y haga un llamado veloz al ejército combatiente del cortisol: las endorfinas. Esta hormona es la creadora de bienestar y tranquilidad en el organismo, es aquella asociada con la felicidad. Sí, esa mera que te dicen que producen los chocolates, el ejercicio y los abrazos. Es un opiáceo natural del cuerpo que produce una sensación de placer. Y ¿sabes qué la produce también? Los masajes. De aquí que cuando el sistema nervioso le pide ayuda al cerebro, éste literalmente le "echa la mano" mandando un

impulso a tus extremidades superiores para que te sobetees, bueno, te masajees, pues. De hecho, sobarte el cuello, aflojarte la corbata o el cuello de la camisa, jugar con el collar o los aretes, acariciarte la cara, hacerte "piojito" en la cabeza o inflar los cachetes para después expulsar el aire con un soplido escandaloso, son comportamientos apaciguadores también, porque toda esa zona de la cara, cabeza y especialmente el cuello tiene una gran cantidad de terminaciones nerviosas que, según menciona Joe Navarro en su libro *El cuerpo habla*, cuando se les acaricia, reducen la tensión arterial, reducen el ritmo cardiaco y relajan. De hecho, en el cuello está el seno carotídeo y también hay barorreceptores, que son neuronas especializadas que activan el nervio vago que está conectado al corazón y al ser estimulado disminuye la presión arterial y la frecuencia cardiaca, produciendo un efecto calmante. Por todo esto, evita hacer estos ademanes en público para no dar una idea equivocada, pero aprovecha que ahora lo sabes para bajar tu ansiedad y estrés antes de esa cita importante dándote un masaje con ayuda de alguien más o tú mismo.

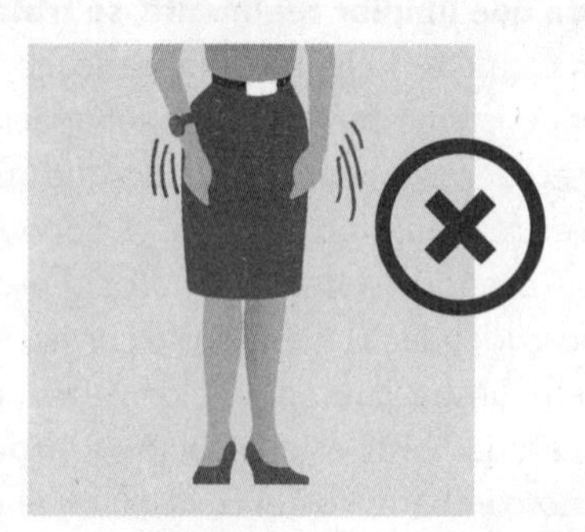

5) **No escondas las manos.** Guardarlas en los bolsillos puede proyectar inseguridad o deshonestidad (aunque quizá sólo lo hagas por comodidad o por frío). Entrelazarlas en la espalda podría interpretarse como que no estás dispuesto a involucrarte, a meter las manos en lo que estás escuchando o que no te interesa. Sentarte sobre tus manos puede interpre-

tarse como una contrarrespuesta para frenar el movimiento involuntario que generan nuestras extremidades cuando estamos ansiosos o nerviosos. Simplemente déjalas a la vista, abiertas, relajadas. Sin exagerar.

6) **No bloquees tu torso.** Evita poner frente a él bolsos, libros, sombreros, cojines... evita incluso cruzar tus brazos, pues aunque ya quedamos en que nosotros no le daremos a este ademán un significado único, piensa que los demás no tienen esta información y podrían malinterpretarlo. La gente suele bloquear o esconder su torso cuando se siente expuesta o vulnerable, y cubrir el pecho es una forma de marcar distancia a través de un escudo o barrera personal. Evita cualquier tipo de barrera entre tú y aquella persona con la que platicas (y sí, entre esas barreras están las mesas y escritorios, por ello, si el contexto lo permite y puedes lograrlo de forma sutil, procura sentarte en escuadra, es decir, al lado contiguo en una mesa, en lugar de enfrente).

7) **Evita ver tu celular, la puerta, tu computadora o a otra persona mientras te hablan.** Por más que le digas: "Sígueme contando en lo que mando este mensaje, te escucho", esa persona sentirá que su historia es menos importante para ti que el mensaje que estás enviando. El cerebro sabe que en donde está tu mirada está tu atención, y la mente no puede procesar más de un estímulo a la vez (ni siquiera las mujeres, como comúnmente se dice), pues así estamos diseñados todos. Y ya lo hemos dicho, lo peor que puedes hacer en una conversación es hacer sentir al otro poco importante para ti; ya profundizaremos en la importancia de esto en el tercer paso del método: CONECTA.

8) **No descuides tus pies.** Los grandes estudiosos del lenguaje corporal dicen que los pies y las piernas son las partes del cuerpo más chismosas, pues expresan lo que realmente sentimos respecto a una situación. Por si acaso, es preferible que tus pies vayan dirigidos hacia aquella persona que realmente te importa, no hacia la puerta ni hacia otra persona. Si alguien está hablando contigo, no lo voltees a ver solamente con la cabeza, gira tu cuerpo de manera que tu torso y tus pies apunten hacia tu interlocutor. Eso hará que seas percibido como alguien realmente presente y atento.

Ahora que si lo que deseas es proyectar autoridad, considera lo siguiente:

a) **Utiliza el espacio a tu alrededor con seguridad y confianza, como si te perteneciera.** A esto se le llama *territorialidad*. Es lo equivalente a lo que los perros hacen marcando el espacio que los rodea haciéndose pipí en cada esquina. ¡Pero espera! Antes de desabrocharte el cinturón lee con cuidado: ESO NO ES LO QUE ESPERO QUE TÚ HAGAS, ¡PIEDAD! Lo que sí espero que hagas y te recomiendo ampliamente, es caminar con pasos largos y usar tus brazos con ademanes ilustrativos abiertos, expansivos y firmes al hablar (ojo: adécualos al contexto, no deberás ser tan grandilocuente si estás en una reunión con alguien a metro y medio de distancia, que si estás exponiendo en una presentación de negocios, no es lo mismo, ajústate, de otro modo te verás exagerado).

Otra oportunidad para marcar territorialidad es al sentarte frente a una mesa. De manera respetuosa, empuja tu silla un poco para atrás y cruza las piernas para ocupar más espacio, abre el pecho y echa los hombros para atrás, levanta la barbilla y coloca tus herramientas de trabajo de forma espaciosa sobre la mesa. Como decimos en México: siéntate "a tus anchas". No se trata de invadir el espacio del de al lado ni con tu cuerpo ni con tus cosas, pero sí ábrete lo más posible sin llegar a ser invasivo ni molesto. Esto envía el mensaje de: "Éste es *mi* espacio y me siento *cómodo* en él".

b) **Asiente menos con la cabeza y gesticula lo menos posible.** Si las personas no pueden leer tus emociones fácilmente, aparecerás un tanto misterioso; además, el hecho de no poder anticipar tus reacciones los descontrolará.

Tercera clave para un lenguaje corporal persuasivo: No le hables A la gente, habla CON ella

Hablarle A la gente es dirigirte a ella sin tomarla en cuenta, sin medir sus reacciones, sin verla. Hablar CON la gente implica poner atención y recordar que es lo más importante en ese momento pues es quien definirá y dará significado a tu mensaje, es a quien quieres llegar. Para ello debes asegurarte de observarla, de leer sus respuestas no verbales, pues son el reflejo de sus pensamientos y emociones.

Siempre ten presente que mientras tú tienes la palabra en una cita o presentación, aunque la atención esté en ti, aquello se trata de un diálogo. Mientras escuchan, las personas hablan con sus gestos y su cuerpo, y así te retroalimentan. Así que observar a la gente mientras hablas significa ver a cada persona a los ojos, leerlos, calibrarla, sentirla, escuchar sus silencios y, a partir de ahí, ajustar tu mensaje.

Por ejemplo:

- Está incómoda por alguna situación externa como el aire, algún ruido, el espacio: ¿Cómo puedes solucionar esta situación para que no esté alterada ni distraída? Dedícale un poco de tiempo a eso, de otro modo esa situación continuará compitiendo contigo por su atención.

- Está bostezando demasiado: los bostezos pueden ser producto del exceso de CO^2, un espacio muy encerrado o de un largo periodo de inactividad física, no te los tomes personal, mejor abre las ventanas o actívala con alguna dinámica.
- Tiene frío, sed, sueño, hambre, calor: ¡corrige este asunto, consigue botanas o dale un break! Esto es importante, pues cuando nuestro cerebro reptiliano —dominado por el tronco encefálico y el cerebelo, cuyo objetivo es controlar nuestros pensamientos y conductas instintivas para sobrevivir— está activo tratando de solucionar una situación que desde su perspectiva pone en riesgo nuestra supervivencia, entonces nuestro cerebro racional pasa a segundo término y entra en pausa, o como diríamos actualmente, en modo avión.
- Está distraída, con cara de tedio y viendo el reloj: cambia de tema, agiliza tu discurso, ve al meollo del asunto.

Por favor no caigas en el grave error de solamente poner atención a quienes te están dando, con sus gestos, una retroalimentación positiva y agradable; cuando eso ocurre nos sentimos cómodos y corremos el riesgo de estacionar la mirada ahí, pero recuerda, ¡a ellos ya los cautivaste! Ahora busca con tu mirada a quienes en la reunión están aburridos, en desacuerdo o distraídos y asume el reto de cautivarlos también. ¿Cómo? Para empezar, mostrando interés por esas personas, dirigiéndote a ellas. Recuerda que el ser humano es recíproco: nos importan aquellos que nos hacen sentir importantes.

Magia para llevar

Cautiva con un lenguaje corporal persuasivo, con estas claves:

- ✦ Todo lo que hagas con tu cuerpo comunica. Aun cuando estás en silencio. Cuida lo que dice.
- ✦ Di sí a los ademanes ilustrativos para especificar, complementar o dar fuerza a lo que dices con tus palabras.
- ✦ Di no a los ademanes apaciguadores o adaptadores y evita ser percibido como alguien ansioso, nervioso, mentiroso, inseguro y desconfiable.
- ✦ No le hables a la gente, habla con ella. Aun cuando tú tengas la palabra y ella esté en silencio, aquello es un diálogo, observa su comportamiento corporal y ajusta tu mensaje.

"El cuerpo habla, cuida lo que dice."

4
TRUCO

NEUTRALIZA UNA MALA REPUTACIÓN

Revelación: La primera impresión se forma incluso antes de que te conozan en persona

Hagamos un ejercicio, ¿estás listo?

- Abre Google o cualquier buscador en internet.
- Teclea tu nombre de pila y primer apellido en el buscador, encerrado entre comillas, por ejemplo: "Pamela Jean".
- Da clic en buscar.
- Ahora dedica un tiempo a examinar qué información tuya existe en internet.
- Si tienes un perfil de Facebook o Twitter o en cualquier red social, ábrelo.
- Revisa las publicaciones que tienes en el último año, incluyendo tus fotos y videos. No solamente las que tú subiste, sino también aquellas en las que te etiquetaron.

Pero en serio hazlo. Ahorita. Aquí te espero.

...

No sigas leyendo, abre tu navegador, ¡ahora!

...

No me trates de engañar, te estoy viendo y sé dónde vives.

...

En serio, es importante. Como diría mi madre: "Es por tu bien, aunque por ahora no puedas entenderlo, ya lo comprenderás, confía en mí".

...

Ok, ahora sí. Responde las siguientes preguntas:

- Si un prospecto de cliente, futuro empleador o ligue, hiciera el mismo ejercicio y encontrara esa información, videos y fotos tuyas, ¿aún estaría interesado en ti?

- Si encontraste un homónimo tuyo (alguien que se llama igual que tú, pues), ¿su historial y reputación podría confundir a quien te esté buscando a ti y no dedique tiempo ni esfuerzo a descubrir que no eres realmente tú?

Cuando en el libro *You, Inc.* leí esta afirmación, me fui de espaldas, y es que Harry Beckwith y Christine Clifford tienen la boca atascada de razón:

> **El primer obstáculo que usted debe vencer no es la competencia; es el estereotipo que los demás tienen de usted. Antes de presentarse, cualquiera que sea su propósito, pregúntese: "¿Qué saben de mí?" "¿Qué impresiones se han formado ya sobre lo poco que saben?".**

Te voy a contar algo muy chistoso que me pasó. Cuando, por ahí de 2011, iniciaba Lenguaje Persuasivo y empezaba a promoverme como coach y asesora en estos temas, me di a la tarea de hacer justo lo que te pedí, y para mi sorpresa, ¡tengo un montón de homónimas!, representantes de mi nombre en todo el mundo; pero lo que encontré en los buscadores no me favorecía nadita. Fíjate, una de ellas es una actriz porno estadounidense (en serio...), otra es una asesina francesa que mató a su marido y está prófuga (te juro por mi madrecita santa...), otra es una estadounidense que se casó con un chino, se fue de luna de miel a quién sabe dónde y él murió ahogado en el mar (aún no lo encuentran), otra es una cantante de country rock guapísima y súper talentosa que vive en Washington (ésa sí es mi amiga, me contactó hace muchos años cuando me encontró y daba la casualidad de que nos dedicábamos a lo mismo, nos juramos nunca poner nuestro nombre en desprestigio, ¿a poco no está lo más *cool*?), otra inventó los tampones (lo cual no tiene nada de malo, pero llama la atención), y así... Bien polémicas que somos las Pamelas Jean. Y esa lista no incluye a los que piensan que me apellido Jean porque a lo mejor cantaba en el grupo pop mexicano Jeans, o porque mi tatarabuelo inventó los pantalones de mezclilla mejor conocidos como jeans (si así fuera sería una júnior putrimillonaria perdida en las drogas, o la mejor amiga de Donatella Versace, y no estaría escribiendo este libro), o hay quien cree que mi apellido se escribe Yang y soy de ascendencia china.

¡Imagínate!

Entonces, si quería que mis prospectos de víctimas no se fueran con la finta, se confundieran, pensaran que quizá yo era la asesina de maridos francesa prófuga y escondida en México, y desconfiaran de mí, ¡tenía que asegurarme de que lo que encontraran en el infinito mundo de la web fuera realmente sobre mí y, sobre todo, positivo!

¿Cómo lograrlo?

Lo que yo hice en ese entonces fue contratar Google Ads y trabajar en una estrategia para generar un posicionamiento SEO. ¡¿Qué dijo?!

Google Ads es es un servicio y un programa de la empresa Google que se utiliza para ofrecer publicidad patrocinada a potenciales anunciantes. El posicionamiento SEO quiere decir Search Engine Optimization, y sirve para posicionar tu información, videos, artículos y fotos en internet, de manera tal que al escribir tu nombre la gente encuentre primero lo que tú quieres que encuentre y así construir desde ese momento una primera impresión positiva. Sí, hay que pagar por todo esto, y es una táctica muy inteligente para ayudarte a construir una reputación favorable. Simplemente, gracias a eso, muchas personas decidieron confiar en mi marca, y mi equipo y yo hemos puesto todo de nosotros para no decepcionarlas y sorprenderlas positivamente. Es decir, posicionar tu marca en buscadores y redes no es la chamba completa, es sólo el inicio, después depende de ti cumplir con las expectativas y así construir una reputación. Actualmente no invierto mucho en ello, más bien dedico tiempo y esfuerzo en mantenerme vigente en las redes a través de entrevistas, cápsulas, artículos, etcétera, gracias a todos los medios de comunicación que han decidido creer en mí. Esa información crea un posicionamiento orgánico en la web que a veces está más arriba y a veces más abajo, pero es una posibilidad que no se hubiera dado si al *googlearme* o *facebookearme* por primera vez hubieran salido corriendo despavoridos y confundidos. ¡Ojo con esto!

Y ahora que menciono Facebook, aprovecho para dejarte por aquí algunas recomendaciones sobre lo que debes cuidar al "postear" algo en las redes para cuidar tu imagen:

- Como ya dijimos, una de las máximas de la mercadotecnia y la publicidad es: "proyección es realidad". Esto quiere decir que no importa qué tan maravilloso creas que eres; si no eres capaz de proyectarlo y que los demás lo perciban, entonces no lo eres... O al menos no en la realidad social en que todos necesitamos de todos para alcanzar nuestros objetivos, y que para conseguir esas alianzas necesitamos hacer sentir a los otros que valemos la pena, que somos honestos, que somos confiables. Nuestras redes hablan de nosotros y sientan el precedente de lo que los demás van a encontrar cuando nos conozcan, de esta manera crean prejuicios y expectativas positivas o negativas. Así que si eres de los que "postean" lo desgraciados que son en esta vida, si utilizas las redes para desahogar sentimientos negativos, ¡no lo hagas! ¿Quieres otra razón? Lee el siguiente punto.
- Está comprobado que a la gente le gusta estar cerca de gente feliz. Ojo, no dije "exitosa económicamente" o "con un gran puesto" o "con el abdomen marcado y músculos de Schwarzenegger", dije FELIZ. Y como dato curioso, México ocupa el puesto número 24 de los países más felices del mundo, de acuerdo con la Red de Soluciones para un Desarrollo Sostenible, que trabaja en conjunto con la Organización de las Naciones Unidas (ONU).[8] Así que si no tienes nada feliz que expresar, mejor muérdete la lengua

8 https://cnnespanol.cnn.com/2018/03/15/paises-mas-felices-2018-informe-latinoamerica/, recuperado el 14 de noviembre de 2018.

y no postees, porque tus amigos podrían querer dejar de ser tus amigos si lo único que obtienen de ti cada vez que actualizan sus redes, son quejas y lamentaciones. Esa estrategia de "voy a hacer que la gente se acerque a mí aunque sea por lástima" resulta patética, mejor provoca que se acerquen a ti por admiración, respeto o por el simple gusto de disfrutar la vida junto a alguien que sabe hacerlo.

- Si te sientes triste, ¡acude con un amigo! ¿Te acuerdas de esos tiempos en los que solías desahogarte con tu mejor amigo, amiga o *compa* en un café o en una conversación telefónica de horas? Numerosos psicoterapeutas y psicólogos dicen que una de las principales causas de depresión hoy en día es que esta práctica se ha perdido y que quienes tienden a desahogarse en redes en lugar de hacerlo con personas de carne y hueso, desarrollan mayor propensión a la depresión.
- No confíes demasiado en el "delete" ni en la posibilidad de eliminar los textos e imágenes que subes en las redes. Así como los jeroglíficos quedaban tatuados en las piedras, lo que subas quedará tatuado en la red para la posteridad, ¡y al alcance de tooootdo el mundo! Una vez publicado, el contenido deja de ser de tu propiedad ¡aun cuando lo borres! De hecho, organismos de investigación y algunas compañías de recursos humanos recurren a redes como Facebook para tener acceso a lo que ya borraste y, como diría el lobo de Caperucita Roja: "Verte, olerte y oírte mejor".

Por cierto, ¿ya me sigues en las redes sociales? ¡¿Y qué esperas?! ¡No sabes todo lo que tengo ahí para ti!

Ahora, si observaste con detenimiento el nombre de este cuarto truco: Neutraliza una mala reputación, probablemente te estarás preguntando: ¿y si ya leí este libro un poco tarde y ya se habla mal de mí o represento una marca que no está muy bien considerada dentro del mercado o el producto / servicio que ofrezco tiene mala fama, entonces estoy perdido? ¡Buenas noticias! No lo estás... Nada más tendremos que darle un giro a esa mala reputación a través de una herramienta conocida por la PNL como *vacunas*.

Imagina que existe un virus letal que podría enfermarte o acabar con tu vida, la gran mayoría lo conoce pero tú no, y como no estás enterado entonces no tienes la oportunidad de ir con tu médico a vacunarte. El que no te pongas la vacuna te dejará vulnerable y propenso a contraerlo. El desconocimiento del riesgo no lo hace menos peligroso. ¡Ojalá te hubieras enterado!

Pues lo mismo sucede con la imagen. Si la marca, producto o servicio que representas son identificados por tu prospecto como una amenaza, porque tuvo malas experiencias en el pasado, por ignorancia, por mitos, por malas lenguas o asociaciones emocionales negativas, entonces eso representa un riesgo para ti. Si lo desconoces, quedas vulnerable y susceptible a que tu mensaje se enferme y tu comunicación muera; pero si estás enterado, entonces puedes vacunarte.

¿Cómo?

Por ejemplo, en la película de *Erin Brockovich*, Erin tenía la consigna de lograr que los representantes de cada familia que habita en esa comunidad firmaran una petición para poder presentar una demanda en contra de una compañía de gas y electricidad que había contaminado el agua que consumían los habitantes, generando alteraciones graves de salud, incluso muertes. Su labor no fue fácil. Erin fue de puerta en puerta pero al no identificarse con ella la comunidad la rechazó.

Después de que le cerraran la puerta en la cara varias veces, Erin me buscó para que la asesorara (¡ay, ajá! #Noescierto) y repitió su ejercicio pero ahora vacunándose respecto al prejuicio que se tenía del despacho que ella representaba y de los abogados en general.

Primero Erin empleó una vacuna no verbal, llevó a sus hijos y con ello se estableció como similar frente a la madre de familia a la que quería persuadir, haciéndole ver que no era ajena a sus preocupaciones y estilo de vida, sino que podía comprenderla. Esto rompió la barrera del prejuicio y generó confianza. En este caso, estando consciente de la mala reputación que los abogados tenían en esa comunidad, Erin se estableció como similar utilizando una vacuna verbal para hacerle ver a una mujer que compartía su opinión sobre los abogados, que ella no era abogado sino que solamente trabajaba para ellos con el fin de poder ayudar a la comunidad.

Esto no quiere decir que, si por ejemplo trabajas en servicio al cliente, te vas a poner en contra de la compañía que representas, despotricando sobre ella, para quedar bien con los clientes enojados, ¡para nada! Sería un grave error. Es solamente un ejemplo de cómo Erin usó las vacunas en su contexto específico. Te recomiendo ver la película poniendo atención a estos detalles.

Entonces, para vacunarte, empieza por hacerte las siguientes preguntas:

- ¿Qué sabe este prospecto sobre el producto, servicio o marca que represento?
- ¿Cuál ha sido su experiencia con la marca o con servicios similares? o ¿Qué le han dicho otras personas?
- ¿Qué creencia lo llevó a pensar que esto es lo que necesita en este momento?

Si no tienes las respuestas, utiliza la primera cita para hacerle estas preguntas de manera amena a través de una conversación relajada, que no se sienta interrogado.

Cuando tengas las respuestas procede a idear la manera de vacunar los prejuicios negativos que pudiera tener, a través de hacerle ver cómo es que eres capaz de comprenderlo, cómo tu producto o servicio es la excepción y cómo se diferencia de aquellos que le han fallado, o cómo es que la marca ha evolucionado desde entonces para evitar desaciertos como los que él ya conoce. Pero ¡sin mentir! Porque si le mientes lo estarías manipulando, y ya te dije... sé dónde vives.

El caso de Arturo

Arturo es agente de seguros, un día llegó a casa de un prospecto de cliente a hacerle esta primera entrevista para conocerlo antes de ofrecerle sus productos. Ahí averiguó que el hombre que tenía enfrente jamás había contratado un seguro porque le había tocado platicar anteriormente con muchas personas enfurecidas que llevaban años renovando su póliza de gastos médicos y que al presentarse el siniestro el seguro no había cubierto lo que debía, alegando cualquier tontería: "¡No tiene ningún caso!, a la mera hora te fallan, es mejor ahorrar ese dinero por si algo te sucede que puedas contar con él".

Arturo lo escuchó con atención y empatía, y después le contó su historia: "No tienes idea de cuánto te entiendo, porque mi papá pensaba lo mismo cuando éramos jóvenes, de hecho, él sí dejó de pagar su seguro. Ahorró ese dinero en una cuenta de banco, y pasados los años tenía una buena cantidad: ¡dos millones de pesos! Seguro que ese dinero lo ayudaría a salir de cualquier eventualidad. Un día a mi mamá le detectaron cáncer de estómago, necesitaba un tratamiento largo y costoso que incluía operaciones, radioterapia, quimioterapia y largos periodos de hospitalización. Los dos millones no nos alcanzaron ni para la mitad del tratamiento, tuvimos que vender todo, pedir dinero prestado, la pasamos muy mal, estábamos prácticamente solos. Gracias a Dios mi mamá se curó, pero mi papá cayó gravemente enfermo meses después debido a tanta presión, estrés y deudas. Poco tiempo después, un amigo que se dedicaba al mundo asegurador me señaló lo irresponsable que había sido no tener un seguro, a lo que respondí impulsivamente con enojo y frustración: ¡no sirven para nada! Pero dentro de mí ya no estaba tan seguro de ello...

Mi amigo me explicó que la diferencia la hace un buen asesor, alguien que realmente te ayude a elegir lo que en verdad te conviene según tu perfil y necesidades, para que no hagas un gasto absurdo, que te explique tu póliza punto por punto para que conozcas tus derechos y obligaciones, y que te lleve de la mano desde que inicia el siniestro para que no tengas problemas con papeleos y trámites. Un buen asesor es antes, durante y después. Me sorprendió muchísimo. ¡Tenía razón! Así que encontré en los seguros la oportunidad de generar dinero para apoyar a mi familia en ese entonces, pero también la misión de hacer las cosas bien para poder apoyar a otras familias y evitar que pasen por lo que la mía pasó."

Ésa es una vacuna verbal en donde Arturo logró establecerse como similar, generar empatía y hacerlo sentir comprendido, explicarle cómo es que él cambió de opinión para propiciar este mismo cambio de perspectiva en su cliente y le mostró de qué forma él es un asesor distinto a los demás que no comete los mismos errores que la mayoría.

No tienes que hacer toooodo eso en una misma vacuna, pero es un buen ejemplo que lo integra todo y además lo hizo contando su propia historia, lo cual vuelve su mensaje interesante y memorable. Ya hablaremos de eso más adelante en el penúltimo paso: COMUNICA.

El caso de Mariana

Mariana es otro caso interesante, ella tomó hace cuatro años la certificación de Lenguaje Persuasivo:Magia Orgánica, pues llevaba mucho tiempo buscando chamba y fracasando en sus entrevistas de trabajo. Cuando practicábamos vacunas, en uno de los ejercicios Mariana expuso que dos de las preguntas que más trabajo le costaba responder en sus entrevistas eran: "¿Cuáles son tus defectos?" y "¿Por qué dejaste tu empleo anterior?"

Al responder a la primera pregunta, Mariana solía decir defectos que realmente no lo eran (y esto es supercomún entre los aspirantes): "Me exijo demasiado", "soy perfeccionista", "soy *workaholic*". Obviamente, porque, ¿cómo iba a hablar mal de ella misma con alguien que debía llevarse una buena impresión? Si hablas mal del producto, no lo vendes. ¿O sí? Ése era el razonamiento de Mariana.

Al responder a la segunda, ella se quedaba trabada y a veces mentía, porque la realidad era que la corrieron de su anterior trabajo por ser un tanto conflictiva y dejar que las emociones se apoderaran de ella cuando debía pensar con la cabeza fría.

Lo que Mariana comprendió a partir del curso es que mentir o responder con verdades a medias hablaba peor de ella que la verdad en sí misma, y que lo que realmente quería conocer el reclutador no eran sus defectos ni sus errores pasados como tal, sino lo consciente que estaba de ellos y qué estaba haciendo para solucionarlos y crecer.

Mariana encontró trabajo al poco tiempo simplemente porque contaba con una buena trayectoria, supo responder asertivamente a estas preguntas, capitalizar sus errores y defectos y demostrar cómo había aprendido de ellos y lo que estaba haciendo para solucionarlos: "Me avergüenza decirlo pero me corrieron por propiciar conflictos y dejarme llevar por mis emociones cuando debía tener la cabeza fría. Lo reconozco y estoy consciente de ello. Por eso he dedicado ya más de un año desde que dejé esa compañía a capacitarme en inteligencia emocional, trabajo en equipo, comunicación asertiva y lenguaje persuasivo. Aquí están los reconocimientos que avalan mi trabajo personal. Además descubrí que ir a terapia una vez a la semana me ayuda mucho a mantenerme en equilibrio. He aprendido mucho de ese error y estoy lista para demostrarlo y brillar por mi profesionalismo y crecimiento interior, en esta empresa".

Lo mismo pasa en la vida, siempre he dicho que como seres humanos no nos definimos por nuestros errores sino por cómo respondemos a ellos y cómo nos hacen crecer. La diferencia entre trayectoria y experiencia es precisamente esa, una persona puede pasar por miles de situaciones, problemas, proyectos o trabajos y aprender poco de ellos, en ese caso podrá tener una gran trayectoria, pero no una gran experiencia. La experiencia se construye a partir de lo que aprendemos con base en lo que vivimos, y cómo evolucionamos en ese proceso.

Cuando nos topamos con gente que ya "la regó", fue capaz de reconocer en dónde y cómo se equivocó, lo hizo consciente y trabajó por reconstruirse a partir de eso, ¡nos da aún más confianza! Porque "más sabe el diablo por viejo (y experimentado) que por sabio".

Así que hablar de los defectos o limitaciones de tu producto, los desaciertos de tu servicio y cómo han evolucionado para evitarlos en el futuro, te hará ver como una persona objetiva, directa, honesta y confiable.

Nota: Obviamente habla también de tus cualidades y aciertos, dales peso, pero equilíbralos con *jabs* de verdad que debiliten las barreras de incredulidad de tu interlocutor.

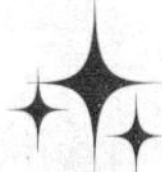

Magia para llevar

Neutraliza una mala reputación y cautiva:

- Revisa la información que hay de ti, de tu marca, producto o servicio en internet, y si es necesario contrata un servicio de posicionamiento que te ayude a poner al alcance de tus prospectos o clientes la información que realmente te representa y te conviene.
- Cuida lo que publicas en redes sociales, asegúrate de que cada fotografía, video o *post* refleje de ti a una persona congruente con lo que ofrece. Recuerda que una vez que está en la web, el contenido queda guardado para siempre y deja de ser de tu propiedad, aun cuando intentes borrarlo.
- Averigua qué se cree o qué se sabe sobre la marca que representas o el producto / servicio que ofreces, y una

vez que identifiques los prejuicios que podrían enfermar tu mensaje vacúnalos de manera verbal o no verbal para dejar claro de qué forma eres diferente al resto, la excepción a la regla, o de qué manera has aprendido de tus errores y evolucionado para evitar repetirlos.

"No nos definen nuestros errores, sino nuestra manera de responder, solucionarlos y aprender de ellos."

RESUMEN PASO 1: cautiva

Truco 1: Cuida que tu imagen sea congruente con tu esencia, con tu objetivo y con tu interlocutor. Imagen es percepción y percepción es realidad. La primera impresión se basa en cómo te ven y cómo los haces sentir.

Truco 2: Lo que más comunica de tu voz no está en tus palabras. Pon atención a tu imagen vocal. Toma en cuenta tu dicción y modulación para comunicarte de forma creíble, interesante y memorable. Practica y cuida tu voz.

Truco 3: El cuerpo habla, cuida lo que dice. Todo lo que hagas con tu cuerpo debe tener una razón de ser, un motivo, un objetivo de comunicación. Usa ademanes ilustrativos, evita los adaptadores y apaciguadores. Observa con atención el lenguaje corporal de los demás y escucha los silencios.

Truco 4: Neutraliza una mala reputación. La primera impresión se forma incluso antes de que te conocen en persona. Averigua qué se cree, qué se sabe o qué se espera de ti, y vacúnate.

PASO 2: COMPRENDE
LA GENTE NO QUIERE SABER QUÉ TAN BUENO ERES, SINO QUÉ TAN BUENA PUEDE LLEGAR A SER ELLA Y CÓMO TÚ PUEDES AYUDAR

Así de sencillo, ¿qué argumento te parecería más atractivo si alguien intentara persuadirte para visitar un restaurante?

- Nuestro restaurante ofrece un menú internacional amplísimo, elaborado siempre con ingredientes de la mejor calidad, preparados con altísimos estándares de limpieza. Nuestro chef es reconocido a nivel mundial, originario de Madrid, España; ha viajado por todo el mundo acumulando experiencia que, aunada a su pasión, le permite crear platillos únicos en su tipo.
- Estás a punto de probar sabores y combinaciones que jamás imaginaste que existían. Tu perspectiva sobre una "buena comida" no volverá a ser la misma después de vivir esta experiencia gourmet; en un ambiente especialmente diseñado para que tanto tú como tus acompañantes puedan relajarse, disfrutar de una buena plática y excelentes platillos elaborados por el único chef que ha viajado alrededor del mundo con un solo objetivo: encontrar cientos de maneras para hacerte vibrar de emoción con cada bocado.

¿Notas la diferencia?

El primer párrafo está enfocado en exponer y exaltar las cualidades del producto o servicio que se ofrece, lo cual no está mal. Es lo que comúnmente vemos.

El segundo párrafo te engancha porque está completamente enfocado en decirle al lector, incluso hablándole de manera directa, cómo es que el producto o servicio influirá en hacer su vida mejor a corto, mediano o largo plazos.

Pero lograrlo no es tan sencillo como parece, porque para ofrecerle a alguien algo que en verdad valore y por lo cual se sienta motivado primero tenemos que comprender a ese alguien a profundidad. Por ello, en este segundo paso del método aprenderemos a mirar al otro para saber cómo hablarle, qué ofrecerle, cómo conquistar su voluntad y cómo persuadirlo para lograr un ganar-ganar.

1 TRUCO

ESCUCHA

Revelación: Para comunicar, primero hay que saber escuchar

No se me ocurre mejor manera de empezar este segundo paso del método que haciéndote una revelación: buen conversador mata carita, cartera y competencia.

Déjame contarte una anécdota...

Una vez salí con un individuo que parecía tenerlo todo: inteligente, guapérrimo, exitoso, hombre de valores, luchón, le gustaban los animales (básico, digo yo)... ¡y moría por mí! Claro, yo como pavorreal pensaba: "¡De aquí soy!", pero ante la gran sorpresa de mis amigas, cuando llegó la hora de la verdad, can can can... le dije que no.

¿Por qué, Pam? ¿Qué le faltó? ¿En dónde vive? ¡Pásame su teléfono! (tranquilas, chatas, esto fue hace mucho, ya está casado, otra sí cayó en sus redes).

Pero lo importante de esta historia es saber qué fue lo que hizo que me echara para atrás cuando todo parecía ir viento en popa. Y lo que me pasó a mí puede pasarle a tu nuevo ligue, amigo, socio, prospecto o cliente, así que pon mucha atención.

Cada vez que lo veía era una eterna letanía sobre sus logros del día, sus historias de vida, sus sueños y preocupaciones... y eso no está mal, de hecho me encantaba escucharlo, el problema es que se olvidaba de aquella maravillosa combinación de letras que convierten una plática cualquiera en una gran conversación: "¿Y tú?".

#EpicFail.

Por tratar de "apantallarme" con todo lo que él era y hacía, se olvidó de realizar lo más importante que puedes hacer para ganarte el interés de otra persona, y esto es: interesarte por ella.

La gente disfruta hablar de sí misma, de sus gustos, sueños y preocupaciones. Aquel que muestra interés por aquello de lo que queremos hablar se convierte en una persona con la que disfrutamos conversar. Así que olvídate de pensar que el buen conversador se distingue por ser muy culto, inteligente, interesante, simpático y extrovertido; en realidad aquello que te convertirá en un conversador extraordinario consiste en hacer a la otra persona sentirse el ser humano más interesante sobre la faz de la Tierra. ¡Ah! Eso sí, sé genuino. No adules, no actúes, no finjas, realmente interésate por la otra persona. Estamos partiendo de la premisa de que esa persona te importa, ¿cierto? Entonces solamente encárgate de hacerle saber eso.

¿Y por qué te interesa convertirte en un buen conversador?

Ah, pues fácil. Porque saber escuchar, además de sumarte puntos en términos de confianza, carisma y credibilidad, te dará la posibilidad de hurgar en las necesidades y motivaciones de la persona a la que quieres persuadir, para encontrar ese botón rojo que active su voluntad y que entonces esa persona haga lo que tú quieres que haga pero... ¡porque quiere! Porque está convencida, decidida y sabe que le conviene. Entonces dará el 111% de su talento, de su disposición y de su capacidad.

Imagina que ya cautivaste a esa persona y tienes su disposición, entonces ahora tienes que aprender a comprenderla con el fin de que más adelante sepas cómo conectar con ella para después comunicarle lo que quieres y convencerla. Vamos avanzando y vamos muy bien. Así que para aprender a escuchar (pero verdaderamente escuchar, que no es lo mismo oír que escuchar) practica estas claves cada vez que puedas, con todo el que se deje y el que no, también.

Por cierto, aprovecho este espacio para elevar la mirada al cielo y agradecer desde el fondo de mi corazón a una de mis más grandes maestras en el arte de escuchar, Esperanza Zetina, *Patacha* pa los cuates. Era mi madrina, una segunda madre. Ella me enseñó con el ejemplo muchos de los puntos que estoy por compartirte, créeme que fue un caso único. Era capaz de hacer hablar hasta a los más tímidos y lograr que ellos disfrutaran contando sus más grandes hazañas y secretos. La gente le confiaba a lo que ni a sus terapeutas, porque sabía escuchar con interés y atención, haciéndote sentir importantísimo para ella. Es más, casi podría jurar que Dale Carnegie se inspiró en ella para escribir una de sus frases más famosas: "Se pueden hacer más amigos en dos meses interesándose por los demás, que en dos años intentando que se interesen por uno".

Por ello (porque quiero y porque la extraño harto) vamos a llamarle en su nombre el Método PATACHA de Escucha Efectiva. Es más, usemos su nombre como acróstico para recordar cada clave. ¡Sí se puede!

Entonces, querido lector, ha llegado el momento de convertirte en el Maestro Jedi de la escucha efectiva.

P de Pregunta: Sé inquisitivo. El conversador extraordinario habla poco y pregunta mucho, sobre todo en los primeros encuentros. Piensa que la mayoría de la gente no tiene claro lo que necesita, lo que quiere, es por eso que tu labor será ayudarle a identificarlo por sí mismo a través de preguntas inteligentes, en lugar de tratar de imponerle lo que tú crees que quiere.

A de Abiertas: Procura que tus preguntas sean abiertas. Éstas requieren que la otra persona medite por algunos segundos la respuesta, que realmente se cuestione. Este tipo de preguntas generalmente dan pie a respuestas más amplias y profundas. Tenemos una terrible tendencia a hacer preguntas cerradas que se resuelven con una respuesta del tipo: sí, no, más o menos... O a realizar una pregunta y, mientras la persona responde, quedarnos pensando en qué más le vamos a preguntar. Entonces la hacemos cambiar de tema contantemente en lugar de permitirle abrirse completamente y disfrutar de la conversación.

Éstos son algunos ejemplos de preguntas abiertas:

- Cuéntame más acerca de...
- ¿Y eso? ¿Y entonces? ¿Y por qué?
- ¿Qué te llevó a tomar esa decisión?
- ¿Cómo te hace sentir eso?
- ¿Qué te hace pensar que esto es lo que necesitas?
- ¿Qué es lo que más disfrutaste sobre esto que viviste?
- ¿Qué es lo que más te emociona sobre este proyecto?

T de Tantea el territorio: Observa qué recursos hay a su alrededor que puedan hablarte de esa persona (por ejemplo, si estás en su oficina observa la decoración). A eso se le llama escuchar los silencios. Si lo consideras conveniente, utiliza lo que ves para preguntar al respecto, con prudencia, sin verte como un acosador loco. Recuerda, quieres infundir confianza, no miedo.

Mucha gente me ha preguntado en los cursos: "Oye, pero y si tiene un trofeo de un torneo de golf o una foto con su familia en la Alameda, ¿qué tal que no quiere hablar de eso?

Mi respuesta es sencilla: "Si no quisiera hablar de eso, no los tendría expuestos en su oficina, en donde suele recibir a la gente. Si lo muestra ¡es que quiere que lo veas!"

Además, esto me da pie a la siguiente clave...

A de Asocia: Recuerda esto: La emoción que tu interlocutor evoque durante la conversación es igual a la emoción que asociará contigo. La gente no recordará tanto lo que dijiste, sino la huella emocional de la conversación.

Haz preguntas que permitan a la otra persona recordar momentos agradables, que la lleven a su *happy place*, a ese estado de ánimo que quieres que su mente emocional asocie contigo. Sé consciente de las emociones que evocas. A menos de que tu función en ese momento sea permitirle a un amigo desahogar una tristeza y ser su paño de lágrimas, mejor realiza preguntas que la otra persona disfrute responder. Sobre todo al principio, ya después, entrados en confianza, pueden hablar específicamente del problema que debes ayudarla a resolver.

C de Cuerpo: Escucha con todo el cuerpo. Escucha con los ojos (que tus ojos reflejen el lugar en donde está tu atención), con el cuerpo (échate para adelante, mantén tus manos a la vista, asiente con la cabeza, gesticula positivamente), con la voz (retroalimenta con expresiones cortas y repite frases que haya dicho la otra persona, haz preguntas que le permitan profundizar) y con la mente (mantén tu atención presente en el mensaje).

H de Humildad: No seas el "uno más que tú". Escuché este apodo en un monólogo de Adal Ramones y me encantó. Me refiero a aquellos incautos que parecen querer competir por todo y fingen poner atención mientras esperan el momento en que te quedes callado para hablar de ellos mismos. ¿Ya ubicaste un amigo o colega así? (me dan más miedo que *Actividad paranormal 2*). Así que no escuches esperando el momento de poder interrumpir para dar tu punto de vista o hablar de tu experiencia en ese tema. Evita caer en la tentación del: *"Pues yo...", "pues a mí...", "yo una vez..."*

No me malinterpretes, claro que puedes hablar de ti también, ¡por favor hazlo! No se trata de que lo agarres a "tehuacanazos" con pura pregunta. Una conversación es un diálogo, radica en el intercambio de ideas; solamente evita competir o parecer el típico que parece pedir a gritos: ¡Que alguien me escuche!

Para evitar caer en esto, imagina la plática como un juego de pelota. Si lanzas la pelota al piso o a una pared, y ésta no rebota, es decir, si el piso o la pared se quedan con la pelota, será difícil continuar jugando. ¿Estás de acuerdo? Lo mismo pasa en una conversación. No se trata de que tú te conviertas en un entrevistador ni tampoco en el entrevistado. Haz preguntas, y una vez que recibas la respuesta (la pelota) comenta brevemente sobre lo que escuchas, luego puedes agregar una nota personal, después recapitular y regresar la pelota con otra pregunta. Ésta es la técnica del rebote.

Por ejemplo, la otra persona te platica sobre un proyecto que emprendió hace tiempo y que ahora ha sido reconocido. Quiere que la ayudes con tu talento a que éste siga creciendo. Tú contestas:

Comentario breve sobre lo que escuchas:
¡Qué interesante proyecto, felicidades por los resultados y el reconocimiento!

+

Nota personal: *Hace algunos años tuve una experiencia similar en la que trabajé muy duro por sacar adelante un proyecto y, ¿sabes qué?, cuando obtuvimos los resultados, lo que más me emocionaba era pensar en nuevas maneras para hacerlo crecer y seguir innovando.*

+

Nueva pregunta: *¿A ti qué es lo que más te emociona en este momento?, ¿cuáles son tus planes?*

Otro tip es hacer pausas. ¿Te ha pasado que cuando una persona interrumpe o contesta en el preciso instante en el que acabaste tu oración te da la impresión de que está más preocupado por expresar su punto de vista que por escucharte? Para evitar esto y potenciar tu carisma de inteligencia, haz lo siguiente antes de responder:

Haz una pausa deliberada, guarda silencio (como asimilando la información).

+

Responde con un gesto o una expresión no verbal.

+

Expón una respuesta verbal.

A de Atención: Hazle saber que estás poniendo atención. Esta herramienta que aprendí en la maestría de desarrollo humano forma parte de la estrategia del *ver* que utilizan muchos terapeutas para permitir al cliente o paciente darse cuenta de que el terapeuta está escuchando atentamente, comprendiendo lo que dice, y le permite escuchar sus propias ideas de manera indirecta. Se trata de *retomar* y consiste en repetir brevemente, en otro tono y con distintas palabras, lo que la otra persona dijo, antes de hacer otra pregunta o cambiar de tema. Por ejemplo:

Dices que tienes claro que tu problema es _bla bla bla_, aunque has explorado distintos tipos de soluciones como _bla bla bla_, pero ninguna te ha dado los resultados que esperas.

+

¿Cuáles son esos resultados específicos que buscas?

¿Te suena lógico? Pues tenlo muy presente porque para negociar o convencer a alguien de algo es fundamental saber escuchar y aplicar lo que escuchas para formular el próximo movimiento. Cada palabra tiene un propósito. Cada afirmación es una historia oculta. Si escuchas con atención serás capaz de comprender lo que realmente quiere la otra persona en la negociación. Saber escuchar es la base para comenzar a desarrollar tus habilidades como negociador persuasivo.

Pues a practicar, chatos.

Magia para llevar

Escucha para comprender:

- Ser un buen conversador tiene menos que ver con nuestra capacidad para hablar y más con nuestra habilidad para escuchar.
- Escucha con todo el cuerpo (que tu lenguaje corporal demuestre atención), todas las ganas (demostrando interés genuino por el otro) y todo el respeto (sin juicios, con empatía).
- Escucha para comprender, no sólo para responder.

"Qué difícil resulta al escuchar poner más atención al que habla que a nuestro diálogo interno obsesionado con contestar."

2 TRUCO

EMPATIZA

Revelación: Comprender no significa estar de acuerdo

Acabas de conocer a alguien, esa persona te interesa, quieres asegurar una segunda cita ya sea para fines laborales o personales, le echas todos los kilos para lucirte como un conversador extraordinario con los tips que te he compartido, quieres hacer química, que esa persona sienta que te conoce de toda la vida, que confíe en ti y nazca una relación muy positiva para ambos... ¡Casi no quieres nada!

Primero lo primero, ¿qué es empatizar?

Escuchamos miles de veces que para empatizar debes ponerte en los zapatos de los demás, ¡pero eso es imposible! Porque para ponerte en los zapatos de alguien más primero tendrías que quitarte los tuyos, es decir, tus creencias, educación, prejuicios, valores, herencia cultural, etcétera. Así que olvídalo. En realidad, la empatía es más bien pedirle *prestados* sus lentes al otro, para intentar ver cierta situación desde su perspectiva y contexto. Jamás dejas de ser tú el que mira, pero te das la oportunidad de observar desde otro punto de vista. No se trata de estar de acuerdo con la otra persona, sencillamente se trata de comprenderla y respetarla, repito, desde su perspectiva y contexto, ¡no desde el tuyo, porque desde ahí es muy fácil juzgar! Cuando la otra persona se siente libre de prejuicios por tu parte, valorada, escuchada y comprendida, ocurre la magia de la conexión. Recuerda que el ser humano es recíproco.

Toma en cuenta estos tips de Antonio Coque (autor de *Inteligencia verbal*),[9] para generar empatía instantánea:

- No evalúes, juzgues o descalifiques. Solamente observa lo que la otra persona dice y cómo lo dice.
- Mantén una mente abierta y flexible dispuesta a escuchar. Esto es lo más importante, querer realmente escuchar.
- Sé cordial conversando sobre los temas que tu interlocutor considera importantes.
- Disponte física y mentalmente a prestar atención a los mensajes centrales de su discurso. Intenta realmente apreciar sus puntos de vista sin saltar a la defensiva o a imponer los tuyos.
- Utiliza un tono de voz amable y conciliador que le transmita seguridad y tranquilidad. Si es posible y la situación lo permite, se puede usar el contacto físico, siendo muy

9 Antonio Coque, *Inteligencia verbal: Defensa verbal y persuasión*, Edaf, Madrid, 2013.

cautos de que la otra persona no se sienta incómoda. Observa con atención sus reacciones no verbales.

✦ Sé respetuoso. El respeto lo manifestamos en la manera en que nos relacionamos con la gente cuando atendemos a sus opiniones, objeciones y necesidades, reconocemos sus puntos de vista y mantenemos una relación centrada en la persona y no en nuestros objetivos personales o laborales. No permitas que el otro se sienta usado.

En resumen, mientras escuchas al otro, aun si hace algún comentario que te sulfure o tome una postura que para ti sea inconcebible, haz un esfuerzo por decirte a ti mismo: "Mi mismo, respiremos profundo, si hubiéramos crecido en el entorno en que esta persona creció, hubiéramos tenido los padres y familiares que tuvo, la cultura y tipo de educación a los que tuvo acceso, hubiéramos vivido las mismas experiencias que esta persona y tuviéramos sus mismos objetivos, miedos y creencias... entonces, mi mismo, MUY probablemente (pero MUY) pensaríamos igual. Así que, aunque no estemos de acuerdo, demostremos que somos capaces de comprender que lo que esta persona piensa y dice nace en la convicción de que es lo correcto y lo mejor".

En este mundo no hay personas buenas ni personas malas, aun el que actúa "mal" piensa que es lo mejor, y el que actúa "bien", quizá tarde o temprano viva algo que lo haga cambiar de opinión.

El ying yang lo explica claramente:

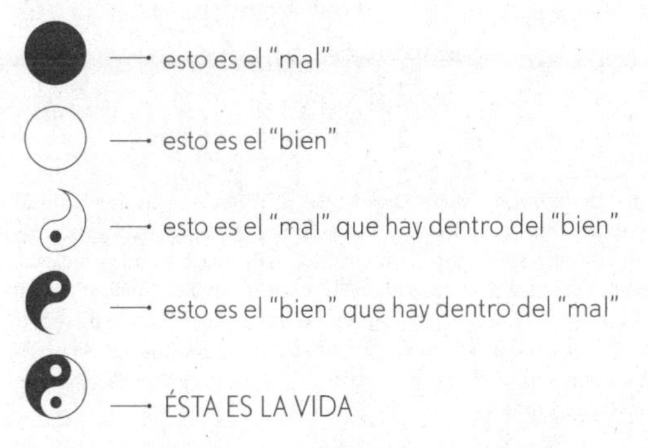

También en el catolicismo, el judaísmo y el budismo se habla de la misericordia y la compasión. Y me atrevo a "ponerme religiosa" porque los conceptos que estas religiones / filosofías encierran en torno a la empatía nos ayudarán a comprender por qué, para fines prácticos, se necesitan estos valores si pretendemos convertirnos en magos de la persuasión.

Vámonos rapidito, que no pretendo que hagas una regresión a tus clases de catecismo o de ética en secundaria.

En la Biblia (Mateo 5:43-48)[10] se nos cuestiona si somos capaces de amar a nuestro prójimo como a nosotros mismos, como Jesús lo hizo, o solamente amamos a los que nos aman y piensan igual que nosotros.

Si es así, imagínate cuán limitado será tu abanico de amistades, socios y clientes, porque por más que actúes, los demás notarán rechazo y juicio, y no querrán estar cerca de ti ni consumir lo que vendes, porque así como los perros huelen el miedo, el ser humano huele la falsedad... ¡a kilómetros de distancia!

Esta tendencia nos lleva hoy mismo (y no hay mejor prueba que las redes sociales) a desprestigiar, señalar, burlarnos y desear el mal a quienes adoptan ideologías o estilos de vida distintos a los nuestros. Y te puede parecer gracioso en el momento, pero al hacerlo no estás siendo consciente de lo lejos que puede llegar tu post o comentario, de la cantidad de gente a la que podría herir y del hecho de que éste quedará grabado en la red para la posteridad (aun si tú lo bajas más adelante, porque recuerda que una vez posteado deja de ser de tu propiedad). Y ¿te acuerdas de la hipótesis de los seis grados de separación que mencionamos al principio del libro? Pues

10 En aquel tiempo dijo Jesús a sus discípulos: "Habéis oído que se dijo: 'Amarás a tu prójimo y aborrecerás a tu enemigo'. Yo, en cambio, os digo: Amad a vuestros enemigos, y rezad por los que os persiguen. Así seréis hijos de vuestro Padre que está en el cielo, que hace salir su sol sobre malos y buenos, y manda la lluvia a justos e injustos. Porque, si amáis a los que os aman, ¿qué premio tendréis? ¿No hacen lo mismo también los publicanos? Y si saludáis sólo a vuestros hermanos, ¿qué hacéis de extraordinario? ¿No hacen lo mismo también los gentiles? Por tanto, sed perfectos, como vuestro Padre celestial es perfecto".

entonces, en función de eso, tu reputación y credibilidad están en juego, porque el mundo es un pañuelo.

La historia de Héctor

Héctor es promotor de seguros (muy exitoso, por cierto), tenía muchos clientes, de hecho, clientes muy leales que renovaban con él una y otra vez cada una de sus pólizas. En el margen de las elecciones presidenciales, él expresaba una y otra vez su repudio por uno de los candidatos. Héctor estaba apasionado, no subía a sus redes más que memes y campañas de burla, humor negro y sarcasmo, tachando a los seguidores de dicho candidato de estúpidos, ingenuos, incultos, analfabetas y demás. Jamás pensó en las repercusiones que tendría. Él no lo sabía, pero curiosamente aproximadamente 40% de sus clientes estaba a favor de ese candidato y le quitaron a Héctor sus cuentas, pues decían que estaban cansados de sentirse aludidos constantemente con sus publicaciones y que habían dejado de confiar en él por el simple hecho de que él no era capaz de respetarlos.

Pobre Héctor...

Y es que, curiosamente, en estos valores de la empatía, la misericordia y la compasión, radica la principal diferencia entre aquel que desea usar el poder de la persuasión para manipular y quien lo usa para persuadir.

Desde el punto de vista del budismo, la condición más nociva que se impone en el ser humano es el deseo de dominar o someter a otros, circunstancia bajo la cual se manifiesta un egoísmo rebelde y destructivo. El budismo personifica simbólicamente tal impulso como el Rey Demonio del Sexto Cielo o Demonio Celestial. Debido a que la naturaleza humana es la causa de graves problemas, también es la fuente de sus soluciones. En los textos budistas en sánscrito se describen extensamente los conceptos de misericordia y compasión mediante las voces *maitri* y *anukampa*. La compasión es la antítesis de los aspectos destructivos del ser humano y nace a partir de un sentimiento de solidaridad que anhela la felicidad y el desarrollo mutuo.[11]

En términos de ciencia, los investigadores han encontrado que la empatía es la chispa que enciende la compasión y la misericordia en nuestros corazones, y según el autor y científico Gregg Braden, ahora se sabe que el corazón tiene su propio cerebro, sus propias neuronas y es capaz de pensar por sí mismo, así que hay decisiones que tomamos con el corazón.

Pero desarrollar y fortalecer la empatía no solamente te volverá más confiable y carismático a la vista de los demás, sino que también te volverá mucho más hábil para detectar cuáles son las verdaderas intenciones de las personas con las que estás a punto de negociar o de hacer una alianza de cualquier tipo. Porque la empatía es también la capacidad intrínseca del cerebro para experimentar lo que la otra persona siente, y si carecemos de ella, entonces seremos capaces únicamente de percibir lo que el otro nos dice a través de sus palabras, pero no de percibir cómo se siente conforme a lo que habla, y eso es probablemente más importante.

Imagínate a un vendedor jurándote que su producto es la panacea, lo que siempre has necesitado y hoy aparece ante ti como por obra divina. Sus palabras están medidas, calculadas, ensayadas, son perfectas. Pero tu instinto, tu capacidad de empatizar con sus emociones, te hace percibir cierta inconsistencia, "aquí hay gato encerrado", piensas, "algo no me vibra". Y es que hay un dejo de culpa y nerviosismo en él, un par de sentimientos que no empatan con su discurso. Así que prefieres pedirle tiempo y pensar dos veces lo que vas a comprar. Él se da cuenta de que lo has notado, entonces aparece el miedo por perder la venta, ¡estabas a punto de caer! Y, curiosamente, expresa su miedo en forma de ira, empieza a presionarte, lo notas molesto, y más grandes se hacen tus dudas. Algo no anda bien. De forma imperativa dices que no. Te vas.

---

11 Fragmento extraído de Soka Gakkai Internacional, obtenido de https://www.sgi.org/es/acerca-de-nosotros/conceptos-budistas/amor-compasivo-comportamiento-solidario.html el 24 de agosto de 2018.

Tiempo después te enteras de la cantidad de fallas y letras chiquitas del producto, ¡te salvaste! ¿A quién agradecerle?

A tu empatía...

Pero, ¿quién o qué está detrás de ella? Diversas partes del cerebro. Por ejemplo, las cortezas prefrontal y temporal, la amígdala y otras estructuras límbicas como la ínsula y la corteza cingulada.

Existen dos tipos de empatía: la emocional y la racional.

La empatía emocional es la que sentimos (algunos con mayor medida según la morfología de nuestro cerebro) cuando vemos a un ser vivo sufrir, no podemos evitar compartir su sufrimiento y nos entristecemos junto con él.

Dato curioso: hace unos días tomé un curso sobre la glándula pineal y su importancia con Cristian Vidal, que trajo a mi atención un aspecto muy interesante. Científicamente, dado a que somos seres energéticos enviando y recibiendo constantemente información "electrónica", es más útil enviar sentimientos de compasión, amor y fe a las personas que sufren alguna calamidad, que sentimientos de tristeza, lástima y enojo, pues los segundos no les ayudan en nada (ni a ti ni a ellos).[12]

La empatía racional es la que sentimos cuando vemos a otra persona experimentar una emoción y la comprendemos, pero lo hacemos más a nivel racional que emocional, como lo haría un terapeuta con sus pacientes.

Algunos tienen más desarrollada una que otra, sin embargo existen personas que por genética o algún tipo de lesión podrían carecer de alguna de las dos.

Dentro de todos los responsables de que sintamos empatía, mis favoritas son las neuronas espejo.

¿Te ha pasado que estás viendo un partido de futbol y de pronto un jugador se lesiona la rodilla, truena, se tira al suelo, e inmediatamente retiras la vista de la pantalla, alterado frunces el ceño, gritas "auch" y te sobas tu propia rodilla?

---

12 Fresia Castro, *El cielo está abierto*, Catalonia, Chile, 2009.

O quizá has marcado al celular de tu pareja, quien contesta susurrando: "Estoy en una junta, te llamo luego", y tú, que no tendrías por qué bajar la voz, susurras de regreso: "Ok, mi amor".

Pues si te ha pasado, esto ha sido obra de las neuronas espejo o neuronas especulares, que fueron descubiertas por el equipo del neurobiólogo Giacomo Rizzolatti.

Éstas son un tipo de neuronas que se activan cuando observamos a otra persona ejecutar una acción o tenemos una representación mental de la misma. Por ello se les asignó como apellido "espejo", porque de algún modo reflejan lo que se ve.

Así, deducir lo que los demás piensan, sienten o hacen es posible gracias a su activación, ya que están especializadas en comprender no sólo la conducta de los demás, sino también cómo se sienten.

Además de los aspectos emocionales que este tipo de neuronas nos ayuda a identificar, juegan un papel crucial para descodificar el movimiento que las demás personas hacen con sus manos, gestos o cuerpo. Por lo que cuando hablamos con alguien y mueve las manos, gesticula o ajusta su postura, nuestras neuronas espejo entran en acción para interpretar ese movimiento y darle un significado.

En un artículo muy interesante de *La Mente es Maravillosa*[13] se menciona lo siguiente:

El neurocientífico V. Ramachandran se refiere a ellas como "neuronas Gandhi" por su capacidad de facilitar el entendimiento, la solidaridad y la cooperación con los demás. Incluso, las neuronas espejo son las encargadas de hacernos bostezar cuando otra persona bosteza o de que nos encontremos imitando un gesto de la persona con la que estamos tomando un café, sin saber por qué.

¿Y cómo desarrollar mis neuronas espejo para volverme más empático?

---

13 Extraído de https://lamenteesmaravillosa.com/conoce-a-las-neuronas-espejo/ el 4 de octubre de 2018.

RETO PARA ACTIVAR LAS NEURONAS ESPEJO

1) Todo lo que no se usa, se atrofia. Así que ¡úsalas! Piénsalo así: si cuando eras un niño pequeño veías cómo tus padres o figuras de autoridad decidían deshacerse de un grillo, algún insecto o quizá hasta un animalito de compañía, pisoteándolo sin piedad o echándolo a la calle si preocuparse por hacerlo sufrir o siquiera por su vida, muy probablemente las primeras veces te dolió, te afectó y sufriste por esos pequeños seres indefensos, pero al paso del tiempo te fuiste acostumbrando y empezaste a verlo como algo normal, incluso comenzaste a hacerlo sin tocarte el corazón. Ése es un proceso de deshumanización que no implica otra cosa más que la desactivación o debilitación de nuestras neuronas espejo, con el fin de dejar de sufrir por otros quizá por propia supervivencia. Los especialistas dicen que una persona que es capaz de herir o torturar a un animal sin sentir ningún remordimiento sería capaz de hacerlo más tarde con un ser humano por igual, pues sus neuronas espejo ya no funcionan como deberían. Así que, para empezar, evita enseñarles estos hábitos a tus hijos, sobrinos y nietos desde que son pequeños; aprender a respetar la vida en todas sus formas mantiene a nuestras neuronas espejo vivitas y coleando. Con eso les estarás dando un gran regalo para su existencia y a nuestra sociedad también. Mi papá lo hizo conmigo desde pequeña, quizá sin estar consciente del impacto que generaba en mí el simple hecho de observar la sensibilidad con la que podía cuidar a un pájaro que se había caído del nido hasta hacerlo volar de regreso a casa, o detenerse a media carretera para

recoger a un perrito agonizante que había sufrido un atropellamiento y llevarlo al veterinario, hasta cuidar con gran fervor cada uno de los árboles o plantitas que goza sembrar; simplemente no podía (ni puede) evitarlo, y yo tampoco. ¡Agradezco esa hermosa enseñanza!

2) Practica la escucha activa como la hemos explicado aquí. Concéntrate en verdad en escuchar para comprender y no sólo para responder. Es decir, salte de ti mismo mientras escuchas e imagínate a colores qué se sentiría estar en el lugar de la otra persona. Una vez que lo comprendas, regresa a ti, a tu paz, a tu nivel alto de frecuencia, y desde ahí háblale.

3) Mantén contacto visual con la gente al hablar, pero también al estar en silencio. Mira a los ojos a las personas a tu alrededor siempre que puedas y mantén el contacto visual sin sentirte intimidado, acompáñalo de una sonrisa y verás cuánta magia ocurre.

4) Practica. Observa a la gente en los lugares a donde vayas y pregúntate, ¿qué estarán pensando o sintiendo y qué de lo que observo me hace deducirlo?

5) Habla de tus emociones y sentimientos, pregunta a los demás sobre las suyas. Lee sobre inteligencia emocional o toma algún curso.

6) Imagina lo que puede haber detrás de las conductas, actitudes o acciones de las personas. Antes de juzgar, piensa en una historia que las pudo llevar a actuar de determinada manera; sea o no verdad, esto te ayudará a no tomártelo personal, a verlo desde otra perspectiva, desde un ángulo más objetivo, inteligente y compasivo para poder tomar mejores decisiones. Te darás cuenta de que en la vida no todo es negro o blanco, bueno o malo, también hay una amplia escala de grises.

De esta manera, comprender al otro para poder conquistar su voluntad será el segundo truco perfecto en esta aventura de aprender a persuadir.

Magia para llevar

Empatiza para comprender:

- Cuando la otra persona se siente libre de prejuicios por tu parte, valorada, escuchada y comprendida, ocurre la magia de la conexión. Te volverás más confiable y carismático.
- La empatía es la chispa que enciende la compasión y la misericordia en nuestros corazones, para poder mirar de manera más objetiva al otro, y de esa manera comprenderlo realmente.
- Empatizar te permite comprender lo que el otro realmente siente respecto a alguna situación, eso te da la oportunidad de ir un paso adelante para detectar las verdaderas intenciones de los demás.

"La vida nos enseña que, en retrospectiva, no hay nada bueno o malo, sólo lo que sirvió para nutrir al alma y lo que no."

DESCUBRE SU TIPO DE PERSONALIDAD

Revelación: Hablarle en su idioma te permitirá conquistar su disposición

Tuve la oportunidad de conocer a Rafael Limón Vigoritto cuando conducía el programa de radio *Día a Día* de Radio Centro en 2015; mi querida Julieta Lujambio y yo lo entrevistamos y nos habló sobre su versión de la teoría de los cuatro temperamentos de Hipócrates: sanguíneo, flemático, colérico y melancólico. Pero la manera en que los aborda Rafa me pareció por demás actualizada, fácil de comprender y de utilizar, y muy simpática. Por ello lo invité a compartir su teoría de las personalidades en este libro, porque estoy segura de que saber identificar la tuya y volverte capaz para percibir la de los demás te ayudará a establecerte como similar, hablarles en su idioma y hacerlos sentir cómodos y en confianza. ¡Venga, Rafa!

El doctor en desarrollo humano y autor de *Cómo triunfar en cinco pasos*, *El Método* LIMÓN y *La aventura de conocer tu personalidad*, divide los estilos comunicativos en cuatro personalidades: ACME.

Las personalidades ACME y la persuasión

Por **Rafael Limón**

¿Te imaginas un mundo en el que todos tuviéramos la misma personalidad? Sería muy aburrido pero nos entenderíamos de maravilla.

Como bien sabes, el planeta Tierra no funciona así. Hay muchas divisiones y definiciones de los tipos de personalidades que cada uno posee, todas buscando comprender mejor el comportamiento humano. Cuando descubrí la división de personalidades de Hipócrates, llamado "el padre de la medicina", quien vivió hace unos 2 400 años, me encantó. Esta división ha sido confirmada por Aristóteles, Pávlov, Kant, Fromm y Maslow, entre otros.

Cuando comencé a escribir libros sobre comportamiento humano decidí incluir el tema, pero cambié los nombres hipocráticos y el resultado fue las personalidades ACME, Águila (colérico), Castor (melancólico), Mono (sanguíneo) y Elefante (flemático).

Es un gran honor compartir contigo, amigo lector, y contribuir con el gran trabajo de mi amiga Pamela Jean mediante este conocimiento, que espero te ayude a aplicar sus recomendaciones. Veamos entonces el asunto de las personalidades ACME y cómo se persuade a cada una.

+ **Águila** es la personalidad innata del líder: decisivo, práctico y determinado. El águila es solitaria, caza con rapidez, precisión y enfoque. A quienes poseen esta personalidad no les gusta que les endulcen las cosas y prefieren ir "al grano" evitando preámbulos. Águila tiene las cualidades de resolver con eficacia, decidir con rapidez y actuar antes que nadie; sin embargo, puede tener defectos como tiranía, arrogancia, falta de tacto, de consideración y de empatía. Muchos líderes, militares, directivos y empresarios son Águila.

+ **Castor** es competente, calculador, cuidadoso, disciplinado, observador y crítico. Los castores son excelentes "ingenieros" en la naturaleza: construyen diques y madrigueras con gran precisión; quienes tienen esta personalidad son cautelosos, poco sociables y nerviosos. Castor es apto para las ciencias y disciplinas de exactitud: científicos, contadores, investigadores y analistas. Sus cualidades son su gran capacidad de observación y análisis, su excelente memoria y su gusto por el detalle. Sus defectos: la crítica y el escepticismo, la desconfianza, la susceptibilidad, la frialdad y la inflexibilidad.

+ **Mono** es la "estrella de la película": extrovertido y fantástico para las relaciones personales, pero distraído y, por lo general, sin mucha disciplina ni constancia. ¿Has ido a un zoológico y visto la jaula de los monos? Ahí están: divertidos columpiándose y lanzándose cacahuates. Los de personalidad Mono son simpáticos, amigables y se desenvuelven con habilidad en grupo. Un Mono será siempre el centro de atención; muchos actores y actrices tienen esta personalidad. Algunos Mono se dedican también a la locución, la oratoria y cualquier actividad que les permita brillar en público. Poseen cualidades como el entusiasmo, el encanto, la simpatía y una actitud casi siempre positiva, así como defectos: manipulación, egocentrismo, teatralización, exageración y falta de enfoque.

✦ **Elefante** es una personalidad por lo regular tímida, pero magnifica para el trato personal; calmado, diplomático y amigable. Los elefantes caminan despacio y en manada, sin prisa alguna. Los de personalidad Elefante tienen la habilidad innata para escuchar y mostrar gran empatía; con frecuencia otros quieren aprovecharse de ellos y subir en su lomo, ya que a Elefante le cuesta mucho decir que no a casi cualquier cosa que le pidan. ¡No te dejes! Elefante tiene magníficas cualidades: actitud de servicio, encanto, dulzura y calma. Tiene también defectos, como la falta de iniciativa y disciplina; el hábito de postergar, la indecisión y la falta de motivación y entusiasmo. Los Elefante disminuyen la tensión entre otros y mantienen al mundo en paz. Excelentes psicólogos, trabajadores sociales, diplomáticos y agentes de servicio al cliente.

Ubica primero tu personalidad. Después observa y define qué personalidad tiene quien está frente a ti y trátalo de acuerdo con su personalidad; con ello tu mundo será más amable.

Es muy raro que alguien sea 100% alguna de las personalidades mencionadas. Desde niños se define nuestro temperamento, el cual se puede identificar desde los dos o tres años de edad. Con el tiempo aprendemos a desarrollar otras áreas de nuestro comportamiento, pero siempre mantenemos una personalidad natural dominante.

¿Cómo usar la persuasión con cada personalidad?

Identifica la personalidad de quien deseas persuadir y adáptate. Siguiendo los pasos de mi amiga Pam explicaré a lo que debes poner atención para lograr la persuasión de otros de acuerdo con su personalidad, en el entendido de que pretendes que tu convivencia mejore con quienes te rodean y que no estás sólo buscando manipularlos.

Deberás cautivar, comprender, conectar, comunicar y convencer a quien deseas persuadir. Ésos son los pasos de este libro. Veamos cada caso:

Cautivas a Águila si vas "al grano", pero si empiezas con rodeos o a detallar lo que quieres decir pierdes la atención de este ser tan directo; *comprende* que si te pregunta "¿qué significa eso?" le diste demasiados detalles y desea un resumen, así que simplifica lo más que puedas y recuerda que su tono directo no busca ofender sino solucionar; *conectarás* con Águila si te enfocas en sus objetivos, pero si te pones sentimental o les das demasiada importancia a las cuestiones personales perderás la conexión. Si enfatizas qué se va a lograr con la conversación conectarás de maravilla.

Comunicarte con los de esta personalidad no es complicado, ya que buscan descifrar el mensaje y lo demás les estorba. Si logras evitar los adornos y le das un mensaje claro y conciso (¡su gran anhelo!) te comunicarás con Águila muy bien. Recuerda que nadie resuelve mejor que las personas de este grupo, así que *convencer* a Águila es sencillo, siempre y cuando le plantees los pros y contras de manera directa, clara y sin emociones, y si se da cuenta de que hay más pros que contras, dirá que sí tan rápido como caza un águila. Has persuadido a Águila y ahora tienes a un aliado eficaz, veloz y enfocado. ¡Muy bien!

Persuadir a **Castor**... ¿Te gustan los retos? Espero que sí, ya que no es nada fácil. Vamos por pasos. Primero, *cautivar*: pocas cosas (que no sean de su interés) lo cautivan, tiene hobbies o gustos ya identificados (colecciones, videojuegos, personajes literarios y música inusual), así que mi primera recomendación es hacerle preguntas al respecto. Si descubres algo de lo que puedas hablar con él, podrás cautivarlo. Ya vio que te interesas, ahora debes *comprenderlo*. ¿Te digo algo? Nadie comprende a Castor al 100%. Recuerda comprender que tiene pensamientos elevados, complejos y sofisticados y tenlo en mente. El siguiente paso es más sencillo: *Conectar*. De nuevo haz preguntas para que su cerebro complejo te explique o comente sobre el tema en común; en cuanto empiecen esos intricados procesos cerebrales a ronronear, se creará una conexión entre ustedes. Ten paciencia si no le entiendes. Nadie los entiende. Eso no significa que no puedas avanzar.

Ahora viene *comunicar*. Puede parecer difícil pero sólo requiere de explicarle los detalles y confirmar que le está quedando clara la información. Castor es la personificación del escepticismo, así que no lo tomes personal si parece que no te cree. Necesita analizar, de preferencia con números, estadísticas y datos para comprender a su entera satisfacción. La buena noticia es que no necesitarás *convencerlo* demasiado. Ya está convencido. Con Castor es así. Cero emociones y cero apresuramientos, sólo datos, soluciones correctas o incorrectas y una decisión determinante.

Persuadir a **Mono** es sencillo; esta personalidad se enfoca en las relaciones humanas mucho más que en el alcance de objetivos. Apela a las emociones y a los sentimientos y encontrarás eco (lo mismo sucede con Elefante).

Cautivas a Mono con cumplidos, no hay pierde; *comprende* que necesita llamar la atención y jamás critiques su comportamiento, mejor apláudelo de manera sincera; *conectarás* demostrando que eres amigable y sonriendo, ya que ama hacer amistades.

¡Alto! ¿*Comunicarte* con Mono? Eso es muy muy muy difícil. El asunto es que Mono no escucha. Es una persona divertida y amigable pero distraída, así que para que descifre tu mensaje debes presentarlo en pedacitos, ya que tiene poca capacidad de atención, además de que se distrae con el celular, el paisaje o un chiste del que se acordó. Cuenta hasta diez, respira, asegúrate de que comprendió la primera parte de tu mensaje y continúa, pedacito por pedacito. ¡Tú puedes! Ahora, para *convencer* a Mono, apela a lo que le gusta e interesa, algo que le ayude a brillar, alguna forma en que llamará más la atención si hace lo que le sugieres, algo divertido, y no le des detalles porque se aburre. Persuadirás a Mono si te enfocas en lo que desea y con una gran sonrisa te dirá que te convenció de eso que tú querías. ¿Cómo no amarlos?

Elefante es la persona más fácil de persuadir del mundo. Si descubres que quien tienes enfrente es Elefante hará lo que le digas, ya que una de sus características es no saber decir que no. Dirá que sí aunque no quiera; con un poquito de insistencia, aceptará.

Sigue los consejos de Pamela Jean en cada uno de los capítulos de este libro, cuyo conocimiento ha ayudado a muchísima gente, y te aseguro, amigo lector, que tu futuro será brillante. Si además aprendes a identificar qué personalidad ACME tienes tú y cuál tienen los que te rodean, este conocimiento será una herramienta más para alcanzar el éxito mediante el lenguaje persuasivo.

¡Gracias, Rafa! Me encantan las personalidades ACME, me han servido montones para entender cómo llevarme mejor con la gente.

Magia para llevar

Comprende su tipo de personalidad para saber cómo comunicarte:

Hablarle al otro en su idioma te permitirá hacerlo sentir cómodo y generar la apertura necesaria para que tu propuesta sea escuchada y recibida con mayor interés.
¿Es Águila? Ve al punto, sin rodeos.
¿Es Mono? Permítele brillar.
¿Es Elefante? Llega a su razón a través del corazón.
¿Es Castor? Dale detalles y datos duros.

"Identifica la personalidad de quien deseas persuadir y ¡adáptate!"
—Rafael Limón

4 TRUCO

IDENTIFICA SUS *INPUTS* INTERNOS

Revelación: En sus necesidades, motivaciones y creencias está el motor de sus decisiones

¿Qué es el *input* de una persona y cómo lo identifico?

Piénsalo de esta manera práctica: tienes un celular del cual quieres transferir información a una computadora. Para lograrlo necesitarías un cable, pero correr a la tienda a comprar cualquier cable sería un esfuerzo absurdo si no te tomaste el tiempo antes para inspeccionar tu computadora y ver qué tipo de entrada necesita, ¿correcto? A esa entrada se le llama *input*. Y para los que están pensando que lo harían por bluetooth o WiFi, pues les digo lo mismo, imposible conectarte con el otro aparato si no conoces el puerto, la clave o le pides permiso al otro dispositivo para parearlo con el tuyo.

Pues con la gente ocurre igual. Si pretendes persuadir a alguien de algo, vas a necesitar conectarte con esa persona, y ya hablaremos en el próximo capítulo sobre cómo lograr una conexión exitosa, pero antes tendrás que averiguar cuál es el *input* de esa persona con la finalidad de elegir las herramientas o las palabras correctas.

La intención es que te conviertas en algo así: de un lado (donde está la USB) estás tú con tus objetivos, creencias, intenciones y tu historia personal; del otro, todos los demás. Serás capaz de conectar con quien tú quieras, nada más será cuestión de elegir el cable correcto según su *input*.

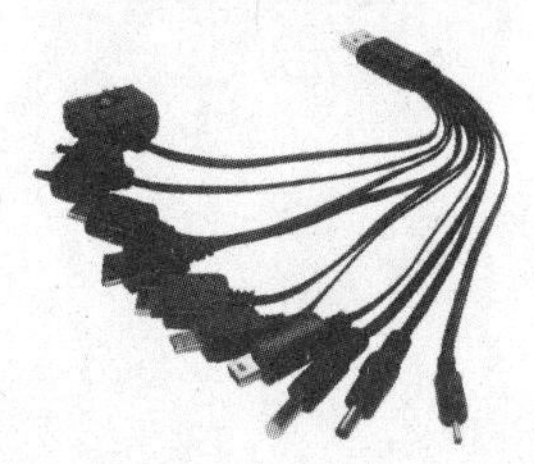

Los *inputs* internos (necesidad, motivación, experiencia y creencias) caracterizan a cada persona, pueden variar con el tiempo y les permiten cargar de distinto significado cada estímulo que reciben. Es importante identificarlos pues nos hablan de los fundamentos sobre los cuales se basará nuestro interlocutor para determinar si lo que le ofrecemos es o no conveniente. Sin conocerlos, difícilmente podremos elaborar argumentos sólidos y elocuentes. Ahora veamos cada uno.

Necesidades

Necesitamos saber: ¿qué necesidad(es) tiene? o ¿en qué nivel de necesidad está? Debemos identificar tanto su necesidad personal como aquella de la marca, organismo o empresa que representa (si es el caso). ¿Cuál es aquella necesidad en donde está su atención en este momento de su vida y de la cual no puede prescindir ahora?

Abraham Maslow lo representó a través de su famosa pirámide de Maslow también conocida como jerarquía de las necesidades humanas. Este psicólogo y sociólogo estadounidense afirmaba que una persona va escalando la pirámide conforme va cubriendo las necesidades que se encuentran en la base de la misma, de esa manera va ascendiendo hasta autorrealizarse.

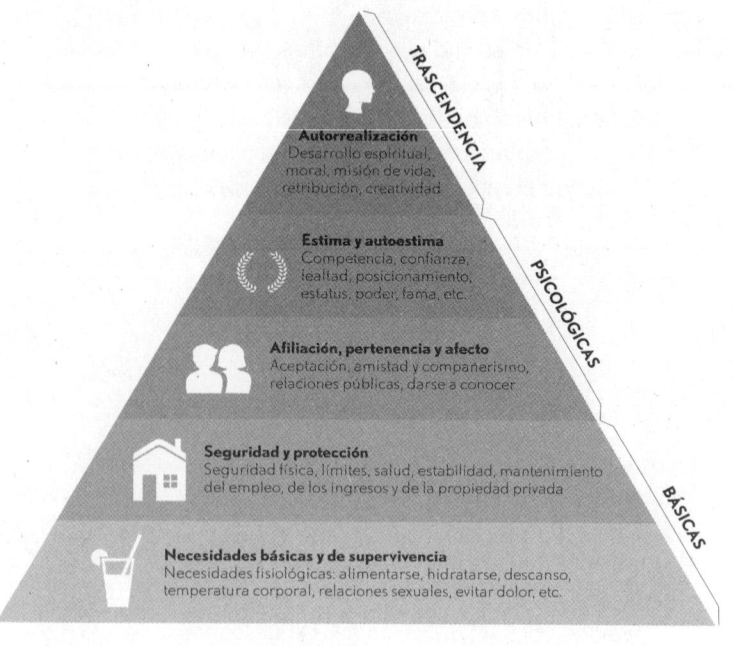

Lo que esta pirámide nos permite comprender en este contexto es que una persona que está enfocada en cubrir sus necesidades básicas, ya sean de supervivencia o de seguridad y protección, difícilmente va aceptar comprar un artículo que responda a necesidades psicológicas como estatus, poder y reconocimiento (como podría serlo un reloj muy caro o un auto de lujo), no porque no lo quiera o no le guste, sino porque su atención está en resolver primero lo primero.

Entonces, la pregunta que debes hacerte es, ¿en qué nivel de necesidad está la persona a quien quiero persuadir y de qué forma yo podría ayudarle a cubrir dicha necesidad a través de mi idea, producto o servicio? En caso de que fueras a pedir algo, en la intención de propiciar un ganar-ganar, tener claro su lugar en la pirámide te dará una buena idea de cómo retribuir. ¡Ponlo sobre la mesa!

Imagina que yo hubiera querido en este libro la colaboración del mexicano Carlos Slim, quien es uno de los empresarios y magnates más importantes y conocidos del mundo. Analiza por un momento en qué nivel de la pirámide crees que está. Ahora piensa cuál hubiera sido la manera más efectiva de pedírselo:

- Ofreciéndole un porcentaje de mis regalías. (Necesidades básicas)
- Prometiéndole que a través de este libro la gente lo conocerá y su nombre se posicionará. (Necesidades psicológicas)
- Expresándole mi profunda admiración por su trayectoria y la manera en que ha sabido capitalizar sus esfuerzos, y ofreciéndole una participación en el libro como una manera de compartir con la gente aquellas herramientas de liderazgo que le han permitido persuadir a la gente para lograr sus objetivos; reconociendo lo mucho que ha ayudado a crecer a nuestro país y mostrándole cómo este libro le permitirá seguir haciéndolo, pero ahora desde otra perspectiva, para construir juntos una sociedad con mejores posibilidades. (Necesidades de trascendencia)

¡Por supuesto! La tercera opción.

Probablemente mi porcentaje de regalías lo haga reír, a menos de que le falte morralla en el bolsillo.

¿Posicionar su nombre y darse a conocer? ¡Por favor! Proponerle eso a su altura sería un insulto, y una falta grave de juicio y sentido común.

Sólo a través de hacer alusión a su misión de vida, del reconocimiento y de mostrarle el impacto moral de la propuesta es que conseguiría algún tipo de ayuda de su parte.

Ahora fíjate en la que te comparto más adelante. Si la persona, para tomar una decisión, debe considerar las necesidades e intereses no solamente de ella sino también del organismo, empresa, marca o institución que representa, ¡pues también debes identificarlas y tomarlas en cuenta!

Volvamos al ejemplo del reloj "carísimo de Francia"... Supongamos que el cliente sí lo quiere, muere por él, le encanta, le fascina, está a punto de comprarlo y de pronto... chan chan... se acuerda que está próximo a tener que pagar las colegiaturas de sus cuatro hijos, que lleva todo el mes preocupado por eso, buscándole por todos lados y por todos los medios para hacer una lanita extra y completar la cantidad. ¿Crees que comprará el reloj? A menos de que se lo ofrezcas a 143 meses sin intereses, será poco probable que lo compre.

Así que antes de pedir, de ofrecer o de hablar, llena esta tablita de la manera más explicativa posible; señala la necesidad y cómo la identificas. De esa manera serás más hábil prospectando y también ofreciendo algo valioso a cambio para poder obtener el ¡sí!

Necesidades personales interlocutor	Necesidades organismo que representa

Otro de los *inputs* internos que debes averiguar tiene que ver con lo que mueve a las personas más allá de sus necesidades. Se trata de sus motivaciones.

Motivaciones

A diferencia de las necesidades, que aluden a lo indispensable que requiere un ser humano u organización para subsistir física, emocional y espiritualmente, las motivaciones son el motor que mueve a la gente, podríamos decir que están al nivel del alma: son sus gustos, sus placeres, lo que lo inspira, aquello que le da impulso, lo que le permite dar más de lo mínimo indispensable. Son lo que diferencia a una persona de otra, a una organización de otra. Mientras que todos necesitamos lo mismo, no todos nos movemos desde el mismo lugar o con el mismo tipo de gasolina. Es como si tuvieras un automóvil fabricado para funcionar con gasolina Premium, pero tú decides que no se la vas a poner, que con Magna es suficiente, o quizá ¿por qué no probar con diésel?

A lo mejor funciona... pero no va a rendir lo que debería, aquello para lo que está diseñado. O quizá se descomponga y se niegue a avanzar, porque no tiene la gasolina necesaria para echar a andar su motor. Punto.

Aquí hay un ejemplo de las motivaciones principales, que aunque no son las únicas que existen, son las más comunes. A diferencia de las necesidades, en donde cada ser humano u organización puede estar solamente en uno de los niveles en determinado momento, las motivaciones pueden ser dos o tres, ¡o más! Y también variarán de acuerdo con el momento específico. Sin embargo, enfócate en identificar solamente las dos más poderosas de la persona a la que quieres persuadir.

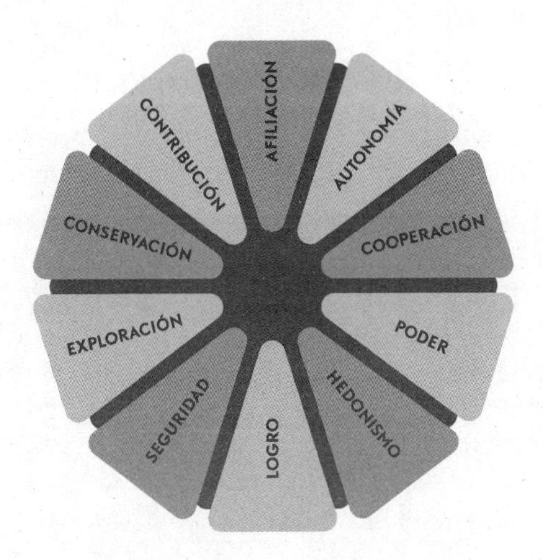

1. Afiliación: Cuando el deseo de alguien está en asociarse, trabajar en equipo, encontrar un complemento, amalgama o coalición. Podría ser la diferencia entre alguien que se contrata como empleado en una empresa, a alguien que decide desde el principio poner su propio negocio o contratarse como *freelancer*.

2. Autonomía: Contrario al de afiliación, aquí la persona desea independizarse, hacer sola las cosas, no tener que dar explicaciones a nadie. Imagina a un joven que busca conseguir un empleo con tal de cubrir sus necesidades básicas y poder hacer honor a su deseo de autonomía, y salirse de casa de sus padres.

3. Poder: Le motiva el deseo de sentir que es capaz de mover los hilos, de influir en las decisiones de los demás o como diríamos aquí en Mejicalpan de las Tunas: "Sentir que sus chicharrones truenan y tiene la sartén por el mango". Me viene a la mente algún gobernante sin verdadera vocación de servicio ni amor a la patria, que lo único que quiere es el puesto para tener injerencia y poder.

4. Hedonismo: El placer por el placer. Simplemente disfrutar, gozar.

5. Exploración: Afán de conocimiento, de información, de sabiduría, de descubrir cosas nuevas, de buscar respuestas.

Para entender mejor estas dos últimas, imaginemos a una pareja que invierte en un viaje. Deciden ir a la playa pero no se cuestionan la motivación de cada uno. Llegando, el marido contrata siete *tours*, una clase de buceo, una cata de vino y una experiencia en barco para conocer las tradiciones culinarias de la región. Cuando llega emocionado a contarle a ella tooooodo lo que preparó, ella gruñe *empanterizada*. ¡Pero si ella solamente quería acostarse en un camastro frente al mar a tomar el sol, con un coco en la mano, un libro en la otra y música relajante de fondo, es más, hasta estaba pensando ir al spa!

¿Identificas la motivación de cada uno?

El marido: exploración

La esposa: hedonismo

¡Qué útil hubiera sido planteárselos antes de invertir en algo que se convertiría en el viaje del terror!

6. Logro: El deseo de éxito en algo específico, de vencer un reto, ganar, obtener resultados.

7. Conservación: Lo define el deseo por mantener, cuidar y preservar lo que ya se tiene: un trabajo, cierto puesto, clientes, una pareja, un estatus, la salud, etcétera. Para ejemplificar este tipo de motivación y diferenciarla de la necesidad de protección y seguridad, considera lo siguiente:

La mayoría de las veces que visitas al médico lo haces porque:

a) Estás enfermo y necesitas que te cure.
b) Quieres que te revise para asegurarte de que todo está funcionando bien y tomar las medidas necesarias para que siga siendo así.

Si contestaste *a* quiere decir que acudes al médico desde la necesidad inherente de protección y seguridad, si contestaste *b* quiere decir que lo haces por motivación de conservación.

Otro ejemplo, cuando le llevas algún detalle a tu pareja lo haces porque:

a) Tuvieron una discusión, las cosas se pusieron difíciles y es la manera que encontraste de suavizar la situación y reconquistar su afecto.
b) Cualquier día, me gusta sorprender a mi pareja y darle gusto.

Si contestaste *a* entonces te mueves desde la necesidad de proteger o asegurar tu relación porque está en peligro, en cambio si respondiste *b* seguramente te motiva el deseo de conservar la relación tan bonita como está ahora y preservar su afecto.

¿Me explico?

8. Certeza: Quien busca evidencia, certidumbre, garantía o convicción de algo.

Una persona podría estar leyendo este libro por curiosidad (exploración), por tener información que le dé la capacidad de mover voluntades (poder), por el puro gusto de saber más (hedonismo), para colocarse a un nivel competitivo en su trabajo y mantener a sus clientes satisfechos (conservación), para decir con orgullo que lo leyó (logro), o para sentirse más segura al comunicarse con los demás y tener la garantía de que hará y dirá lo correcto en el momento más apropiado (certeza).

9. Cooperación: Quien se siente motivado por apoyar de manera personal una causa, dedicando su tiempo, esfuerzo, presencia y talento.

10. Contribución: Quien también desea apoyar una causa, pero prefiere hacerlo a través de una aportación económica o donando sus productos o servicios, sin ser quien directamente se ensucie las manos.

Un ejemplo claro de la diferencia entre estas dos últimas formas de motivación, la vivimos constantemente con las personas que se acercan para brindar apoyo a la asociación de construcción de vivienda en zonas de escasos recursos, que fundó mi esposo Tony hace 18 años junto con su hermano Chris y Fabián, un amigo entrañable. Se llama Ayúdame que yo También soy Mexicano, A. C. (ATM) Hay quienes se emocionan mucho por ir a ensuciarse las manos (literalmente) para construir la casa y dedicarle un fin de semana completo para vivir la experiencia, les mueve cooperar; otros prefieren contribuir con un donativo mensual que se carga automáticamente a su tarjeta. Ambos tipos de ayuda son necesarios e inmensamente valiosos. Pero fíjate cuán importante es entender la diferencia, porque si ellos trataran de persuadir a los primeros en apoyar a través de un donativo, quizá no lo harían porque no disponen del dinero o porque simplemente lo que quieren es vivir la experiencia. Y si a los segundos se les tratara de persuadir para ir a construir, quizá no lo harían porque no tienen el tiempo ni les resulta atractivo el reto. Aquí radica la importancia de ofrecer alternativas. En eso profundizaremos en el último paso del método: CONVENCE.

Pero, ¡ojo!, las necesidades y motivaciones no tienen que coincidir necesariamente, así que no te vayas con la finta. Aunque, por supuesto, la vida de la persona es mucho menos conflictiva si sí coinciden. Por ejemplo, imagina a un padre de familia que lleva años trabajando para una empresa, es un clásico Godínez,[14] gana poco y el sueldo que percibe se le va en los gastos del día a día. Tiene pocos ahorros. Pero está cansado de recibir órdenes de un jefe autoritario, desconsiderado y grosero; está agotado por los horarios tan intensos y por desplazarse durante horas en transporte público para llegar de su casa a la oficina y viceversa. Claramente, su motivación es de autonomía. Él desearía aventarles la chamba, decirle a su jefe de lo que se va a morir, no volverle a ver la cara nunca más y montar su propio negocio. Pero tiene tres hijos y tres escuelas que pagar, además de la renta de la casa, el mantenimiento, la ropa, comida y salud de la familia. Su necesidad es de seguridad y protección, ¡no es momento de perder su trabajo y arriesgarse a una aventura! Imagínate por un momento cómo

14 Término utilizado en México para referirse a los oficinistas que trabajan como empleados en una empresa de 9:00 a 18:00 horas. También para referirse a una persona asalariada. Despectivamente se asocia con trabajadores que ganan sueldos bajos y tienen pocas expectativas de crecer o mejorar sus condiciones.

podrías utilizar esta información para ofrecerle alguno de tus servicios o productos.

Así que, ¿quieres motivar a alguien?

¡Hazlo desde lo que mueve a esa persona, no desde lo que te mueve a ti!

Ésa es la diferencia entre un líder que obtiene el 111 % de la voluntad, esfuerzo, compromiso, lealtad y talento de sus colaboradores, y un jefe que piensa que la gente hará las cosas simplemente porque tiene que hacerlas, y después estará quejándose de que sus empleados solamente dan el mínimo indispensable para cubrir sus necesidades, y que todo el tiempo se le van porque los millennials de hoy no respetan a nadie ni se ponen la camiseta. La falta de lealtad y compromiso en las empresas generalmente responde a la falta de líderes persuasivos.

Creencias

Éste es el tercer tipo de *input* que debes averiguar. Tiene que ver con aquello que la persona *cree* que necesita y la solución que *cree* que obtendrá con ello.

Averiguar sus creencias te ayudará a neutralizar y vacunar aquellas que podrían jugar en tu contra y restarte credibilidad, y exacerbar las que son útiles para lograr tus objetivos.

En 2014 un laboratorio farmacéutico muy importante me contrató para llevar a cabo una gira de conferencias en México, Puerto Vallarta y San Diego; la consigna era darles a médicos de todo tipo de especialidades las claves para comunicarse mejor con sus pacientes, transmitir confianza y seguridad.

Durante mi plática les ponía un ejemplo que seguramente te resultará familiar, pues aunque no todos somos médicos, todos hemos sido pacientes.

Llegas a tu consulta médica, la secretaria te recibe y te pide que llenes un formulario con tu historial clínico y algunos datos personales. Generalmente, al final se te pregunta: ¿Quién lo recomendó?

Cuando el médico te recibe le echa un ojo a tu formulario, hace algunas preguntas adicionales y cuando lee de parte de quién vienes recomendado no dice nada o simplemente algo como: "Ah, ¿eres familiar de Fernanda? ¡Salúdamela mucho!"

Y punto.

¿Sabes cuánta información sobre tus creencias está perdiendo el médico por no permitirte profundizar en tu respuesta?

Imagina que te preguntara: "¿Y qué te dijo Fernanda, por qué te recomendó conmigo?"

A lo que quizá tú responderías algo como: "He visto a tres especialistas antes de usted, todos me quieren operar desde el principio sin ofrecer alternativas, Fernanda me dijo que usted era diferente".

Entonces el médico podría averiguar: "¿Cómo te hace sentir el hecho de que ofrezcan operarte desde el inicio? ¿De qué manera te dijo que soy diferente?"

A lo que tú contestarías algo como: "Pues es que no ofrecen ninguna alternativa y se apresuran a diagnosticar y sugerir la operación, a veces ni me escuchan bien; siento que lo que quieren es cubrir con la cuota de intervenciones quirúrgicas que una vez me dijeron que les exige el hospital o que necesitan sacar para pagar la renta o algo así. Y, bueno, mi prima me dijo que usted era más prudente, que le gustaba empezar probando por lo menos invasivo y solamente operaba si era absolutamente necesario".

Entonces el doctor te auscultaría con meticulosidad, sin apresurarse, haciendo preguntas y escuchándote con atención porque sabría que la falta de este tipo de atención fue lo que te causó desconfianza en los otros médicos. Después de analizar tu caso minuciosamente ofrecería alternativas (si es que las hubiera), empezando por lo menos invasivo. Sin embargo, si identificara que operar es la única solución, podría decirte algo como: "Ya revisé tus síntomas, tanto los que identifico como los que detalladamente me explicaste, he tenido varios casos similares, conozco bien tu padecimiento y lo he tratado de diversas maneras. Sin embargo, como te mencionó Fernanda, operar es para mí la última alternativa, la prioridad es que mis pacientes estén bien y que su enfermedad sea atendida de manera honesta y eficaz. Podría ofrecerte estos dos tratamientos a base de terapia o inyecciones, pero por la evolución del cuadro pienso que gastarías mucho tiempo, esfuerzo y dinero en ello sin poder garantizar resultados. Sé que te hubiera gustado escuchar que estamos a tiempo para hacerlo de esa manera, pero intentarlo por darte gusto sería poco ético de mi parte, ya que la posibilidad de que funcione, en tu caso, es del 10%. Si quieres que lo intentemos, lo hacemos. Pero si fueras mi hija te sugeriría una intervención quirúrgica sencilla que nos permita erradicar el problema de una manera eficiente y después continuar con un tratamiento a base de terapias.

¿Notas la diferencia?

No quiere decir que vamos a mentir por darle gusto al paciente o cliente, simplemente que trataremos de acercarnos lo más posible a cubrir con sus expectativas, o si de plano sus creencias son falsas, entonces de manera ética y honesta procederemos a desmitificarlas. Por el bien de ambos. ¡Digamos NO a los engaños!

RETO PARA IDENTIFICAR *INPUTS* INTERNOS

✦ Cuando tengas el nombre de la persona a la que necesitas persuadir de algo, búscala en Google, en LinkedIn, en todas las redes sociales. Algunos perfiles son privados, de ser así, si no lo sientes prudente, no mandes invitación de amistad o *request*; sencillamente lee y observa lo que sí sea público. En lo que una persona postea normalmente van encerradas sus preocupaciones, sus focos de atención, sus intereses, y en ello están implícitas sus necesidades, motivaciones y creencias.

✦ Si es tu caso elabora un cuestionario que puedan llenar tus prospectos o clientes, en donde, guiados por preguntas bien pensadas y prudentes, plasmen sus *inputs*.

✦ Cuando estés frente a ellos, haz preguntas inteligentes y abiertas, y escucha con atención de acuerdo con el Método PATACHA de Escucha Efectiva.

¡Ahora sabes qué información estás buscando! Cada vez te volverás más hábil para identificarla; pronto, a través de la práctica, te convertirás en un radar humano de *inputs* internos.

Magia para llevar

Comprende sus necesidades, motivaciones y creencias:

✦ En sus necesidades encontrarás sus objetivos y prioridades.

✦ En sus motivaciones descubrirás el motor que lo mueve a nivel profundo.

✦ En sus creencias observarás por qué hace lo que hace como lo hace.

Estos tres puntos conforman los *inputs* internos de cualquier persona. Comprenderlos te permitirá continuar al siguiente paso del método y CONECTAR.

"Somos ese deseo profundo que nos mueve. Así como es el deseo, es la voluntad. Así como es la voluntad, es la acción. Así como es la acción, es el destino."

—Upanishads

RESUMEN PASO 2: comprende

Truco 1. Escucha. Para comunicar, primero hay que saber escuchar. Utiliza el Método PATACHA de Escucha Efectiva. La gente no quiere saber qué tan bueno eres, sino qué tan buena puede llegar a ser ella y cómo puedes ayudar. Escucha para comprender, no sólo para responder.

Truco 2. Empatiza. Comprender no significa que tengas que estar de acuerdo. Escucha sin juzgar, hazlo desde la perspectiva y el contexto del otro, salte de ti mismo.

Truco 3. Descubre su tipo de personalidad, háblale en su idioma y conquista su disposición. Toma en cuenta las personalidades ACME y ajústate a su estilo.

Truco 4. Identifica sus *inputs* internos: necesidades, motivaciones y creencias. En ellos está el motor de sus decisiones.

Buena noche, 2005
Oil on canvas
39 x 31.5 in (100 x 80 cm)

PSICOLOGÍA DEL COLOR

	¿QUÉ COMUNICA?	IDEAL PARA...
NEGRO	Sobriedad, poder, formalidad, elegancia, autoridad y misterio.	Reducir la intensidad de los demás colores. Situaciones en donde no se sabe con certeza qué color usar
BLANCO	Pureza, honestidad, inocencia, optimismo, frescura, limpieza y simplicidad.	Realzar los demás colores. Llamar la atención de manera sutil.
CAFÉ	Calidez, cercanía, informalidad, proximidad, apertura.	Fomentar el diálogo y generar confianza. Ambientes no formales.
GRIS	Tenacidad, neutralidad y equilibrio.	Moderar discusiones o situaciones en donde se desea proyectar ecuanimidad y neutralidad.
ROJO	Vitalidad, fortaleza, energía, pasión, sensualidad, determinación, valor y romanticismo.	Proyectar autoridad usándolo en pequeños detalles.
NARANJA	Calidez, entusiasmo, ánimo, creatividad y éxito.	Dar una sensación de proximidad y accesibilidad. Favorecer el optimismo.
AMARILLO	Energía, honestidad, felicidad, optimismo, seguridad, autoestima, diversión, espontaneidad, alegría y esperanza.	Dar una sensación de proximidad y accesibilidad. Favorecer la extroversión de personas tímidas. Repeler mosquitos.
AZUL	Oscuro: profesionalismo, autoridad, fuerza, profundidad, intelectualidad y credibilidad. Rey: jovialidad en equilibrio. Claro: sabiduría, tranquilidad, confianza y amabilidad.	Abrir canales de comunicación. En tono turquesa fomenta la creatividad.
VERDE	Equilibrio, entusiasmo, esperanza, crecimiento, estabilidad y salud. Se asocia con lo orgánico, lo natural, la frescura y la juventud.	En tonos oscuros favorece un juicio claro.
MORADO	Seriedad, misticismo, ilusionismo, magia, persuasión, flexibilidad, elegancia y sensualidad romántica.	Favorecer la disposición al cambio. Fomentar la espiritualidad.
ROSA	Dulzura, amor, delicadeza, amabilidad, gratitud y salud.	Transmitir cercanía, apertura y cordialidad.

EFECTOS FISIOLÓGICOS Y PSICOLÓGICOS	ADVERTENCIA
Absorbe la luz y el calor.	Si no se porta con seguridad y garbo, transmitirá inseguridad y timidez.
Neutraliza la energía. Puesto que refleja la luz, es útil para días calurosos.	Asegúrate de traerlo bien limpio o comunicarás lo contrario.
Favorece la capacidad de escucha. Fomenta la paz interna. En exceso, puede hacer lento el metabolismo y repercutir en la digestión.	En contextos laborales puede comunicar pasividad y mediocridad.
Debilita las reacciones psicológicas. Regula las emociones.	Abusar de él puede transmitir falta de carácter, conformismo o indiferencia. Combínalo con colores vivos.
Eleva la energía, la producción hormonal, la circulación y la temperatura corporal.	No abuses de él en contextos laborales. Evítalo si tiendes a la impulsividad o agresividad.
Eleva la energía. Sube la temperatura corporal. Levanta el tono sexual. Contrarresta la melancolía.	Evítalo para presentaciones en público muy largas, pues puede agotar la visión.
Eleva la energía. Brinda calidez en climas fríos. Contrarresta la melancolía. Favorece la producción de jugos gástricos.	Evítalo si estarás bajo el rayo del sol, para no deslumbrar. Evítalo si estás a dieta, podría producirte hambre.
Relaja. Efecto sedante. Baja la temperatura corporal. Fomenta la paciencia.	Abusar de él puede hacerte ver rígido o tradicionalista. Evítalo si quieres transmitir alegría.
Relaja los músculos, calma los nervios y tranquiliza.	En exceso puede transmitir inmadurez. Puede acentuar el enrojecimiento de la tez o subrayar la palidez.
Es el color de la transición, la transformación, la ensoñación y la imaginación.	Evítalo si vas a tratar temas financieros o donde requieras proyectar objetividad y pragmatismo.
En tonos claros suaviza la energía. En tonos vivos levanta el temperamento de personas tímidas o melancólicas.	En contextos laborales donde no quieres transmitir delicadeza, combínalo con colores oscuros para lograr un equilibrio.

ESTILOS DE CALZADO PARA HOMBRE

Accesibilidad, autoridad y cómo combinarlos

Zapato					
 **OXFORD DE CHAROL**	Agujetas, suela de cuero, charol, punta redondeada	Esmoquin	Frac		
 **OXFORD**	Agujetas, suela delgada, piel, punta redondeada	Traje formal	Esmoquin	Chaqué	Frac
 **NKSTRAP**	Suela de cuero, piel, hebilla simple o doble	Traje formal (el de hebilla doble o Monkstrap es más elegante)	Traje combinado	Si es de gamuza, ante o con suela de goma, se puede usar con jeans o chinos	Pantalón de vestir recto
 **DERBY**	Agujetas, suela delgada, piel, costura inglesa y lengueta visible	Traje semiformal o combinado	Pantalón de vestir	Pantalones de algodón, chinos o caqui	Jeans
 **LEGATE**	Agujetas, suela delgada, piel, punteado en costuras	Traje semiformal (colores medios a claros), sobre todo de lana o tweed	Traje combinado	Pantalón de vestir con camisa	
 **SEMIBROGUE**	Agujetas, suela delgada, piel, punteado en costuras y picado en la puntera	Traje combinado, sobre todo de lana o tweed	Pantalón de vestir	Jeans	
 **TASSEL**	Suela de cuero, lazo con nudo y borla en empeine	Traje (menos formal)	Pantalón de vestir	Jeans	
 **MOCASÍN**	Abierto, suela de piel o de otros materiales, con o sin hebilla	Traje semiformal (únicamente si es con hebilla discreta, piel y suela de cuero)	Pantalón de vestir	Pantalones de algodón, chinos o caqui	Jeans
 **ÁUTICOS LOAFERS**	Suela antideslizante, piel o gamuza, con o sin hebilla	Usar sin calcetines en verano	Pantalones de algodón, lino, chinos o caqui	Jeans	Bermudas

ESTILOS DE CALZADO PARA MUJER
Cómo combinarlos

Looks formales o casuales. Pueden usarse con medias. Cualquier época del año.

Cualquier tipo de prenda. En tonos nude, ideales para alargar las piernas al usar faldas o vestidos cortos.

Tacón de 5 a 7cm, punta en pico o redondeada, cerrados de los dedos, abiertos del empeine.

PUMPS

Si son de piel o charol, en colores lisos: negro, azul marino, gris oscuro, rojo o vino son ideales para trajes sastre de falda, vestido o pantalón.

En colores más vivos, labrados o con texturas/estampados, son ideales para looks semiformales o casuales.

Una variación son las plataformas, de tacón arriba de los 7cm. No para looks ejecutivos. Sí para vestidos largos. Idealmente pantalones anchos que los cubran. Si son peep toes (con dedos descubiertos) deben usarse sin medias.

Si son en colores vivos, combinados, con labrados o texturas, serán más informales.

Cualquier tipo de falda o vestido.

MARY JANE o BABY DOLL

Punta redonda, empeine descubierto, correa y tacón. Pueden tener la correa en el tobillo.

Looks informales si el tacón es muy alto (más de 7cm), semiformales si el tacón es medio (5 a 7cm). Pueden usarse con medias.

Si son lisos, de piel, en colores nude, negro, azul marino, café o vino aportan mayor elegancia para looks semiformales.

FLATS O BALLERINAS

ZUECOS o CLOGS

Suela gruesa, tacón ancho, cubre dedos y empeine. Dejan el talón descubierto.

Faldas cortas o shorts para darle más protagonismo al calzado. Pantalones anchos o acampanados.

Looks informales. Sin medias.

Jeans de cualquier corte. Si son ajustados que sean de preferencia por arriba del tobillo.

BOTAS CLÁSICAS

Altas (hasta la pantorrilla), con tacón. Completamente cubiertas.

Looks informales a semiformales. No para looks ejecutivos. Sólo para épocas de frío: otoño e invierno. Pueden usarse con medias.

Las botas que cubren la rodilla o se extienden hasta el muslo, son informales. Pueden usarse con leggins, pantalones o jeans muy ajustados, faldas o vestidos cortos.

Faldas o vestidos cortos o a la rodilla. Jeans entubados. Leggins o pantalones entallados.

Zapatos bajos, con el empeine descubierto, cerrados de los dedos.

Los tipo loafers, slippers o mocasines son completamente informales.

Looks informales. Cualquier época. No para looks ejecutivos. Cualquier tipo de prenda, pero ¡cuidado!, acortan las piernas.

Se recomienda que, por comodidad y salud de la columna vertebral, tengan al menos un poco de tacón.

Si son de piel o charol, suela de cuero y tienen alguna hebilla discreta, pueden aportarle a tu look informal cierta elegancia.

MULES

Looks informales a semiformales. Sólo para épocas de calor. Sin medias.

Cualquier tipo de prenda.

Tacón con punta y talón abiertos, cubre el empeine, sin correas.

BOTAS DE COMBATE

Botas pesadas, con agujetas, sin tacón, suela de cuero o goma.

Looks informales. Sólo para épocas de frío: otoño e invierno.

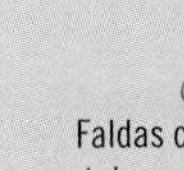

Faldas cortas, jeans, pantalones de algodón tipo chinos o caqui.

BOTINES

Se encuentran entre las botas cortas y el zapato, tienen tacón y dejan las pantorrillas descubiertas.

Looks informales. No usar en épocas de calor. Pueden usarse con medias.

Con pantalones cortos tipo shorts pero con medias gruesas.

Vestidos y faldas de cualquier tipo. Si son largas, que tengan caída suelta y ligera.

Con pantalones ajustados (por fuera) para looks más informales. Con pantalones anchos (por dentro) y suela de cuero, podrían usarse para dar un toque casual a looks ejecutivos.

SANDALIA ALTA

De tacón alto, con correas o sin ellas, dejan al descubierto los dedos de los pies, talones y empeine.

Looks formales y de etiqueta. Se usan sin medias. Para looks informales en épocas o lugares calurosos. Ideales con faldas y vestidos largos o jumpsuits.

EL MÉTODO DEL MAGO DE LA PERSUASIÓN
POR PAMELA JEAN

PASO 1: CAUTIVA
¡Más
IMAGEN VOCAL OK
IMAGEN FÍSICA
LENGUAJE CORPORAL OK
PSICOLOGÍA DEL COLOR
REPUTACIÓN OK

PASO 2: COMPRENDE
Uso el método PATACHA de escucha efectiva
Escucho con empatía, sin juzgar.
¿Será Águila, Castor, Elefante o Mono?
¿Qué necesita? ¿Qué lo motiva? ¿Qué cree?

PASO 3: CONECTA
FOCO DE ALTO VOLTAJE
FOCO AHORRADO DE ENERGÍA
AJUSTO MI ENERGÍA Y HAGO DE LAS EMOCIONES MIS ALIADAS.

PASO 4: COMUNICA
SÚPER ARGUMENTO PODEROSO
CLARO
ASERTIVO
RELEVANTE INTERESANTE MEMORABLE

PASO 5: CONVENCE
TODOS GANAN

PASO 3: CONECTA
LA GENTE ELIGE CON LAS EMOCIONES

Cuando era adolescente sentía una gran admiración profesional por varias personas que curiosamente tenían una semejanza; al hablar entre ellos utilizaban expresiones como:

"Estoy agotado, echándole muchas ganas."
"La vida es una lucha que hay que vencer."
"No puedo del cansancio, no he parado en toda la semana."
"Mi agenda es un caos, no tengo tiempo ni para respirar."
"Siento que vivo en un *rally*."
"Tengo tantas cosas que hacer que no sé ni por dónde empezar."
"Estoy saturado."

Entonces, cuando empecé a desarrollarme profesionalmente, sentía que usar ese tipo de palabras o frases significaría que estaba teniendo éxito en mi trabajo. Que si mi agenda estaba saturada, entonces todo iba viento en popa.

Pero lo único que pasó es que empecé a sentirme realmente agotada, estresada, presionada y no estaba disfrutando como creía que disfrutaría el "tener éxito".

Un día compré un libro de la doctora Rosa Argentina Rivas Lacayo que se llama *Saber pensar*,[15] y me cambió la vida.

"Cada una de las cosas que nos decimos a nosotros mismos, así como cada una de las películas que proyectamos en nuestra mente, son información que el cerebro procesará casi de manera literal", leí.

"No son los eventos los que nos afectan, sino la actitud que nosotros asumimos ante los eventos", continué leyendo.

---

15 Rosa Argentina Rivas, *Saber pensar: dinámica mental y calidad de vida*, Urano, Barcelona, 2008.

"Nuestro manejo del estrés depende en gran parte de nuestra actitud mental frente a los estímulos", wow.

A través de sus líneas comprendí que cuando hacemos o pensamos algo con agrado, que nos resulta placentero o motivador, entonces nuestro cerebro genera estrés, lo cual a través de la adrenalina nos hace sentir motivados.

Pero si nuestra percepción sobre lo que vamos a hacer es negativa, entonces generamos un tipo de estrés poco conveniente que se llama distrés, gracias a una sustancia llamada cortisol, que deteriora nuestro metabolismo, tejidos y sistema inmunológico. Además nos vuelve irritables y tendientes a reaccionar de manera negativa a los sucesos que se presentan.

Para modificar nuestras reacciones hay que modificar nuestras actitudes, y las actitudes son resultado de nuestros pensamientos.

Ahora, la pregunta del millón: ¿qué conforma nuestros pensamientos?

¡Las palabras!

Claro, el lenguaje conforma nuestras percepciones de la realidad. Las palabras generan reacciones internas que definen nuestros resultados. Por lo que si queremos cambiar nuestros sentimientos, actitudes, reacciones y resultados, ¡tenemos que empezar por cambiar nuestras palabras!

Cuando me cayó el veinte empecé a dejar de referirme a mis días, semanas, planes, agenda y citas como un problema, un caos, sino más bien como algo que me emocionaba mucho hacer. Mis frases se transformaron:

"Tengo una semana increíble, llena de actividades, voy a conocer gente espectacular, y con cada cita voy a acercarme más a mis sueños."

"Hoy fue un día muy emocionante, repleto de experiencias muy nutritivas."

"Todo me sale perfecto, no hay razón por la cual luchar ni contra quien hacerlo, los demás son mis aliados, las situaciones mis maestras."

Y transformé mi experiencia.

¿Y qué tiene que ver esto con nuestra habilidad para conectar?

Estás a punto de descubrirlo. Pero primero quiero hacerte un gran regalo, y es precisamente la posibilidad de aprender de una de mis más grandes maestras, directora del método Silva[16] en México, Centroamérica y Panamá, fundadora y presidenta de la Asociación Latinoamericana de Desarrollo Humano en siete países de América Latina y autora de *Saber crecer*, *Saber pensar* y *Saber perdonar*. Cuyos estudios y experiencia profesional abarcarían un capítulo completo y a quien, tiempo después de leer sus libros, tuve la fortuna de conocer en Radio Centro cuando yo conducía *Día a Día* y ella el programa *Descubre tu Mente*, cuyo éxito superaba ya los 18 años. Así que no pude dejar pasar la oportunidad de decirle: "Doctora, nadie mejor que usted para presentar este capítulo".

Y por fortuna me tomó la palabra.

La importancia del cerebro emocional

Por la doctora **Rosa Argentina Rivas Lacayo**

Nuestras emociones son la sal de la vida. Las decisiones más importantes: elegir una pareja, hacer una carrera, optar por un trabajo, casi siempre las tomamos con base en lo que sentimos.

Todo estímulo, por la propia estructura de nuestro cerebro, llega primero a la amígdala, la "señora" responsable de nuestras respuestas emotivas.

En la comunicación, cuando deseamos conectar, te propongo siempre iniciar y cerrar con una frase de impacto re-

16 El curso básico del método Silva es el resultado de investigaciones científicas desde 1944 hasta ahora. Reúne una serie de estrategias y técnicas con aplicaciones prácticas que se han diseñado en un orden secuencial y progresivo respecto a su importancia, para permitir a cualquier persona un mayor conocimiento y desarrollo de sus facultades y capacidades, lo que hace que influya directamente sobre su calidad de vida y evolución como ser humano. www.metodosilva.com.

flexivo que conlleve emotividad, que despierte el interés aunado a las necesidades de nuestro escucha. Formula preguntas reflexivas que lleven a cuestionar necesidades para las cuales tú puedes dar opciones.

Por otra parte, se ha confirmado que el sentido del humor es uno de los aspectos más atractivos para el éxito de una presentación o un mensaje, usarlo en determinados contextos te ayudará a conectarte afectivamente con tus interlocutores.

Tu propio convencimiento respecto a tu tema, comunicarlo de manera entretenida y nunca perder el contacto visual hará posible un contacto emotivo mucho más profundo. Hacer vibrar la fibra afectiva sólo será posible a través de un trato cercano y amable que pueda crear una atmósfera de cercanía y confianza.

Procura siempre:

- Expresar gratitud.
- Creer y vivir valores de acuerdo con lo que expones.
- Proyectar tu propia interioridad personal.

La realidad de nuestro exterior siempre será un reflejo de nuestra propia realidad interior. El conocimiento y el entusiasmo conforman el carisma de una persona, que quiere decir el espíritu dentro de ti. Se traduce de la palabra griega *kharisma* como don gratuito y se relaciona con la misma raíz que *kharis*, gracia.[17]

Atiende y nutre tu propio carisma y por encima de todo recuerda: gana el corazón de aquel de quien quieres ganar su inteligencia. Eso es conectar.

¡Gracias, Rosita!

17 Recuperado de https://es.wikipedia.org/wiki/Carisma#cite_note-3 el 3 de octubre de 2018.

1
TRUCO

GENERA TU ESTADO INTERNO PROPICIO

Revelación: Las emociones se contagian

Proyectarte como una persona segura de ti misma es un recurso indispensable para ganarte la confianza de los demás, para que te escuchen con atención, para que hagan lo que pides y logres influir en ellos, para negociar eficientemente, para vender y venderte, para encontrar trabajo, ¡incluso para encontrar pareja!

Pero, ¿cómo hacer para que los demás nos perciban como personas seguras y determinadas? ¿Qué factores de mi comunicación influirán en dicha percepción? Y mejor aún, ¿cómo hacer para sentirme así sin tener que actuarlo? Como dice la doctora Rosa Argentina, ¿cómo dejar que mi carisma brille por sí mismo?

Antes de revelarte los trucos, haz una pausa y... ¡engarrótate!, prohibido ajustarte o moverte. Ahora observa tu postura. ¿Qué comunica? ¿Qué pensarían las personas que están a tu alrededor sobre lo que están observando en ti? Dirían: "Esta persona se siente... ¿cómo?"

Ya lo hablamos en CAUTIVA, el lenguaje corporal comunica, punto. La gente a tu alrededor recibe muchos mensajes conscientes o inconscientes a través de tus ademanes, gestos y postura, eso ya lo dominamos a estas alturas, pero de lo que no hemos hablado aún es de lo mucho que le comunica tu lenguaje corporal a tu mente. Así que, en este contexto, observa de nuevo tu postura, tus gestos y replanteemos la pregunta: ¿Qué pensaría tu mente sobre lo que está percibiendo de ti? Diría: "En este momento nos sentimos... ¿cómo?"

Porque lo que te respondas de manera honesta y objetiva es probablemente lo que tu mente piensa también. Y el problema o la fortuna es que actuará en consecuencia. Es decir, si tu mente percibe que tu gesto y postura son de una persona triste, entonces segregará los químicos necesarios para que lo de adentro combine con lo de afuera, y te sentirás triste. Y, ¡ojo!, si esa postura o gesto ya son un hábito en ti, algo que repites sin darte cuenta, es probable que acabes dándole la bienvenida a la depresión. Si tu mente percibe que tu gesto y tu postura son de alguien tímido o inseguro, elevará tus niveles de cortisol para darte gusto, ¡y vaya que acabarás estresado! Repítelo en el tiempo y dale la bienvenida a la falta de autoconfianza y autoestima. Y así sucesivamente...

Tu cerebro, encerrado dentro del cráneo, solamente puede enterarse de lo que sucede en el exterior, de lo que estás viviendo, a través de los siguientes informadores:

- Tus **cinco sentidos** regidos por ojos, oídos, piel, nariz y papilas gustativas.
- Tu **voz interior**, también conocida como mente o conciencia. Es decir, aquello que percibes de lo que vives, lo que le comunicas a tu cerebro a través del lenguaje que tienes contigo mismo.
- Tu **cuerpo**: gestos, ademanes, movimientos, postura.

Esto quiere decir que si bien tenemos una propensión natural a ser reactivos y actuar de acuerdo con los impulsos que nos dicta nuestro cerebro más básico, conocido como reptiliano[18] —la parte de la mente más antigua del proceso evolutivo, que nos genera impulsos vitales (paralizarnos, huir o pelear)—, y el límbico[19] —que genera las emociones primarias (cólera, alegría, miedo y tristeza)—; sólo los seres humanos poseemos la capacidad de controlar esos impulsos, racionalizar y tomar decisiones. Esta capacidad nos la otorga la parte más moderna del cerebro que nos diferencia de otros seres vivos: el neocórtex o corteza prefrontal.

---

18 El complejo-R, también conocido como el cerebro reptiliano, incluye el tronco del enféfalo y el cerebelo.

19 Formado por partes del tálamo, hipotálamo, hipocampo, amígdala cerebral, cuerpo calloso, septo y mesencéfalo.

Entonces, si aprendemos a dirigir nuestra propia atención de manera deliberada e inteligente para que nuestros sentidos, nuestra voz interior y nuestro cuerpo funcionen a nuestro favor, el cerebro responderá a los impulsos que le mandemos y generará el estado emocional interno que combine con ellos.

Imagina tu cerebro emocional como un ecualizador...

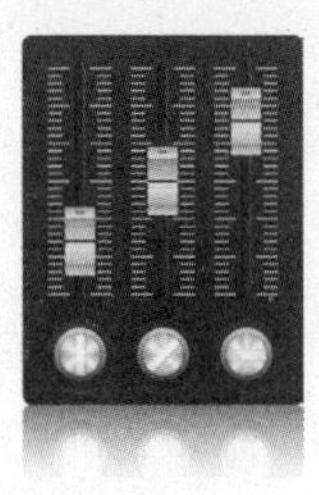

Ahora imagina que cada botón y cada perilla llevan el control de tus diferentes emociones. Puesto que ahora puedes imaginar tu cerebro emocional como un aparato capaz de ser manipulado —aquí sí aplica manipular, porque se refiere a gestionar a través de las manos—, entonces eres capaz de decidir qué emociones necesitas hasta arriba, cuáles a la mitad y qué otras de plano hasta abajo, así como en un ecualizador de sonido gestionarías el volumen, eco, agudos, medios y graves de acuerdo con los resultados que estés buscando.

Pero, ¿cómo lograrlo?

Aprovechando este maravilloso descubrimiento, ¿qué te parece si le cuentas a tu cerebro una que otra mentirita para beneficio de ambos (es decir, de él y tuyo)?

Si tú no le dices, yo no le diré, ¡shhh!

Déjame explicarte cómo hacerlo.

Existen varias técnicas para llenarte de poder, ¡exploremos algunas! Pruébalas y quédate con las que más resultados te den y más te acomoden.

1. El poder de las visualizaciones

Un dato curioso muy interesante es que nuestro cerebro no es capaz de distinguir entre aquello que imaginamos y la realidad.

Prueba de ello es que cuando dormimos y soñamos creemos que todo lo que estamos viviendo es real, incluso somos capaces de ver, escuchar, percibir olores y sensaciones, y sentir emociones. Y nos damos cuenta de que se trataba de un sueño, ¡hasta que nos despertamos y presenciamos una nueva realidad!

¿Quieres otra prueba? Lee primero las instrucciones, después cierra los ojos y visualiza con lujo de detalle lo que aquí te indico:

- Imagina que vas a la cocina... abre el refrigerador, ¿sientes el frío?
- Busca un limón y tómalo con una de tus manos.
- Observa su color, percibe su temperatura y textura, su tamaño.
- Ahora toma con la otra mano un cuchillo y parte el limón.
- ¿Tiene semillas o no?
- Llévalo a tu boca y deja caer unas gotitas en tu lengua...
- ¿A qué sabe? ¿Es ácido, algo dulce o completamente amargo?
- ¿Te gusta?

Ahora nota la salivación que, como respuesta, provocó tu boca. No tienes que concentrarte demasiado para darte cuenta de que produjiste la misma respuesta física que si en realidad hubieras exprimido el limón sobre tu lengua, ¡y el limón era sólo un engaño, una visualización! ¿Te fijas?

Por eso, ¡engañemos a la mente! La próxima vez que vayas a tener una cita, reunión o presentación que te tenga nervioso y te haga sentir inseguro, recuerda que es la incertidumbre la que desata nuestros nervios y estrés. Por ello y gracias a lo que ahora sabemos, engañaremos a nuestra mente haciéndole pensar que esta situación nueva y desconocida no es ni nueva ni desconocida para nosotros, que ya la hemos vivido anteriormente y que obtuvimos resultados positivos y maravillosos.

¿Cómo?

¡A través de la visualización!

RETO DE VISUALIZACIÓN

Una noche o unas horas antes, siéntate cómodamente y cierra los ojos. Ahora imagina que te despiertas emocionado y motivado, y te preparas para tu cita. ¿Qué ropa eliges y qué comunicas con ella? ¿Cómo te peinas? ¡Te ves espectacular frente al espejo! Sales de tu casa. Llegas a tu cita puntual, sin prisas, todo está saliendo perfecto. Entras al lugar, ¿cómo es?, ¿quién te recibe? Te sientes cómodo y en dominio absoluto de la situación. Ahora imagina que tu cita ocurre. ¿Qué dices y cómo lo dices? Visualízate asertivo, audaz, inteligente y seguro de ti mismo. Imagina la respuesta positiva de tu interlocutor, el resultado ideal. Sal de tu cita, ve al baño, mírate al espejo y sonríete a ti mismo por los excelentes resultados. Eres tu mejor aliado. ¡Listo, buen trabajo!

¿Quieres que te guíe a través de esta visualización? ¡Descarga el audio aquí! Para vivir una experiencia única, te recomiendo escucharlo con audífonos.

"Pero Pam, ¿de qué sirve este engaño si yo sé que es mentira?"

¡No importa! Fíjate. Al día siguiente, cuando te prepares para la situación real, tu mente pensará que ya la ha vivido anteriormente y que obtuvo resultados extraordinarios (gracias a la visualización). Por ende, le resultará más fácil y se sentirá más cómoda repitiendo comportamientos y conductas positivas que cree que ya conoce, y así te encaminará a obtener dichos resultados de una forma más fluida y natural. Como consecuencia, un gran porcentaje de incertidumbre desaparecerá y la seguridad inundará tu cuerpo, tu mente y tus emociones. De esa manera podrás sentirte y proyectarte seguro, sin necesidad de actuarlo. También te ayudará a prever y preparar con anticipación aspectos que o hubieras considerado antes de la visualización. Funciona como un ensayo.

2. Las posturas de poder

Estudios no tan recientes y descubrimientos recientes realizados por especialistas como Carroll Izard, que contribuyó enormemente a la teoría diferencial de las emociones y Amy Cuddy, psicóloga y profesora de la Universidad de Harvard, demostraron que basta ajustar nuestro cuerpo durante un par de minutos, recreando una sonrisa o una postura de triunfo y seguridad, para que nuestro cerebro piense que en realidad nos sentimos así y que lo que estamos viviendo es muy positivo. Como consecuencia, automáticamente ajustará nuestra respuesta bioquímica (reduciendo nuestros niveles de cortisol y aumentando los de testosterona) ocasionando que acabemos por sentirnos verdaderamente seguros y triunfantes. Un par de posturas y gestos de poder que puedes implementar durante dos o tres minutos para lograr estos resultados son los siguientes:

✦ Párate con las piernas firmes y ligeramente abiertas, bien erguido, levanta los brazos hacia arriba con los puños cerrados como si hubieras ganado una carrera, levanta la mirada al cielo y sonríe con cada músculo de tu cara. (Si puedes hacerlo bajo el sol, será aún más efectivo, ya que la luz solar nos estimula, ayudándonos a producir endorfinas, las hormonas de la felicidad).

✦ Sonríe. ¡Como si fuera en serio! Una sonrisa sincera, conocida por los expertos en microexpresiones faciales como sonrisa Duchenne, por la activación muscular que genera (como se ve en la ilustración), es una de las herramientas más poderosas que existen en muchos niveles, y cuando se trata de generar un estado interno propicio, ¡es de lo mejor!

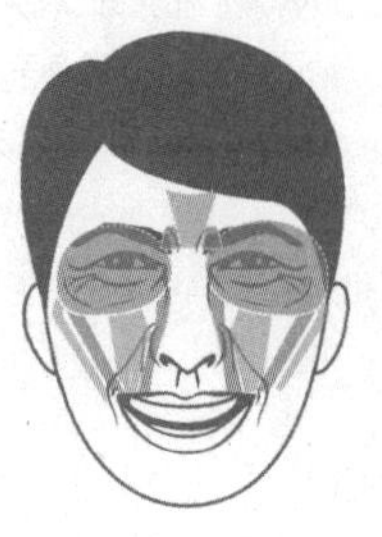

Los músculos que se activan con una sonrisa completa ¡son únicos! Al activarse juntos mandan una señal particular al cerebro que inmediatamente segrega las hormonas y bioquímicos de la alegría (endorfinas, serotonina, dopamina y oxitocina), generando un cambio en tu estado emocional que los demás percibirán, haciéndote más atractivo y carismático. No basta sonreír con los labios, debes de sonreír también con los ojos.

Y probablemente estás pensando: "Pero si sonrío es porque ya me siento alegre, ¿qué caso tiene, Pam? Pues ahí radica la magia. Léeme con atención.

Precisamente Carroll Izard descubrió que el orden de los factores en este caso no altera el producto: sentirte alegre te hará sonreír, pero sonreír sin razón aparente también te puede hacer sentir alegre.

Los más grandes maestros de mi vida están dentro de mi propia familia, entre ellos mi "pallino" Rafael Tirado, quien siempre estuvo pendiente de mis movimientos (suertudota yo) y siempre buscando cómo sumar. Cuando supo que estaba escribiendo sobre esto, poco tiempo antes de partir de este mundo, tuvo a bien compartirme una anécdota de William James —uno de los grandes psicólogos y filósofos de Estados Unidos— que nos queda como anillo al dedo para resumir esta herramienta.

> **Una vez le preguntaron a William James cuál consideraba que era el descubrimiento más importante en el campo del desarrollo humano en los últimos 100 años. Su respuesta fue la siguiente: "Hasta ahora se pensaba que para actuar había que sentir. Hoy se sabe que el sentimiento aparece cuando empezamos a actuar. Éste es para mí el descubrimiento más grande del siglo en el campo del desarrollo humano. El comportamiento cambia el sentimiento, el sentimiento cambia el pensamiento.**

¡Gracias, Rafis!

Así que, si no te sientes bien y no te nace sonreír, ¡oblígate! Finge una sonrisa Duchenne por unos segundos (de preferencia frente al espejo) y sentirás cuánta magia orgánica se producirá dentro de ti.

3. El poder de lo que te dices a ti mismo

Vuélvete consciente de lo que te dices a ti mismo acerca de lo que vives. Las situaciones no son ni buenas ni malas, solamente son. Los que le atribuimos un juicio de valor somos nosotros. Con base en nuestras creencias, le damos un significado positivo o negativo a lo que vivimos, y entonces sufrimos, nos preocupamos, nos avergonzamos o nos sentimos alegres y agradecidos respecto a una situación determinada. De esto habla también, de manera profunda y clara, Rosa Argentina Rivas Lacayo en su libro *Saber pensar*. ¡Así que cuidado! Si la gente te voltea a ver y tú te dices: "Seguramente es porque vengo mal vestido", si alguien bosteza y tú te dices: "Ya lo aburrí con mi conversación", si alguien a la distancia se ríe y tú te dices: "Se está riendo de mí", si te equivocas y te dices: "Van a pensar que soy tonto", y un sinfín de etcéteras, automáticamente tu cuerpo lo dará por hecho, tu cerebro se comprará la idea y producirá toneladas de cortisol (la hormona del estrés) en tu cuerpo, para que tus deseos se vuelvan realidad y acabes por sentirte estresado e inseguro. Y, adivina qué, justo eso es lo que proyectarás. Para evitarlo, mantente alerta de tus pensamientos, y cuando detectes esas ideas negativas inmediatamente y de forma consciente cámbialas por una positiva: "Seguramente me voltean a ver porque tengo una gran presencia", "seguramente bosteza porque está cansado, sin embargo le interesa tanto lo que digo, que sigue aquí poniendo toda la atención", "cualquiera podría equivocarse, voy a demostrarles lo hábil que soy para solucionar problemas", etcétera.

RETO 1 DE COMUNICACIÓN CONTIGO MISMO

Haz una pausa ahora y toma una hoja de papel. Escribe en ella alguna situación de tu pasado o de tu presente que te haga sentir frustrado, enojado, triste; escríbela como si estuvieras contándosela a alguien más y ¡tírate al drama! En serio... Es tu momento. (No avances en el reto hasta no terminar de escribirla, el factor sorpresa es clave.)

¿Ya?

Ahora, en otra hoja de papel escribe de nuevo esa historia pero desde una perspectiva completamente distinta. Escríbela como si estuvieras dando una buena noticia o como si fuera una bendición que te permitió crecer y aprender, o escríbela como si fuera una situación graciosa o chusca, ríete de ella... ¡o búrlate! ¿Cómo cambiaría la manera en que la cuentas?

¿Listo?

Ahora dime, ¿te sientes igual respecto a esa situación? No, ¿verdad?

¡Magia!

RETO 2 DE COMUNICACIÓN CONTIGO MISMO

Dentro de lo que te dices a ti mismo, se encuentra el tipo de información que consumes: programas, series, libros, revistas, música, etcétera. Todo eso influye en tu estado de ánimo. Es muy importante que pongas atención a aquello con lo que estás alimentando tu mente y tus emociones, sobre todo minutos antes de una cita importante. Por esta razón, si lo tuyo es escuchar música todo el día, te recomiendo más que hagas una lista de reproducción para cada estado de ánimo que quieres generar y las gestiones de manera consciente, en lugar de dejarlo a la suerte o a voluntad del programador de música en la estación que siempre escuchas. ¡Imagínate que justo minutos antes de llegar a esa reunión determinante, aparece una canción que te recuerda a la persona que te pintó el cuerno y te hizo sufrir, o a tu abuelito que falleció hace tres meses! Tu estado de ánimo se va al piso y con él, tu posibilidad de transmitir confianza y proyectar seguridad.

Te dejo aquí, una lista de reproducción cortesía de *la* Jean (y muchas personas que me mandaron recomendaciones en Facebook, ¡gracias!), para subir tu estado de ánimo y sentirte empoderado. Úsala como referencia o en una emergencia, pero de preferencia, arma la tuya con tus rolas y las que de aquí te latan.

Pero ésos no son todos los trucos que existen para cambiar tu estado interno y asegurarte de ser la versión 2.0 ultraturbo de ti en cada situación importante, por suerte conozco a alguien que es un experto en cambios de estado y que durante muchos años se ha dedicado a brindarle a su público y clientes herramientas para sentirse más seguros cuando están a punto de reunirse con quien pudiera ser el amor de su vida. ¿Te acuerdas del Leopi que mencioné al principio cuando hablé de Los Leftovers? Bueno, pues ese Leopi no sólo es un músico virtuosísimo, sino que además es fundador del Efecto Leopi.[20] La gente lo conoce como el "Hitch mexicano", ¿te acuerdas de la película de Will Smith en la que interpreta a un personaje llamado Hitch que se dedica a asesorar a la gente para conquistar a su *pior-es-nada* y salirse con la suya? ¡Pues justo eso hace Leopi... pero mejor! Lo hace de persona a persona, en cursos y talleres, y en conferencias alrededor de todo el mundo. Y como resulta que este individuo es mi hermanito adoptivo, me lo conchabé para que compartiera en este libro algunos de sus trucos. Échale un ojo a lo que escribió para nosotros.

20 www.elefectoleopi.com.

El efecto persuasivo de Leopi

Por **Leonel Castellanos "Leopi"**

¿Te acuerdas cómo te sentiste la última vez que estuviste eufórico? ¿Cómo te dolía la panza y los cachetes mientras te atacabas de la risa en otra ocasión? ¿La emoción que sentías justo antes de aquel primer beso? (ayñ...) Acuérdate, haz la imagen en tu mente, y te vas a dar cuenta de que la sensación está en tu cuerpo, la estás reviviendo. Entre más tiempo pases pensando en ella, entre más detallada y descriptiva sea la imagen, entre más sentidos se vean afectados por lo que estás pensando, más potente es la sensación.

Y ahora... estás sonriendo.

Acabo de hacer que generes un estado interno fuerte y positivo, sólo haciéndote imaginar o recordar cosas.

¡*Cool*! ¿No?

Tener un estado interno adecuado y fuerte, dirigido a la sensación que queremos crear en un interlocutor, es un porcentaje gigante de ser un mago de la persuasión. Piénsalo. ¿Cuántas veces le has comprado a un vendedor porque "te cayó bien"?, ¿cuántas veces estuviste en una relación porque la "forma de ser" de la persona terminó por convencerte?, lo más probable es que sean varias, y si contestas que nunca, lo más probable es que sean varias, y no te diste cuenta.

Es invisible a veces, es imperceptible conscientemente, es como magia... persuasiva.

Pero este tipo de magia genera aún más magia. Sí. Tener un buen estado interno es contagioso; cuando alguien más se ríe, uno se quiere reír; cuando otra persona bosteza, te dan ganas de bostezar; cuando eres impactante, la gente quiere sentirse así, la gente quiere estar contigo, la gente querrá decirte que sí. Y no sólo eso, si tú estás en un estado positivo, y lo contagias, es más probable que la persona contagiada responda positivamente a las cosas que tú le pidas. ¿Por qué? Si estás enojado, frustrado, de malas, preocupado, etcétera, es más probable que respondas negativamente a más cosas, pero cuando es al revés te sientes más propenso a decir que sí a propuestas y así es como mágicamente, con un buen estado interno, se persuade a alguien.

Y ahora que tengo tu atención y estás un poco impresionado, déjame te cuento que pasarán aún más cosas. Sí, un buen estado interno generará un lenguaje no verbal positivo, generará sonrisas, generará una buena postura física, generará que mires a los ojos, generará que puedas concentrarte en todo lo demás que necesites para persuadir; que no cargues en esa comunicación con miedos, frustraciones, tristezas y obviamente esto no aparezca en tu lenguaje no verbal, ni en tu imagen, vaya, ¡ni siquiera en tus textos y escritos! ¡Woohoo!

Aquella chica que no pudiste conquistar... pudo ser consecuencia de no saber esta información. Aquel aumento de sueldo que pediste y nunca llegó, también. Aquel trabajo que no conseguiste, o amigo que no hiciste...

Pero no recordemos lo negativo, imaginemos lo positivo.

Vamos a aprender a generar estados positivos potentes que hagan que todas tus siguientes interacciones con otros humanos sean positivas, impactantes, fáciles e incluso divertidas.

¿Listo?

RETO CAMBIO DE ESTADO

- Tienes que estar consciente de que éste es un músculo que hay que desarrollar, o sea para aprender a hacer esto bien habrá que repetir el ejercicio muchas veces.
- Para la práctica, encuentra un lugar donde no te interrumpan, apaga el celular, colócate en una posición cómoda y sigue las instrucciones.
- Recuerda o imagina una situación que genere el estado que quieres alcanzar, en este caso un estado

de asertividad, seguridad, creatividad, confianza, preparado para persuadir.

✦ Una vez que tengas la imagen en tu mente, haz que sea lo más impresionante que puedas imaginarte, aumenta tamaño, colores, olores, sonidos, sensaciones, etcétera. Queremos que la imagen mental sea tan potente que genere una sensación física en tu cuerpo.

✦ Una vez que logres tener una sensación en tu cuerpo, pon atención a qué sientes, lo que sientes ¿se mueve?, ¿hacia dónde?, ¿gira?, ¿hacia dónde? Es importante que identifiques esto.

✦ Una vez identificado el movimiento de la sensación quiero que mentalmente ordenes a tu cuerpo que la sensación aumente, o gire más rápido o se expanda, hasta que de verdad se manifieste la sensación externamente en tu cuerpo. ¿Cómo?, tal vez con manos sudorosas, una sonrisa, respiración agitada, sensación de emoción, etcétera, cosas que evidencien que tu estado de ánimo ha sido alterado hacia un lugar positivo y potente.

✦ Escoge un estímulo (lo que llamamos "Anclas" en la PNL) y aplícalo justo en el momento antes de alcanzar el clímax de la sensación. Puede ser visual (te imaginas algo), auditivo (te dices algo) o táctil o kinestésico (te tocas algo). Es importante que para cierto estado siempre uses la misma ancla (el estímulo). Un ejemplo de ancla kinestésica podría ser tocarte la oreja derecha en el momento en que la sensación es más fuerte. Apréndete bien la presión, lugar, mano, ángulo con que instalaste el ancla, siempre debe ser igual.

✦ Practica por lo menos un mes, diario, generar ese estado y poner / reforzar esa ancla cada vez.

RETO DE VISUALIZACIÓN

Una noche o unas horas antes, siéntate cómodamente y cierra los ojos. Ahora imagina que te despiertas emocionado y motivado, y te preparas para tu cita. ¿Qué ropa eliges y qué comunicas con ella? ¿Cómo te peinas? ¡Te ves espectacular frente al espejo! Sales de tu casa. Llegas a tu cita puntual, sin prisas, todo está saliendo perfecto. Entras al lugar, ¿cómo es?, ¿quién te recibe? Te sientes cómodo y en dominio absoluto de la situación. Ahora imagina que tu cita ocurre. ¿Qué dices y cómo lo dices? Visualízate asertivo, audaz, inteligente y seguro de ti mismo. Imagina la respuesta positiva de tu interlocutor, el resultado ideal. Sal de tu cita, ve al baño, mírate al espejo y sonríete a ti mismo por los excelentes resultados. Eres tu mejor aliado. ¡Listo, buen trabajo!

¿Quieres que te guíe a través de esta visualización? ¡Descarga el audio aquí! Para vivir una experiencia única, te recomiendo escucharlo con audífonos.

"Pero Pam, ¿de qué sirve este engaño si yo sé que es mentira?"

¡No importa! Fíjate. Al día siguiente, cuando te prepares para la situación real, tu mente pensará que ya la ha vivido anteriormente y que obtuvo resultados extraordinarios (gracias a la visualización). Por ende, le resultará más fácil y se sentirá más cómoda repitiendo comportamientos y conductas positivas que cree que ya conoce, y así te encaminará a obtener dichos resultados de una forma más fluida y natural. Como consecuencia, un gran porcentaje de incertidumbre desaparecerá y la seguridad inundará tu cuerpo, tu mente y tus emociones. De esa manera podrás sentirte y proyectarte seguro, sin necesidad de actuarlo. También te ayudará a prever y preparar con anticipación aspectos que o hubieras considerado antes de la visualización. Funciona como un ensayo.

2. Las posturas de poder

Estudios no tan recientes y descubrimientos recientes realizados por especialistas como Carroll Izard, que contribuyó enormemente a la teoría diferencial de las emociones y Amy Cuddy, psicóloga y profesora de la Universidad de Harvard, demostraron que basta ajustar nuestro cuerpo durante un par de minutos, recreando una sonrisa o una postura de triunfo y seguridad, para que nuestro cerebro piense que en realidad nos sentimos así y que lo que estamos viviendo es muy positivo. Como consecuencia, automáticamente ajustará nuestra respuesta bioquímica (reduciendo nuestros niveles de cortisol y aumentando los de testosterona) ocasionando que acabemos por sentirnos verdaderamente seguros y triunfantes. Un par de posturas y gestos de poder que puedes implementar durante dos o tres minutos para lograr estos resultados son los siguientes:

✦ Párate con las piernas firmes y ligeramente abiertas, bien erguido, levanta los brazos hacia arriba con los puños cerrados como si hubieras ganado una carrera, levanta la mirada al cielo y sonríe con cada músculo de tu cara. (Si puedes hacerlo bajo el sol, será aún más efectivo, ya que la luz solar nos estimula, ayudándonos a producir endorfinas, las hormonas de la felicidad).

se toma muy en serio los partidos, tanto que si las Chivas ganaban yo aprovechaba para pedirle todos los permisos del mes. Ah, pero no... si las Chivas perdían, no era un buen momento y menos cuando el permiso implicaba que él se desvelara el resto de la noche esperando a que su única y amada hija llegara sana y salva de regreso al nido.

—Champ, te juro que si le digo a mi papá de la fiesta me va a mandar a volar. No está de muy buen humor y tuvo una semana pesadísima, honestamente me da flojera pelearme con él —le comenté a mi amigo con fe, tal vez tendría alguna buena solución.

—Mira, Pam —contestó Champ—, vas a entrar a su cuarto cuando él esté ahí viendo la tele y de forma lenta, pausada y discreta, vas a empezar a abrir todos los cajones y puertas que te encuentres. Te vas a ir ganando su atención poco a poco, hasta que un poco consternado y molesto te pregunte: "¿Qué buscas?", y le vas a contestar: "Un permiso, ¿lo has visto por aquí?"

Lo hice...

¡Y fui a la fiesta!

Champ conocía el gran poder que tiene el sentido del humor creativo e inteligente, cuando se usa de manera respetuosa con el otro.

En otra ocasión, Champ llegó a su casa de un evento tarde y con unas cuantas copitas de más. Sabía que sus papás lo iban a regañar, entonces volvió a hacer de las suyas...

Era enero, había terminado Navidad. Ya los arreglos estaban en cajas que aún no guardaban en la bodega. Entró sigilosamente, agarró una tira de luces del arbolito de Navidad y se la enredó de la cabeza a los pies. Caminó en silencio hacia el cuarto de sus papás, abrió la puerta y sin prender la luz, ¡se conectó al primer contacto que encontró! Cuando sus papás voltearon, vieron a Champ envuelto en luces, bailando y cantando un villancico navideño.

No pudieron evitar las carcajadas. ¡Claro que estaban enojados! Pero los desarmó con sentido del humor. Lo regañaron pero, créeme, el castigo fue menor.

Nada más acuérdate de que si el sentido del humor es tu estilo, usarlo de una manera prudente e inteligente (sin hacerlo a costa de los demás) será un gran aliado para romper el hielo en una junta de trabajo, para aligerar una situación tensa y complicada que tenga a tu interlocutor incómodo, para permitir que la gente se ría de lo que normalmente la haría enojarse o avergonzarse. Si no conoces a esa persona, entonces sé cauteloso, no queremos que corras el riesgo de que piense que no la tomas en serio o que te estás burlando. Di no al sarcasmo ni humor negro en estos casos, a menos de que sepas que esa persona simpatiza particularmente con ese tipo de humor.

De hecho, ¡tomar un curso de *stand up* es una gran idea! El *stand up* te permite hacer burla de lo que normalmente incomoda. Que tomes un curso no implica que necesariamente vayas a pararte en los bares a hacer tu show ni que te vayas a dedicar a la comedia, pero te ayudará a abrir tu mente, ser más creativo y a entender el mecanismo de la risa para cambiar el estado interno de los demás.

Grandes comediantes como Gon Curiel (con quien yo tomé el curso) y Héctor Suárez Gomís, imparten estos cursos. ¡Búscalos! Te vas a divertir mucho y lo que aprendas te volverá más seguro, carismático y persuasivo.

Lo mismo ocurre con cursos de improvisación. La "impro" también te ayuda a pensar fuera de la caja, a replantearte lo ordinario para hacerlo extraordinario y darle un toque de gracia, además te ayuda a trabajar mejor en equipo. Ve a algún show o, mejor aún, capacítate. Tomar cursos de "impro" es de las cosas más divertidas y emocionantes que he hecho en mi vida. Alejandro Calva y Omar Argentino fueron mis maestros, ya sea con ellos o con quien gustes y mandes, pero date la oportunidad.

Es más, ¿te has dado cuenta de qué frecuente es ver a mujeres impactantes con hombres que no son muy atractivos ni millonarios? Muchas veces la respuesta es: "¡Es que me hace reír muchísimo!" Cuando alguien nos hace reír nos sentimos mejor a su lado, saca lo mejor de nosotros y por eso nos volvemos fácilmente adictos a esa persona. También el sentido del humor es, por lo general, una muestra clara de inteligencia y agilidad mental, lo que nos lleva a admirar a quien sabe usarlo.

Entonces, si tienes una cita con tu jefe o con un cliente con la intención de persuadirlo de algo y te enteraste de que está de mal humor porque justo unas horas antes recibió una mala noticia o tiene un día demasiado complicado, entonces tienes varias opciones:

✦ Si lo consideras prudente y existe esa posibilidad, cambia de día la reunión. El *timing*[21] es importante, y ése no es un buen momento para pedirle algo.

✦ Si de plano no puedes moverla, entonces opta por ser breve, evita llegar hablando de algo que lo pueda sulfurar o agobiar más. Si es necesario, toca el tema de manera empática y después cambia la conversación. Antes de entrar al tema principal del que vas a hablarle, desactiva su estado negativo con alguna artimaña como las siguientes:

a) Habla de algo que sabes que le gusta, permítele ahondar en el tema y regocijarse con él.
b) Si existe la confianza o hay alguna fotografía en su oficina, pregúntale por sus hijos (aún no conozco a nadie que no se ponga un poquito más feliz cuando habla de ellos). Sé siempre prudente, que no sienta que lo estás acosando.
c) Si tiene algún trofeo, pregunta sobre cómo lo ganó. Muestra verdadero interés.
d) Si ves en su oficina una foto de él con su familia en unas vacaciones, coméntale que estabas pensando ir a ese lugar pronto y pídele algunas recomendaciones, que te cuente cómo se la pasó (si la tiene ahí es porque tiene recuerdos positivos asociados a ella).
e) Si no encuentras nada que te permita hacer alguna referencia, puedes plantearle algún problema o duda que tengas, reconoce su trayectoria y experiencia (sin

21 El momento adecuado u oportuno.

adular, por favor, habla de algo que en verdad admires, recuerda que el ser humano huele la falsedad) y pídele algún consejo. Cuando alguien nos pide un consejo nos hace sentir importantes, capaces y reconocidos, eso mejora nuestro estado de ánimo. Ojo: si es Águila se breve, ve directo al grano. Hacerle perder su tiempo con demasiados detalles lo pondrá de peor humor.

✦ Escuchar con atención e interés a esa persona si de pronto se suelta hablando contigo sobre "algo", es una manera de ganarte su voluntad a través de la reciprocidad. Su mente pensará: "Él / ella me escuchó con interés, ahora me toca a mí hacerlo". La mayoría de la gente se rige consciente o inconscientemente por esta ley de la vida. Aprovéchala a favor de ambos.

Recuerda, prudencia y sutileza ante todo.

Magia para llevar

Genera su estado interno propicio para conectar:

Recuerda que el estado emocional en el que una persona se encuentre al momento de recibir tu mensaje influirá en la manera en que éste sea percibido y entendido. Y desde luego, ¡en la decisión que tome al respecto! Por ello, como mago de la persuasión deberás convertirte primero en un conductor de emociones capaz de arar y preparar la tierra en donde posteriormente sembrarás la semilla de tu mensaje, si realmente quieres que florezca y dé fruto.

"La única manera de cambiar la mente de alguien es conectar con ella a través del corazón."

—Rasheed Ogunlaruuinca

3 TRUCO

SIMILAR ES BUENO

Revelación: Establecerte como similar te hará ganarte su confianza

Dicen que el amor y el dinero mueven al mundo. Pero hay algo más poderoso, algo que engendra al amor y decide el rumbo del dinero, ¿sabes qué es?

A ver, te voy a dar una pista a través de las siguientes preguntas, confío en que podrás descubrirlo solo:

¿Qué hizo ese vendedor que te cayó *tan* bien que decidiste comprarle *lo que fuera* aun cuando en otro lugar lo ofrecían incluso más barato?

¿Qué hizo ese médico para que decidieras poner tu vida en sus manos (literalmente)?

¿Qué hizo tu pareja para que decidieras entregarte, presentarle a tu familia y dedicarle tu vida entera?

¿Qué hace tu compadre o mejor cuate para que decidas *netear* con él / ella y abrirle tu corazón, tus peores historias, las mejores también y todos tus problemas?

¿Qué hicieron tus padres, abuelos, tíos o aquella figura de autoridad a la cual te acercaste en tu adolescencia para preguntarle algo determinante o hacerle esa confesión importante?

¿Qué hace todos los días ese colaborador al cual delegas cosas de gran peso porque sabes que puedes contar con él?

¿Le seguimos o ya descubriste la palabra mágica?

Es más, ésta sí es súper obvia:

¿Qué es aquello que no nos transmiten la mayoría de los políticos y gobernantes el día de hoy?

Ding! Ding! Ding!

Exacto: confianza.

La confianza mueve al mundo.

Y una buena forma de transmitir confianza es a través del *rapport*.

Rapport[22] es aquello que sucede cuando dos o más personas sienten que están en "sintonía", que "tienen buena vibra", que "se conocen de toda la vida" y ocurre porque sienten que son similares o que se relacionan bien entre sí.

La clave del *rapport* es: aquello que se percibe como similar, se percibe como bueno.

¿Por qué? Pues porque nuestro inconsciente nos hace pensar que una persona que es similar a nosotros puede comprendernos, y si puede comprendernos puede darnos lo que necesitamos. Entender bien esta creencia básica arraigada en la psique de todo ser vivo nos permitirá convertirnos en unos magos de la persuasión, porque el primer paso para persuadir es siempre transmitir confianza.

Ahora, recuerda que si transmites confianza pero no la honras y respetas, si no eres alguien de fiar, estarás manipulando a través de mentiras y no persuadiendo, porque la persuasión radica en cuidar al otro, en un ganar-ganar.

Responde a la siguiente pregunta: ¿Por lo general, te identificas más con un foco de alto voltaje o con uno ahorrador de energía?

Las personas que se comportan como focos de alto voltaje se caracterizan por ser más extrovertidas, usar muchos ademanes ilustrativos, gesticular y expresar emociones, hablan con un volumen de voz alto, generalmente rápido, se mueven mucho y sus movimientos son marcados, amplios y veloces, viven de prisa, por lo general se ven seguras aunque podrían llegar a percibirse como ansiosas o nerviosas.

En cambio, las personas que son como focos ahorradores de energía suelen ser más observadoras que parlanchinas, son buenas escuchando pues no les interesa tanto ser el centro de atención, su voz es más pausada pues les gusta pensar muy bien lo que dicen, su volumen de voz es más bajo, sus movimientos tienen una cadencia más suave y lenta, gesticulan menos, te transmiten paz, viven como en un estado zen constante

22 Término francés que en español significa relación, entendimiento o compenetración.

y utilizan frases como: "Ya Dios proveerá", "tú fluye", "*let it be*" o "tú tranquilo, que yo nervioso".

Naturalmente todos interpretamos ambos tipos de focos en algún momento de nuestra vida, pero ¿en qué modalidad estás la mayor parte del tiempo?

Ahora piensa lo siguiente: ¿Qué sucede si conectas un foco de alto voltaje a una fuente ahorradora de energía?

Muy probablemente no encienda, no encuentre en esa fuente la suficiente energía como para activarse. Y si se enciende, probablemente dure poco tiempo prendido antes de apagarse de nuevo.

Entonces, si tú eres ahorrador de energía y frente a ti tienes a un foco de alto voltaje, necesitas igualarte, subir el nivel de energía que usas para comunicarte, hablar más fuerte y rápido, usar tu lenguaje corporal de manera similar (rítmicamente) a esa persona; de lo contrario le darás flojera, sentirá que le drenas la energía, dejará de escucharte pues su pensamiento va a mil y no lograrás motivarla. La única excepción es cuando se trata de conductas agresivas o que parten del enojo, ahí al contrario, mantente lo más ecuánime y neutral posible.

Por el contrario, ¿qué pasaría si conectas un foco ahorrador de energía a una fuente de alto voltaje?

¡Seguramente explotará! Es demasiada energía para lo que están acostumbrados a procesar.

Por ende, si eres un foco de alto voltaje y te encuentras frente a un ahorrador de energía, ¡bájale tres rayitas! Habla más despacio o esa persona se perderá en tu letanía, baja tu volumen o la pondrás nerviosa, no te muevas tanto porque podría sentir que invades su espacio o que la agredes, si su postura es cómoda con todo el peso relajado sobre el sillón y tú estás echado para adelante, sentado al filo de la silla, pensará que eres muy intenso, que estás ansioso o que la estresas.

Simplemente piensa, si habláramos de géneros musicales y tú estás en modalidad de rock o reggaeton y la otra persona está más bien en jazz o waltz, ¡no podrán bailar juntos! Así que ajusta tu ritmo al suyo y fluye.

Y aquí es donde ocurre la magia.

Cuando logres realmente conectar con la otra persona a través de esta técnica que te menciono, conocida en el bajo mundo como espejeo (y generalmente mal interpretada, pues se piensa que hay que imitar de manera exacta los movimientos del otro. ¡Imagina lo demente que te verías!), bueno, cuando lo hagas de forma efectiva, entonces podrás poco a poco irte moviendo hacia el estado de ánimo a donde quieres llevar a la otra persona. Si notas que te sigue, que empieza a imitar la cadencia o ritmo de tus movimientos, e incluso a utilizar posturas equivalentes a las tuyas, ¡entonces es momento de llevarlo física, emocional y racionalmente a donde quieres! Es el momento de subir su energía poco a poco mientras empiezas a ajustar la tuya a un estado de ánimo de mayor emoción o alegría, o de relajación y tranquilidad. Y entonces, cuando lo tengas ahí, ¡hazle tu propuesta!

Fíjate en este video ejemplificativo:

Otra manera de establecer *rapport* no verbal es a través de la ropa. Una vez, después de haber tomado mi certificación de Lenguaje Persuasivo: Magia Orgánica, mi tío Luis, quien se dedica a la venta de maquinaria y equipo para procesar lácteos, granos, etcétera, para grandes fabricantes y empresas, me llamó por teléfono para contarme una hazaña:

—Pam, ¿te acuerdas que te platiqué que tendría una reunión muy importante el día de hoy con unos productores de carne? Pues hice algo que jamás había considerado hacer anteriormente. Llegué con saco y pantalón, ya que iba a ver a personas de alto nivel. Al llegar, noté que ninguno de ellos vestía igual que yo, hacía mucho calor y estábamos en un rancho, así que ellos estaban vestidos con camisa, botas y jeans. Mi objetivo era hacerlos sentir cómodos, establecerme como similar y hacerles ver que comprendía sus necesidades y podía ayudarlos. Entonces me acordé de tu curso y pensé: "Empecemos por la ropa". Después de unos minutos de platicar fui al baño y me abrí el segundo botón de la camisa para verme menos acartonado, noté que ellos así lo tenían; al regresar me quité el saco y lo dejé sobre el respaldo de mi silla. Es increíble cómo un simple gesto de ese tipo me haya hecho sentir más cómodo, a ellos también, y permitiera que las cosas fluyeran mejor. En otro momento, sin tener esta información, me hubiera sentido incómodo y quizá no hubiera identificado por qué.

Piensa que no sólo lo que vistes, sino cómo lo vistes y la dinámica que puedes generar al ponerte o quitarte prendas durante una reunión: quitarte un abrigo, el saco, remangarte la camisa de repente, ponerte o quitarte los anteojos en determinado momento, todo eso comunica algo, y te puede ayudar a generar un gran impacto.

Empieza probando estos tips y notarás cambios impresionantes en la apertura que la gente tendrá hacia ti. Esto, aunado a tu capacidad para ser un conversador extraordinario y al arte de hacer preguntas inteligentes, te ayudará a convertirte en un ser maravillosamente carismático.

Magia para llevar

Establécete como similar y conecta:

✦ Cuando una persona nos percibe como similares siente que podemos comprenderla.

✦ Cuando una persona siente que podemos comprenderla tiene mayor disposición a escucharnos pues piensa que podemos ayudarla.

✦ **Para establecerte como similar sin perder tu esencia y sin mentir, simplemente genera *rapport* no verbal ajustando tu energía y la cadencia de tus movimientos al ritmo de la otra persona; después, ya que hayas conectado, podrás llevarla sutilmente y con armonía hacia el estado interno que consideras ideal.**

"La comunicación entre seres humanos es como la música: no importa que todos toquemos instrumentos que suenan distinto, mientras lo hagamos en armonía y al mismo ritmo."

RESUMEN PASO 3: conecta

Truco 1. Genera TU estado interno propicio. Cuida lo que te comunicas a ti mismo a través de tus cinco sentidos, tu voz interior y tu cuerpo. Visualiza, usa posturas de poder, sé consciente de cómo interpretas la realidad, cambia tu estado dirigiendo tu atención de forma inteligente.

Truco 2. Genera SU estado interno propicio. Llega a su mente a través del corazón. Toma en cuenta el momento, permítele hablar de algo que disfruta, sé empático, escucha con atención, reconócelo. Sé prudente y sutil.

Truco 3. Usa el *rapport* no verbal. Similar es bueno. Si te percibe similar, sentirá que puedes comprenderlo, y sólo si puedes comprenderlo podrás ayudarlo.

PASO 4: COMUNICA
NO ES LO MISMO HABLAR QUE COMUNICAR

Mamá, papá, pipí, popó, güa güa, leche, chupón...

Son algunas de las palabras que primero decimos cuando aprendemos a hablar, y una vez que nos soltamos como tarabillas y logramos que la gente nos entienda y haga lo que le pedimos, aprendemos a comunicarnos. Pero poco a poco los cachetitos sonrojados, gorditos y graciosos se nos van, también nuestras llantitas de niño Michelin, desaparece el tonito aniñado que derrite a cualquiera de ternura, y con él se va la sonrisa chimuela tan simpática que nos vuelve por demás elocuentes. Y entonces la cosa se pone buena, ¡ya no resulta tan fácil conquistar la voluntad de la gente con el simple hecho de hablar y exigir lo que necesitamos! Así que empezamos a vernos en la obligación de realmente comunicarnos. Y esa palabra implica muchas cosas.

Me gusta pensar en la comunicación como un arte. Y es que las diferentes manifestaciones de arte como la pintura, la música, la danza, parecen distintas pero son esencialmente similares. Surgen de los sentimientos, de la necesidad de comunicar un pensamiento o emoción, de transmitir algo; están sometidas a procesos creativos, requiéren de orden y estrategia, y sobre todo de mucha disciplina y dedicación para desarrollar el talento que nos permita convertir esos pensamientos y sentimientos en creaciones que impacten, cautiven, conecten e influyan en el receptor. Por eso la comunicación, la verdadera comunicación, es también una forma de arte.

Muchos podemos tomar un lápiz, colores, una hoja y dibujar; pocos pueden convertir esa expresión en un orgasmo visual que nos genere verdadero placer con sólo mirarlo. Muchos podemos tomar un tambor y golpearlo de forma más o menos rítmica; pocos pueden combinar los sonidos y silencios para crear una obra musical que penetre en cada una de nuestras células, evoque recuerdos e influya en nuestro estado de ánimo. Muchos podemos poner algo de música y mover nuestro cuerpo al compás; pocos pueden dominar su cuerpo y conquistar el escenario con una creación estética que te ponga la piel de gallina. De igual modo, muchos pueden emitir palabras y medio dar a entender lo que quieren, pero pocos pueden convertir sus palabras en arte para influir en las emociones y pensamientos tanto propios como ajenos para abrir las puertas que los conduzcan a la realización de sus más grandes sueños.

Por ello le pedí ayuda a uno de los artistas que más admiro por su talento, nobleza, grandeza y por su historia, para que nos ayude a reconocer la manera en que podemos convertir nuestra comunicación en arte.

Es reconocido a nivel mundial, nació en Cuba pero vive en Miami y es mexicano de corazón. El único que ha compartido un libro y una exposición con el gran Pablo Picasso, bajo el nombre PICASSO|LUNA.[23] Se trata nada más y nada menos que de Carlos Luna.

Observa una obra suya (que es de mis favoritas) en el pliego de fotos y luego, con ella en mente, lee lo que el maestro Luna nos comparte respecto al arte; rápidamente te darás cuenta en qué se parece el proceso que vive un artista de tal renombre para plasmar sus experiencias, historias, creencias y sentimientos en una obra, y lo que un mago de la persuasión debe tomar en cuenta en el arte de comunicar.

23 PICASSO|LUNA, publicado por el Museo de Arte de Fortlauderdale, Nova Southeaster University y Carlos Luna Images, 2008.

La comunicación en el arte
Por **Carlos Luna**

El arte es un medio de comunicación y lo hace constantemente, algunas veces de manera más explícita y directa que otras. En la obra de arte existe un contenido listo para establecer un diálogo con el que entra en diálogo con ella.

El proceso rara vez es el mismo. Las motivaciones y la necesidad de comunicar vienen de lugares diversos: de una frase, una canción, un momento agradable o uno incómodo. Sus fuentes, aunque diversas, son válidas.

A la hora de crear me es esencial estar presente, observar, sentir y meditar sobre las ideas y los pensamientos que surgen. Por otro lado, es imprescindible ponerle un orden a esa avalancha de ideas. No creo en la inspiración, creo en el ejercicio constante, en el trabajo diario. La musa es un mito, si me va a encontrar, debe hacerlo trabajando.

El ser humano está lleno de emociones y sentimientos, el aprender a convivir con ellos, reconocerlos como lo que son y ponerles orden permite utilizarlos como una herramienta más en el trabajo.

Los sentimientos y pensamientos son recursos y herramientas al igual que los colores, los pinceles, las formas y el entorno.

Aun cuando la experiencia individual de cada espectador escapa de mi control, me enfoco en la necesidad que tengo de comunicar a través de los medios que uso, considerando que cada persona es un contexto, un mundo propio e individual.

En el caso de un artista, es diferente cuando crea para sí a cuando trabaja en una comisión específica. Cuando trabajo para mí, el contexto al cual quiero expresarle soy yo mismo. Cuando la obra fue comisionada para un entorno específico debo tomar en cuenta que ese grupo posee características propias, las cuales, cuando se analizan, permiten efectividad en lo que se va a transmitir.

Aunque como artista utilice siempre mi propio lenguaje, tomar en cuenta al receptor le permite al artista ser efectivo en lo que quiere comunicar.

¡Gracias, querido Carlos!

¿Te fijas cuánta luz nos da el conceptualizar la comunicación como un proceso artístico?

El maestro Luna habla sobre cómo tanto el proceso de comunicación como el de creación para el artista, surgen de una intención, de una necesidad, no es un proceso improvisado que se da de manera aleatoria.

Menciona claramente la importancia de estar realmente presente en el momento de crear, como debemos estarlo al comunicarnos con cualquiera.

Hace énfasis en la relevancia que tiene observar, sentir y meditar sobre las ideas y los pensamientos que surgen, antes de plasmarlos, y no al revés, como muchas veces solemos hacerlo, como cuando escribimos una carta de amor: empezamos sin saber qué queremos decir y acabamos sin saber qué dijimos, hasta que la leemos y entonces reflexionamos. ¡Así no! En la comunicación, como en el arte, a veces sólo hay una oportunidad, y lo dicho no puede retirarse.

Es importante también la estructura, poner orden a las ideas antes de exponerlas a la luz. De la misma forma, reconocer los sentimientos como herramientas de creación y ponerles orden. Tomar en cuenta el contexto del receptor, que es quien dará significado a la obra o al mensaje, y a la vez ser siempre genuinos, para no perder nuestra esencia, aquella voz que nos hace únicos como artistas de la comunicación.

Comunicar, además, implica una gran responsabilidad. Es saber que nuestras palabras cambiarán el rumbo de los pensamientos de quienes nos escuchen, y eso influirá en sus vidas, sus decisiones y su entorno. Un gran ejemplo de alguien que está muy consciente de ello y con quien he tenido el honor de trabajar es Federico López, vicepresidente de La Costeña.[24]

24 Empresa mexicana de conservas alimenticias con casi 100 años en el mercado.

Federico me llamó un día muy preocupado: "Pam, me invitaron a ser presidente del Consejo de la Comunicación.[25] Es un honor muy grande que no quiero tomarme a la ligera, porque representa una gran responsabilidad estar al frente de un organismo tan importante y dar voz a las empresas de nuestro país. Entonces, no quiero aceptar hasta no aprender a comunicarme eficazmente para transmitir todo lo que voy a tener que transmitir".

Fue ahí en donde me dio la oportunidad de convertirme en su aliada, y trabajar con él ha sido un enorme ejemplo de constante crecimiento, humildad y verdadero liderazgo responsable.

Pero no sólo él por estar al frente de un organismo tan importante tiene esa responsabilidad. La tenemos todos. Con nuestros hijos, familiares, amigos, colegas, empleados, clientes, incluso con los desconocidos que nos topamos en la calle. ¿Has oído hablar del efecto mariposa? Éste dice que el aleteo de una mariposa en determinado lugar y tiempo puede provocar caos del otro lado del mundo. Pues la comunicación es un excelente ejemplo de este tipo de efecto. Así que debemos ser conscientes de lo que generamos tanto al hablar como al callar, y la manera en que podemos impactar positiva o negativamente en un sistema completo.

Así que, ¿cómo logro crear arte con mi comunicación? ¿Cómo comunicarme de forma efectiva y responsable? ¿Cómo usar mis palabras de manera eficiente para persuadir?

Pon atención a los siguientes trucos que te revelarán el camino.

---

25 Organismo de la iniciativa privada sin fines de lucro, concebido como una forma de participación social de los empresarios. Fundado hace casi 60 años, se distingue por realizar campañas de interés nacional a través de los medios de comunicación, orientadas a influir positivamente en el ánimo y los hábitos de la sociedad mexicana.

1
TRUCO

SÉ ASERTIVO

Revelación: Ni pasivo ni agresivo, el mago de la persuasión es asertivo

Cuando te quedas callado por miedo a exponer tus ideas o por temor al qué dirán... eso no es prudencia ni asertividad, es timidez.

Cuando alguien te hace daño, viola tus derechos laborales o te ofende de alguna manera y guardas silencio; cuando no dices lo que te molesta para evitar conflictos o por temor a que te corran o a perder afectos, eso no es asertividad, es sumisión o pasividad.

Si, por el contrario, eres bien francote, de esos cuyo lema es algo parecido a "yo soy sincero, digo las cosas como van, y si alguien se ofende no es mi problema, es suyo", entonces no estás siendo asertivo, sino agresivo.

Mientras que el pasivo deja que lo lastimen, el agresivo lastima a los demás. Y, eventualmente, los pasivos se convierten en agresivos cuando, como olla exprés, acumulan resentimiento o enojo durante mucho tiempo hasta que no pueden más y explotan, lastimando a todos los que están a su lado.

La asertividad es el punto de equilibrio entre callar en completa sumisión, permitiendo que pasen por encima de ti, y decirlo todo sin cuidado, de manera agresiva, pasando por encima de los demás.

Ser asertivo implica tener conciencia de que, para que tu mensaje realmente llegue a tu interlocutor, los canales de comunicación deben permanecer abiertos, y para que esto ocurra debes tener cuidado de no ofender o lastimar a la otra persona para evitar que se cierre, se ponga a la defensiva o a la ofensiva. Solamente cuidando a tu interlocutor lograrás que tu mensaje sea recibido, comprendido y que genere un verdadero cambio en su conducta.

La asertividad se convierte en nuestra gran aliada cuando comprendemos que para lograr lo que queremos debemos encontrar formas inteligentes de comunicarlo. Como dice el dicho: "En el pedir está el dar".

Para ser asertivo, antes de comunicar un mensaje, plantéate siempre lo siguiente:

1. Qué: Define tu objetivo. Bien decía el buen Séneca que "no hay viento favorable para el barco que no sabe a dónde va" y, aquí entre nos, tiene todita la razón del mundo. ¿Qué quiero comunicarles a estas personas? En palabras de Melva Sangri: "Dales algo que pensar, algo que sentir y algo que hacer". Yo agregaría: ¡Dales también algo que decir! Si esa persona tuviera que replicar tu mensaje y contárselo a alguien más, ¿qué quisieras que dijera? ¿Cuáles son esos mensajes clave que te gustaría que pudiera repetir? En pocas palabras, ¿cuál es esa información de la que no puede prescindir aquella persona en esta ocasión? Recuerda que comunicar implica encontrar la manera en que quien te escucha comprenda el mensaje tal como tú quieres que lo comprenda, para que dicho mensaje logre un objetivo: cambiar su forma de pensar, de sentir o de actuar.

2. Quién: ¿Quién debería de ser la persona que transmita este mensaje para que el interlocutor tenga mayor apertura? Toma en cuenta:

a) El grado de credibilidad que tienes ante el tema o frente a la persona con quien vas a comunicarte.
b) El nivel de influencia que posees.
c) Si cuentas con el nivel de injerencia adecuado para ser tú quien lo comunique con autoridad.
d) ¿Eres congruente con lo que dices o pides? ¿Tienes la autoridad moral necesaria para representar dicho tema?

Si tu respuesta a esos puntos es: "No lo tengo", entonces busca que sea alguien más quien transmita el mensaje o, en el peor de los casos, vacúnate.

Por ejemplo, imagina que eres padre, fumas como chacuaco y tu hijo adolescente está agarrando el hábito. Quieres hablar con él para disuadirlo, pero no tienes la autoridad moral para pedirle que no fume cuando tú lo haces todo el día. Tendrías de dos, pedirle a su primo mayor, a quien quiere como a un hermano, a quien admira y respeta, quien tiene un gran nivel de credibilidad y confianza, que lo haga en tu lugar. O puedes vacunarte diciéndole algo como: "Mira, hijo, sé que probablemente estás pensando que no tengo la autoridad moral para pedirte que no fumes, porque yo lo hago desde pequeño, y podría haberle pedido a tu primo que lo hiciera, pero preferí ser yo quien te comunicara este mensaje porque si alguien me lo hubiera dicho a mí, con el amor que yo lo hago, cuando tenía tu edad, no estaría hoy sufriendo tanto por ver cómo me falta energía, cómo me cuesta respirar, cómo mi salud se deteriora y la impotencia que siento por no lograr dejar este cochino vicio. Tú estás a tiempo de hacerlo y de no cometer el mismo error que yo. Sé que tú me lo has pedido a mí cientos de veces desde que eras pequeño y te propongo algo, si tú lo dejas hoy, yo lo dejo contigo y nos apoyamos el uno al otro".

¡¿Qué tal?! Tendrás muchas mayores probabilidades de tener éxito si pones sobre la mesa la incongruencia que es a todas luces evidente, y si propones un ganar-ganar. ¡Eso es un argumento asertivo y persuasivo!

3. Cuándo: ¿Cuándo es el mejor momento para transmitirlo? Toma en cuenta tu estado emocional y el de tu interlocutor. Piensa en la vigencia del mensaje, no digas las cosas inmediatamente cuando estás alterado, pero hazlo pronto. Si hablas desde las entrañas, regido por una emoción desbordada, no pensarás con claridad y acabarás diciendo cosas que lastimen profunda e irreparablemente la relación. Si el otro está alterado emocionalmente, tampoco escuchará ni pensará lo que le dices. Genera su estado interno propicio para que abra sus canales de comunicación o dale un poco de tiempo para centrarse y poder pensar con la cabeza. Si se trata de comunicar algo que te molesta, tampoco dejes que pase demasiado tiempo y saques a colación el problema meses después cuando ya no puedas más; perderás credibilidad, la otra persona te percibirá como exagerado, fuera de lugar, "histérico e *histórico*" (como llamamos a quienes se siguen alterando en el presente, con aspectos del pasado que ya no tienen cabida). Los argumentos tienen caducidad, úsalos a tiempo.

4. Dónde: ¿Cuál es el sitio propicio para decirlo? ¿Mi oficina, la suya, la sala de juntas, un café, un restaurante? Elige un lugar que sirva a tu propósito. Tu oficina puede ser muy imponente si lo que buscas es que el otro se sienta en confianza y se abra, pero muy adecuada para mandar un mensaje de autoridad. Un restaurante podría despertarle malos recuerdos asociados a ese lugar, por esa razón ofrece opciones o permite que sea el otro quien elija el lugar. Sea como sea, y más si se trata de una crítica constructiva, de preferencia hazlo en privado o solamente con las personas directamente involucradas. Si vas a hablar de algo que te molesta, no lo expongas frente a otros, ya que hacerlo provocará que la persona se sienta vulnerable, juzgada y observada; por ende, se pondrá a la defensiva para demostrar a los presentes que "él puede más". Además, sea cual sea tu mensaje, estar a solas le permitirá abandonar la pose o el personaje, sentirse más tranquilo, poder concentrarse en lo que le dices, ser más sincero y pensar con calma.

5. Cómo: ¿Cómo quiero hacer sentir a mi interlocutor respecto a lo que le voy a decir? A partir de ahí ajusta la forma de tu mensaje tomando en cuenta tu lenguaje corporal, voz, vestimenta, el medio para hacerlo y, por supuesto, el contenido del mensaje. Sea cual sea tu mensaje, podría ser comunicado para hacer al otro sentir esperanzado, ilusionado, enojado, frustrado, tranquilo, entusiasmado, triste, preocupado, alegre, etcétera. ¡Existen cientos de emociones y sentimientos que puedes elegir! Cualquiera que sea, es importante que la tengas clara, pues a partir de ahí deberás asegurarte de proyectarla tú mismo y después adaptar la *forma* y *narrativa* del mensaje para lograr tu cometido. Este último punto es tan importante que he decidido dedicarle una sección completita, échale un ojo al siguiente truco.

Magia para llevar

Sé asertivo para comunicar:

Antes de exponer cualquier mensaje, ¡prepáralo y prepárate para hacerlo asertivo! Toma en cuenta:

✦ QUÉ quieres comunicarle a esa persona, QUÉ quieres que entienda y QUÉ deseas que sea capaz de transmitir.

✦ QUIÉN es la persona ideal y con mayor credibilidad para comunicar tu mensaje. ¿Realmente eres tú?

✦ CUÁNDO es el momento propicio para transmitirlo. Toma en cuenta el estado emocional de ambos.

✦ CÓMO quieres hacer sentir a la otra persona con esto que le vas a decir. A partir de eso, ajusta tu mensaje en fondo y forma.

"Las palabras deben ser los signos vivos, que traduzcan lo que el alma y el corazón en verdad desean."

2 TRUCO

ELIGE QUÉ SENTIMIENTOS APARECERÁS

Revelación: Cuida sus sentimientos, o perderás su disposición

¿A poco no sería maravilloso tener una fórmula mágica que nos blindara de los resentimientos? Ya sabes, ésos que se generan cuando alguien hace algo que no te gusta o te molesta (pero no te atreves a decírselo porque no quieres desatar una pelea) o incluso aquellos que crecen en tu corazón cuando alguien te dice algo que le molesta de ti pero no lo hace con tacto, prudencia o delicadeza, por lo que acaba lastimándote. ¡Pasa muy seguido! Y cuántas heridas provocamos y nos provocan, cuántas relaciones personales y laborales se debilitan por causa de una comunicación poco asertiva. ¡Pongamos fin a esto!

Tengo una propuesta indecorosa para ti, yo te comparto la fórmula mágica para decir lo que te molesta de una forma asertiva y constructiva, y tú te encargas de difundirla en el Facebook de todo mundo, se los mandas por WhatsApp de manera compulsiva a tus compadres y colegas, lo tuiteas hasta que te duela el dedo, lo envías por código morse a tus amigos del otro lado del mundo, lo imprimes y se los regalas a esos parientes sin computadora ni smartphone...

Sí, porque si sólo tú lo lees, pues te volverás un avión con la asertividad, pero ¿y tu corazoncito? ¿Ése quien lo cuida? No, no, no... Hay que educar a tus más cercanos para que la próxima vez que te señalen un error o defecto no acabes con heridas de guerra.

Advertencia: Se trata de una fórmula tan sencilla que podría invadirte un profundo sentimiento de frustración por no haberla empleado antes (nunca es tarde), incluso podrías sentir cierta incredulidad o escepticismo porque esperabas el hilo negro (sí lo es, pero no me creas, hazlo y compruébalo. La magia radica en la manera en que vas dirigiendo la atención y las emociones de tu interlocutor).

¿Cómo digo lo que me molesta de forma asertiva?

Una de las técnicas se llama Mensaje Yo, la aprendí de mi amiga Ana María Arizti,[26] reconocida psicoterapeuta Gestalt de adolescentes, parejas y familias, diplomada en desarrollo humano y especializada en manejo de sentimientos, del conflicto y asertividad; tiene más de 17 años brindando herramientas a la gente para mejorar sus relaciones y calidad de vida, además es alguien a quien quiero y admiro profundamente, y con quien he tenido el gusto de compartir muchos cursos de comunicación e inteligencia emocional dirigidos a padres, bajo el nombre: Papás que influyen.

Por eso vamos a darle a Ana María un espacio en estas hojas para que ella misma te comparta la fórmula mágica.

La fórmula mágica del Mensaje Yo

Por **Ana María Arizti**

En una de las películas de *Star Wars*, durante una conversación entre Yoda y Luke, Yoda afirma que la fuerza es un poderoso aliado y que el poder de un Jedi viene de su fuerza.

Cuando conocí el Mensaje Yo, sin duda lo consideré como la espada de Luke, un arma que me ayudaría a conseguir todo lo que yo quisiera, sin embargo para lograrlo tendría que trabajar en mi fuerza de voluntad para volverme una experta en usarlo, muchas alumnas me dicen que es muy difícil o que es imposible. Y claro que las entiendo, a mí me costó el mismo trabajo porque no estamos acostumbrados a hacerlo, entonces tuve que entrenar el músculo de la escucha, hacer a un lado mis diálogos internos, dejar de juzgar, pero sobre todo tener la fuerza para saber manejar mi enojo.

26 www.anaarizti.com.

Normalmente cuando nos comunicamos lo hacemos a través de interpretaciones... ¡y es que en realidad vivimos en mundos interpretativos!, sin darnos cuenta de que estas interpretaciones las lanzamos en forma de juicios, y lo más grave es que estos juicios hablan más de nosotros que del otro. ¡Ups! Por eso más vale tener cuidado, ya que podrías dejar en evidencia tu lado oscuro.

Cuando hacemos eso anulamos a la persona que tenemos enfrente y desde ese lugar es muy fácil cerrar las puertas de la comunicación; en otras palabras, el poder del arma del Jedi se apaga por completo.

Por eso si tú quieres ser un Jedi en el arte de comunicarte te presento a continuación el Mensaje Yo.

1. Describe: lo primero que tienes que hacer es describir la situación fenomenológicamente, esto quiere decir que lo hagas sin juicios ni interpretaciones, habla sólo de lo evidente, de lo irrefutable. Sé lo más específico posible, no generalices; por ejemplo:

Veo que tienes los ojos llorosos.
Escucho que levantas la voz.
Veo que no contestas mis llamadas.
Escucho que azotas la puerta.

2. Interpreta: se llama Mensaje Yo porque es una interpretación que yo mismo le estoy dando a una situación o acción. Esto hace que el otro no se sienta atacado ni juzgado y le damos la oportunidad de afirmar o negar si es verdad lo que yo percibo. ¿Por qué supones que lo hizo? Por ejemplo:

Me imagino que estás pasando por una situación difícil.
Pienso que puedes estar muy molesto.
Supongo que vienes con prisa.
Asumo que estás triste.

Después de decirlo, guarda silencio y observa su reacción. Es posible que te interrumpa exponiéndote una razón distinta, déjalo hacerlo y escucha. Después continúa con los siguientes pasos.

3. Di lo que sientes: en cuanto a la expresión de sentimientos, normalmente no solemos decir cómo nos sentimos respecto a un hecho o acción, porque eso nos hace sentir vulnerables. Es cierto que dependiendo de con quién te estés comunicando podrás usarlos en mayor o menor medida, porque tampoco se trata de que tu jefe se convierta en tu terapeuta y acabes delante de una caja de Kleenex; sin embargo, si estás hablando con tu pareja, un amigo o familiar, la cosa cambia, pues podrás ser mucho más expresivo. Por ejemplo:

Cuando haces eso, yo me siento ignorado.
Me siento frustrado.
Me siento impotente, pues no sé cómo ayudarte.

4. Pide lo que necesitas: al final, lo mejor es hacer una petición para que el otro sepa cómo poder contribuir a mejorar las cosas o hacerle saber lo que necesitas. Por ejemplo:

Te pido que salgas más temprano para evitar que nos toque tráfico.

Por favor no me levantes la voz cuando me pidas las cosas.

Necesito que me pidas los permisos con tiempo para poder organizarme.

Ahora bien, extendamos nuestra espada y despleguemos todo el Mensaje Yo. De esta manera se vería un mensaje completo y asertivo:

Veo que tienes los ojos llorosos, me imagino que no estás teniendo un buen día (pausa), verte así me preocupa y me hace sentir impotente porque no sé cómo puedo ayudarte, preferiría que me contaras lo que te pasa.

Por el contrario, si esta situación se hubiera dado entre una madre de mal humor y desesperada que no buscó el momento ni la forma apropiada para comunicarse, el diálogo podría haber sido el siguiente:

¿Otra vez estás llorando? ¿Ahora qué te pasó?, ¡pero mira nada más!, ¡ya estoy cansada de que contigo siempre es lo mismo! Y luego no me dices nada, no me cuentas tus cosas y yo me quedo preocupada. Deberías bajarle dos rayitas a tus dramas, tú todo lo arreglas llorando. ¿Cuándo me vas a tener confianza?

Como podrás darte cuenta, ¡la diferencia es enorme!, con el Mensaje Yo puedes ser empático, de otro modo lo único que lograrás será cerrar las puertas de la comunicación.

Un punto que no podemos olvidar es que para usar el Mensaje Yo necesitas estar tranquilo, en paz, en tu centro, haber tomado distancia para calmarte y acomodar tus sentimientos; sólo estando en paz te convertirás en un verdadero Jedi de la comunicación. Y no olvides algo: ¡La práctica hace al maestro! Así es que mucha suerte.

¡Gracias, querida Ana María!

Sin duda, una herramienta invaluable en cualquier ámbito. ¿Qué te parece si ponemos un ejemplo de cómo podemos aprovecharlo en el ámbito laboral?

Imaginemos que necesitamos pedirle a uno de nuestros colaboradores que sea puntual. Entonces, consideremos el ejercicio completo:

¿Qué quiero pedir? Pedirle a Juan que sea puntual.

¿Quién debe decirlo? ¿Soy yo quien tiene el nivel de confianza o de autoridad para solicitarlo?

¿Cuándo es el mejor momento? Cuando estemos a solas, terminando la reunión de la mañana.

¿En dónde debo hacerlo? Para pedirlo desde una postura de autoridad, si yo fuera su jefe, lo llamaría a mi oficina. Si quiero hacerlo desde la confianza que le tengo y la buena relación que mantenemos entre pares, podría hacerlo a la hora de la comida en la cafetería.

¿Cómo? Usando el Mensaje Yo y ajustando mis herramientas de comunicación no verbal de acuerdo con lo que quiero hacerlo sentir.

Lo que no debo decir (juzgando, etiquetando y generalizando): "Estoy harta de que siempre llegues tarde y nos hagas esperar. Eres un impuntual".

Estructura del Mensaje Yo:

1. Describe: siendo objetivo y específico.

Lo que sí debes decir: "Veo que las últimas dos juntas que hemos tenido llegaste entre 30 y 40 minutos tarde..."

2. Interpreta: planteando tu suposición con respeto y dándole el beneficio de la duda.

Lo que sí debes decir: "...supongo que lo hiciste así porque no calculaste bien el tráfico o quizá saliste tarde de tu casa..." (Haz una pausa y observa su respuesta verbal o no verbal, que confirme o refute lo que acabas de suponer. Si te equivocaste al interpretar, déjalo hablar, escucha sus razones y prosigue.)

3. Di lo que sientes y la manera en que esa conducta te afecta:

Lo que sí debes decir: "...cuando haces eso, siento que no valoras mi tiempo; además, haces que me enoje y nos atrasemos en todos nuestros pendientes del día..."

4. Pide lo que necesitas: sé específico y claro, evita la ambigüedad. Puedes incluso preguntarle cómo es que a él / ella se le ocurre que podrían solucionar el problema, quizá si siente que fue su idea, se comprometerá a demostrarte que fue una idea útil y efectiva. Puedes aprovechar también este espacio para *exponer tu disposición y apoyo* para que este ajuste sea posible. Lo valorará muchísimo.

Lo que sí debes decir: "...por eso, te pido que llegues a la hora en punto que acordamos; sal 30 minutos más temprano de tu casa, y si notas que ese horario se te dificulta mucho, platica con tus compañeros sobre una hora que resulte más conveniente para todos, yo me ajusto."
O: "...por eso te pido que llegues a la hora en punto que acordamos; ¿cómo se te ocurre que podrías calcular mejor tus tiempos?, ¿qué crees que podríamos hacer para solucionar este tema de una forma sencilla y práctica?, ¿qué puedo hacer yo para apoyarte y hacer que esto sea posible?..."

Y estos dos últimos puntos, cortesía de *la* Jean, van de pilón:

5. Agradece de antemano: hazlo presuponiendo su disposición y buena voluntad. Expón las consecuencias (de preferencia positivas) del cambio de conducta, especificando la manera en que ambos ganarán.

Lo que sí debes decir: "No sabes cómo agradezco tu apertura y disposición para afinar estos detalles que, estoy segura, harán más eficientes nuestras reuniones de trabajo. Además, así podremos revisar los pendientes sin enojos ni regaños, y proceder a resolver más rápido nuestras tareas para no salir tarde de la oficina".

6. Refuerza positivamente: cuando en un futuro cercano notes un cambio en su comportamiento, hazle saber que lo notas, lo valoras y lo agradeces. De esa manera te asegurarás de seguir obteniendo más de lo mismo y la otra persona se dará cuenta de que vale la pena.

Lo que sí debes decir: "He notado que has llegado puntual a las últimas tres reuniones, incluso unos minutos antes de la hora. No sabes cómo agradecemos y valoramos todos tu esfuerzo y compromiso".

En el siguiente video, ve cómo Laura usa el Mensaje Yo para ganarse el compromiso y buena voluntad de Domingo:

RETO MENSAJE YO

Copia los pasos del Mensaje Yo en una tarjeta pequeña, enmícala y guárdala en tu cartera, pégala en una esquina de tu computadora o en tu escritorio. Tenla a la mano y practica estructurando un mensaje al día de esta manera. Las primeras veces te servirá escribirlo para poder leerlo, revisarlo y notar si es congruente con los aspectos que hemos platicado. Posteriormente practícalo memorizando solamente los disparadores o palabras clave para comenzar las frases de cada paso. Asegúrate de decirlo de manera fluida, no lo hagas como robot. Por eso procura ser conciso, la brevedad te permitirá aprenderlo más fácil y decirlo sin trabarte. Con la práctica aprenderás a estructurar tus mensajes al vuelo.

Más adelante exploraremos otras estrategias para diseñar mensajes asertivos, poderosos y elocuentes, ¡no comas ansias!, pero antes sigamos profundizando en aquellas herramientas que nos permitirán cuidar los sentimientos de la persona con la que hablamos, de forma tal que mantengamos abiertas su disposición para escuchar y su voluntad para aceptar lo que queremos pedir.

Y es que seguramente te ha pasado que estás en una conversación con un cliente, con tu pareja, tu cuñado o tu tío... Todo era perfecto hasta que dijiste "algo" que lo transformó en Hulk; a lo mejor su enojo no fue tan evidente pero automáticamente notaste que se echó para atrás, se cerró, dejó de verte, de sonreír, dijo que tenía algo pendiente y se fue. Se acabó la conversación y con ella la venta o negociación que tanto esperabas cerrar.

"¡¿Qué pude haber dicho o hecho mal?!", te preguntas una y otra vez.

Bueno... Empecemos por descartar algunas de las siguientes frases que normalmente generan estados de ánimo desagradables en quien las recibe. Son frases que activan el mecanismo de defensa de la gente, pues de forma consciente o inconsciente se siente agredida o humillada. Y, por supuesto, ¡nadie quiere estar con alguien que te hace sentir así!

11 frases o palabras peligrosas que debes evitar

1. "¿Me entiendes?": ¿crees que poner en duda la capacidad de alguien para comprender lo que estás diciendo sea buena idea? Yo tampoco. Mejor di: "¿Me explico?" "¿Estoy siendo claro?". De esa manera dejas en duda solamente tu capacidad para explicar lo que necesitas. Además, en un proceso de comunicación, es muy importante enterarte de que la otra persona esté captando tu mensaje con claridad, pero si pones en duda su inteligencia con una pregunta de esas, difícilmente se animará a cuestionar algo de lo que has dicho, con la finalidad de aclararlo.

2. "No estoy de acuerdo" o **"estás equivocado":** se vale no estarlo y se vale exponer tu punto de vista. Pero si empiezas anulando el de tu interlocutor, puedes tener la certeza de que inmediatamente él hará lo mismo con tus comentarios. Mejor escucha con atención lo que la otra persona tiene que decir y cuando sea tu turno para expresar tu opinión, empieza rescatando algo de lo que tu interlocutor dijo en lo que sí estés de acuerdo, menciónalo brevemente y después expón tu forma de pensar complementando y no anulando sus comentarios. Por ejemplo:

Me llama mucho la atención el estudio que mencionas sobre los beneficios de estos productos, no lo conocía y me parece interesante, gracias por compartírmelo. Hay otros aspectos que si bien podrían parecer contrarios a lo que dices, considero importante que los pongamos sobre la mesa antes de tomar una decisión.

O:

Qué buena anécdota compartes, ¡me da mucho gusto que te haya funcionado ese producto! Sin duda, cada quien habla según su experiencia. ¡No te imaginas lo que me pasó a mí, no vas a dar crédito! Una vez…

Evita usar la palabra "pero" o "sin embargo" antes de exponer tu opinión, ya que acabarías anulando la de la otra persona. A continuación te explico la razón.

3. ¡Cuidado con el "pero"!: no es que esté prohibido usarlo, solamente cuida el sentido que le da a la frase. Por lo general, lo que va antes del "pero" o su primo hermano el "sin embargo", acaba siendo anulado por lo que sucede a este vocablo. Lee con atención estas frases:

a) *Te amo, pero no nos entendemos.*
b) *No nos entendemos, pero te amo.*

¿Cuál de estas parejas crees que tenga mayores posibilidades de sobrevivir?

¿Ya te diste cuenta?

En la primera frase el que habla pone las diferencias de la pareja por encima del sentimiento. En la segunda parece que la persona buscará la manera de lograr un mejor entendimiento entre ambos. Y lo único que cambia es el lugar en donde la palabra "pero" está situada.

4. "¿Cómo me dijiste que te llamas?": es equivalente a decirle algo como: "Me diste tanta flojera cuando te presentaste por primera vez que ni puse atención a tu nombre". Pero entonces, ¿qué hacer para recordar su nombre? Escucha con atención desde el principio. Repetirlo un par de veces durante los primeros minutos de la plática te permitirá asegurarte de haberlo escuchado, asimilado y te ayudará a recordarlo más fácilmente.

Por ejemplo: "Hola, Juan, mucho gusto, yo soy Pamela. Oye, Juan, y ¿qué te trae por aquí?".

Si de plano no escuchaste y se te fue el avión, puedes optar por preguntar por curiosidad cómo se escribe (si es que recuerdas que era un nombre diferente o complicado. Por amor de Dios, si no estás seguro si dijo Pedro o Pablo, evita preguntar por la ortografía). Puedes también preguntarle por el apodo de su preferencia. Si al decírtelo resulta obvio, tipo "Pepe", puedes justificarte diciendo que a tu primo José le gusta que le digan Jos, por eso preferiste preguntar.

De hecho, antes de hablarle a alguien por su apodo es muy recomendable asegurarte de que vas a usar uno que en verdad le guste y no uno que destape en la persona recuerdos o asociaciones negativas. Por ejemplo, a mí me saca ronchas el "Pame". (Uff, lo dije, lo saqué de mi sistema, bendita bendición. Si eres de los que me dice así, puedes tomarlo como una amable indirecta; "Pam" está bien, gracias).

5. "Te lo dije..." o el trilladísimo **"No quiero decir te lo dije, pero te lo dije...":** créeme, dejar a un lado nuestro ego y esa incesante necesidad de ser reconocidos hará que le caigamos mejor a la gente. Además, esa persona ya sabe que se lo dijiste. No te regodees en su sufrimiento, ten piedad.

6. Cualquier frase sarcástica con quien no está acostumbrado al humor negro, puede ser altamente ofensiva. Si eres sarcástico, sé también prudente para saber con quién sí y con quién no. Ejemplos de comentarios sarcásticos hirientes:

- *Tú que todo lo sabes y lo que no, lo inventas...*
- *Claro, como tú eres la señorita prudencia...*
- *¿Y ahora? ¿Desde cuándo tan interesadito en el cine de arte?*

Déjame contarte una historia al respecto. Pocas personas en el mundo me conocen tan bien como Colin y Ele, son de esas amigas con las que puedes convertir la fiesta más aburrida en el evento más divertido del año, gracias a su agilidad mental, energía y simpatía, pero también son de esas pocas personas con las que puedes hablar de temas realmente importantes y tomar decisiones de vida, gracias a su inteligencia y capacidad de empatía.

Ambas tienen algo en común: aman el humor negro y el sarcasmo.

Como a mí también se me da esa forma de humor, juntarnos a las tres en cualquier contexto era un verdadero peligro. Cuando íbamos en prepa nuestras demás amigas nos hicieron ver en varias ocasiones que no les caía muy en gracia nuestro estilo de humor porque las hacía sentir ofendidas; en ese momento pensábamos "ay, que sensibles" y nos causaba gracia. Pero después maduramos un poquito, y nos dimos cuenta que la gente que no comprende o conecta con ese estilo de humor ¡tiene todo el derecho a no hacerlo! Y que somos nosotras las que debemos ser prudentes para usarlo únicamente con quien sí guste de este estilo de comunicación. Por lo pronto, inauguramos un grupo de WhatsApp, y ahí sí, nos dejamos ir como hilo de media, sin herir las susceptibilidades y los corazones de los demás.

7. Generalizaciones de cualquier tipo: a nadie nos gusta sentirnos "del montón" ni encasillados en una generalización. Además, utilizarlas le restará fuerza a tus argumentos y te hará perder credibilidad. Por otro lado, basta con hacer una generalización para desatar inmediatamente un proceso de búsqueda de "la excepción" en la mente de quienes te escuchan, no podrán evitar la tentación de encontrar un dato con el cual demostrarte que estás equivocado. Mejor sé específico y claro al comunicarte, y no lastimes. Ejemplos de generalizaciones comunes:

- *De plano TODAS las mujeres son iguales.*
- *Claro, TODOS los hombres son unos patanes.*
- *NUNCA me pones atención cuando te hablo.*
- *SIEMPRE llegas tarde.*
- *NINGÚN pretexto me hará cambiar de opinión.*
- *A TODAS las personas les gusta el helado de vainilla.*

8. Restarle importancia a los sentimientos o argumentos de la otra persona:

- *Estás demasiado alterado para pensar con claridad.*
- *Cuando estés más tranquila hablamos.*
- *Estás exagerando.*
- *Seguro es porque estás en tus días.*

Hay mucha gente que tiene la tendencia a repetir, sin sentido, a manera de muletilla, la frase "Te voy a ser muy sincero..." antes de empezar a hablar. ¡Aguas! Podrían pensar que regularmente no lo eres.

9. Frases del estilo: **"¡¿Pero cómo se te ocurre hacer eso?!"** o **"¡¿Cómo?, ¿no se te ocurrió que podía pasar esto?!":** mejor dile directamente: "Eres un estúpido", porque finalmente obtendrás el mismo resultado.

10. El chantaje emocional manipulativo de cualquier tipo:

- *Si realmente te importara, harías...*
- *Claro, pero a tu mamá sí le cuentas todo...*
- *No te preocupes, yo aquí ceno solo...*
- La típica de las mamás: *No te preocupes, mijito, ya se comerá el perro el pollo que cociné toooooda la mañana.*

11. Yo, Mí, Mío: Son tres de las palabras que aprendemos a decir primero, las implementamos en nuestro vocabulario desde muy pequeñitos, en el instante en que nos damos cuenta de que somos individuos diferentes y separados de los demás. Sin embargo, ya más grandes nuestro interés (curiosamente) es pertenecer, formar alianzas, armar equipos y grupos. Pero esto a veces se nos dificulta pues seguimos pensando como niños y nos convertimos en un personaje muy desagradable, el "uno más que tú". Nos referimos a esa persona que solamente está pensando en "lo que yo quiero, a mí me importa, lo que es mío". Esa persona que espera cualquier instante en la conversación para interrumpir y hablar de sí misma y que utiliza constantemente estas tres palabras al hablar.

El libro *How To Talk To Anyone* de Leil Lowndes[27] menciona lo siguiente:

> Los terapeutas afirman que los internos de las instituciones mentales dicen *yo* y *mí* doce veces más a menudo que los residentes del mundo exterior. A medida que su estado va mejorando, el número de veces que usan los pronombres personales también disminuye. Así pues, cuantas menos veces utilices *yo*, más cuerdo parecerás estar a los ojos de los demás. Si escuchas disimuladamente una conversación entre grandes triunfadores, te darás cuenta de que emplean mucho más el *tú* que el *yo*.

27 Leil Lowndes, *How to Talk to Anyone*, Thorsons, EUA, 1999.

Soluciones

✦ Centra tu conversación en la otra persona.

✦ Suprime el *yo*, *mí*, *mío* todo lo que puedas y súplelo por los términos *tú*, *ti*, *te*. Estas palabras activan el botón de amor propio en la otra persona y estarán siempre más dispuestas a ayudarte o a acceder a aquello que sugieres. Por ejemplo:

NO: *Quiero invitarte a mi restaurante favorito.*
SÍ: *Quiero invitarte a un restaurante que* TE *va a fascinar.*
NO: *¿Me podrías ayudar a llegar a la embajada francesa?*
SÍ: *¿*TÚ *sabrías explicarme cómo llegar a la embajada francesa desde aquí? (La persona aceptará el reto para demostrarte que es capaz).*
NO: *Jefe, ¿puedo irme temprano el viernes?, es cumpleaños de mi esposa.*
SÍ: *Jefe, ¿podría* USTED *prescindir de mí el viernes por la tarde?, es cumpleaños de mi esposa.*
NO: *Vi este collar,* ME *encantó y te lo compré de regalo.*
SÍ: *Vi este collar, automáticamente pensé en* TI*, se me hizo todo* TU *estilo, por eso* TE *lo compré de regalo.*
NO: *¡Qué bonito vestido! En dónde lo compraste, ¡lo quiero para* MÍ*!*
SÍ: *¡Qué bonito se* TE *ve ese vestido!* TE *queda espectacular el color.*

Magia para llevar

Fórmula del mensaje yo

***1)* Describe:**
Veo que...
Escucho que...

***2)* Interpreta:**

Me imagino que lo haces porque...

Pienso que...
Me parece que...
Supongo que...
Asumo que...

Haz una pausa, observa y escucha.

***3)* Di lo que sientes y la manera en que te afecta ese comportamiento:**

Cuando tú haces eso...
Siento que...
A mí me pasa...
Me afecta...

***4)* Pide lo que necesitas:**

Te pido que...
Por favor...
¿Cómo se te ocurre que podríamos lograr que...?

***5)* Agradece de antemano:**

Valoro tu disposición para...
Agradezco tu esfuerzo para...

***6)* Refuerza positivamente:**

He notado que... y lo valoro y agradezco...
Los cambios que has logrado son muy positivos porque...
Te felicito por el esfuerzo invertido en...
¡se notan los resultados!

"La forma en que nos comunicamos con otros y con nosotros mismos determina la calidad de nuestras vidas."

—Anthony Robbins

¡Diseñamos para ti una tablita con esta fórmula para que la descargues y puedas tenerla a la mano!

CLARIDAD MATA CARITA

Revelación: Sé específico, preciso y conciso

Para lograrlo, déjame presentarte a los tres enemigos silenciosos de la comunicación y sus soluciones.

1. La temible ambigüedad

Una vez un cliente me contrató para ayudarle a mejorar la comunicación con sus empleados y su manera de pedir las cosas, con el objetivo de obtener mejores resultados y hacer más eficientes los procesos, ya que perdían mucho tiempo por errores y malentendidos. Es de admirarse su humildad para reconocer sus limitaciones y pedir ayuda, en lugar de echarles la culpa a sus empleados; por esta y muchas razones es un líder muy querido, admirado y respetado por sus colaboradores.

Entonces, cuando me di a la tarea de entrevistar a su equipo de trabajo cercano, un caballero muy preocupado decidió confiarme su preocupación más grande:

—Hace tres semanas el jefe me llamó a su oficina para reclamarme por mi mala actitud. Me dijo que o la mejoraba y mostraba cambios evidentes en el siguiente mes, o iba a despedirme.

—¿Qué hiciste entonces? —le pregunté.

—Todos los días llegué temprano, alegre, saludando a todos mis compañeros, estuve atento a sus necesidades, incluso un día llevé pan dulce para compartir con ellos y con mi jefe, me volví puro optimismo —me contestó con una evidente frustración.

—¿Y qué pasó?

—Ayer me llamó de nuevo a su oficina, me dijo que estaba muy decepcionado de mí, que parecía estarle demostrando poco interés en mantener mi trabajo y poco compromiso. Que era muy sencillo lo que él me pidió. La verdad, licenciada Pamela, estoy desconcertado. No sé qué hacer.

Así que fui a hablar con mi cliente. Le pregunté que a qué se refería específicamente con "mejorar su actitud" y me contestó con un tono burlón que expresaba hartazgo:

—Ay, por favor, es obvio. Quiero que venga a mi oficina en cuanto llegue y antes de irse para ver en qué puede ayudarme o si hay algún pendiente, que pida mi opinión en referencia a los procesos que está desarrollando antes de empezar y no sea tan soberbio, ¡piensa que lo sabe todo y él puede resolverlo solo! Encima anda de un alegre y optimista como si nada sucediera y no le hubiera llamado la atención. No le importa.

Después de morderme la lengua para no soltar la carcajada frente a él, le expliqué lo que su empleado entendía por "actitud", le hice ver que le importaba tanto que llevaba tres semanas esforzándose en lo que desde su perspectiva necesitaba hacer para demostrarlo, y que ahora está triste, confundido y desesperado. Y entonces le expliqué lo siguiente:

La ambigüedad es el enemigo acérrimo de la comunicación. Pedirle a alguien que "mejore su actitud" solamente hará que esa persona trabaje en los aspectos que, según su propio contexto y referencia, implican una mejor actitud, pero probablemente disten mucho de lo que realmente deseas. Esto genera malentendidos, frustraciones y tiempo perdido.

Truco: Para evitar que esto suceda, debes procurar ser específico. Di lo que necesitas, pero de forma definida. Sé claro en aquello que esperas. No es lo mismo mencionarlo, que describirlo o explicarlo.

2. Las monstruosas generalizaciones

Desaparece lo más posible tus "siempres" y tus "nuncas", tus "todos" y tus "ningunos". Estos términos reducen tu credibilidad, la importancia y la magnitud que le das a las cosas, y activa el "yo defensivo" de la gente.

Truco: Sé preciso y ganarás credibilidad. Habla en primera y segunda persona, no le atribuyas tus juicios de valoración a toda la humanidad ni los errores de tu interlocutor a toda su especie.

No digas: Es increíble que siempre se te olviden las cosas, todas las mujeres son iguales, no sé en dónde tienes la cabeza.

Mejor di: Me he dado cuenta de que has olvidado algo importante al salir de casa las últimas cinco ocasiones. Eso, desde luego, hace que nos retrasemos. Supongo que has de traer muchísimas cosas en la cabeza e imagino lo frustrada que te has de sentir en cada ocasión. ¿Cómo puedo ayudarte a recordar lo que tienes que llevar?

Evita etiquetar a la gente. Procura señalar el error o la falta como un acto aislado, que por sí mismo no define a la persona. De lo contrario, podrías hacer que en verdad se la crea y adopte esa característica negativa que no te conviene. ¡Éste también es un ejemplo de prestidigitación!

No digas: Eres un irresponsable, te pedí que entregaras este documento el viernes, es lunes y aún no me lo traes.

Mejor di: Te pedí que entregaras este documento el viernes, es lunes y aún no me lo traes, por favor actúa de manera más responsable con los tiempos de entrega.

En pocas palabras, si antes de cualquier adjetivo calificativo colocas un "eres", ¡ten cuidado!, estás etiquetando. Si esa etiqueta no es para bien, evítala.

3. El terrorífico "dale con lo mismo"

Mejor conocido en el bajo mundo como el "ya me lo dijiste tres veces" o el "ya te entendí".

Cuando repetimos la misma idea una y otra vez, quizá en distinto orden o con nuevos ejemplos, hasta con nuevas palabras, tendemos a reflejar falta de claridad en cuanto a lo que queremos y una inseguridad que puede resultar muy peligrosa, sobre todo cuando estamos señalando algo negativo, haciendo una crítica o pidiendo algo. Decir lo mismo una y otra vez hace que nuestro interlocutor se canse, se distraiga, le reste importancia y olvide el objetivo primordial de nuestro mensaje. No tener un mensaje claro hará que seas repetitivo en tus ideas volviéndolas tediosas y difíciles de recordar.

Truco: Sé conciso. Hazte las siguientes preguntas: ¿Cuáles son mis puntos o mensajes clave? ¿Cuál es mi objetivo, a dónde quiero llegar? ¿Qué quiero lograr en la otra persona?

Dicen que menos es más, también en la comunicación. Pero ser concreto es de los retos más grandes de cualquiera que se jacte de ser un buen comunicador, así que practica y domina este arte. Serás el rey de las negociaciones, de las redes sociales, de las juntas y reuniones de negocios, hasta tu pareja e hijos te escucharán con más atención y disposición.

Te lo aseguro.

Para ello, estructura tu mensaje. Dale un orden lógico para que sea más fácil de escuchar, asimilar, comprender y recordar. De esta forma evitarás ser confuso, redundante y cansar a tu audiencia.

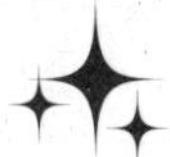

Magia para llevar

Claridad mata carita:

✦ Sé específico. Evita las ambigüedades.
✦ Sé preciso. Evita generalizar.
✦ Sé conciso. Estructura tu mensaje. Evita repetir.

"Sé claro y pensarán que eres un experto, no lo seas y dudarán de ello por más que te esfuerces en comprobárselos."

4
TRUCO

CONSTRUYE ARGUMENTOS PODEROSOS

Revelación: Hazlos relevantes, interesantes y memorables

Si bien es mejor darnos tiempo para planear lo que vamos a decir, comprendo que hay ocasiones en las que tenemos que sacarnos de la manga el mensaje, casi improvisarlo, pero no por eso debemos dejarlo al destino o a la suerte, ya que en cada intervención está en juego nuestra imagen, reputación, credibilidad y nuestros sueños. Así que hagámoslo bien. Como diría mi abuelita Angelina: "Despacio, porque llevo prisa" (ya sé que la frase original es de Felipe II de España, pero a mí me la decía mi abuelita).

Hay tres aspectos que nunca deben faltarle a un argumento para que podamos jactarnos de emitir un mensaje completo, eficaz y persuasivo. Éste debe ser relevante, interesante y memorable.

Vamos por partes.

Relevante

Es la parte del mensaje diseñada para endulzar el intelecto, la razón de la gente. A esto se refería Aristóteles en su famosa *Retórica* cuando hablaba del *logos* y el *ethos*.

Consiste en aquello que le aporta magnitud, importancia, trascendencia y dimensión a mi idea. Normalmente se trata de datos duros o factores cuantitativos como cifras, estadísticas, porcentajes, pero también referencias históricas, citas, frases o pensamientos de personajes célebres que den sustento a una idea.

Cuidado: Al hablar de números asegúrate de brindar una referencia que permita a tu audiencia poner en perspectiva aquello a lo que esa cifra se refiere, y así ayudarla a generar una imagen en su mente que será procesada, comprendida y recordada más fácilmente.

Por ejemplo, cuando conducía el programa de radio *Día a Día*, y le platicaba a mi gente sobre la cantidad de personas que nos escuchaban diario, le parecía poca cosa escuchar la cifra por sí sola, hasta que la ponía en perspectiva y entonces sí veía sus caras sorprendidas: "Este programa de radio lo escuchan 300 mil personas diarias, es decir, lo proporcional a llenar tres veces el Estadio Azteca todos los días con gente escuchando esta emisión".

Otro aspecto que debes cuidar y procurar es que los personajes célebres a los cuales cites o hagas alusión sean conocidos, admirados y respetados por tu interlocutor específicamente, de otro modo la idea perderá fuerza.

Interesante

Es el mensaje dirigido al ego, a las necesidades e intereses de la persona con la que hablas.

Aquí debes asegurarte de transmitirle a la gente la razón por la cual tu mensaje es importante para ella, en su propio contexto y situación de vida.

Pregúntate: ¿Cómo es que escucharme le beneficiará? ¿De qué forma mi mensaje es trascendente en su vida? ¿Cómo estas decisiones o acciones le afectan o afectarán directamente? ¿De qué manera esto le ayudará a ser mejor persona? ¿Qué tipo de necesidad o problema le va a solucionar?

Cuando asesoraba a Luis Banck en el gobierno de la ciudad de Puebla, uno de los objetivos principales era emitir mensajes que fueran realmente importantes para la gente. Nos dimos cuenta de cómo la mayoría de los servidores públicos y políticos toma muy poco en cuenta a la gente al momento de dirigirle algún mensaje, pues están más preocupados en qué decir, que en qué transmitir o comunicar. Dan datos relevantes, pero se les olvida hacerle ver a la gente cómo esos datos afectan o influyen en su estilo de vida, le dejan al público la responsabilidad de interpretarlos según su contexto, necesidades e intereses, sin embargo, pocos realmente lo hacen, y entonces los mensajes carecen de relevancia y recordación, o generan un impacto incorrecto o negativo por una sencilla razón: no son claros ni interesantes para él. Por ello nos dedicábamos a responder en cada comunicado lo que sabíamos que la gente se cuestionaría consciente o inconscientemente al escucharlo o leerlo: "*¿Y a mí, qué?*"

Tanto si hablas frente a un individuo como si te diriges a un auditorio completo, si buscas ser persuasivo, debes lograr que tu mensaje sea interesante para ellos. En pocas palabras, el cerebro de la gente funciona así: *aquello que me afecta, me interesa*. Esta clave es fundamental para ganarte su atención a lo largo de tu conversación o presentación.

Memorable

Se trata de hablar el lenguaje de los sentimientos. Son los datos blandos. Aquello a lo que Aristóteles llamaba *pathos*.

Entendamos por memorable aquello que se queda grabado en nuestra mente y trasciende al nivel de nuestra experiencia, es normalmente eso de lo que la gente sale hablando o es capaz de replicar después de escucharte, pues le impactó de manera poderosa.

Para esto, tengamos presente la siguiente ley: *recordamos más fácilmente lo que vemos* (aunque sea en nuestra imaginación), *que lo que solamente escuchamos, pero recordamos aún más lo que vivimos y sentimos, que lo que solamente vemos o escuchamos*. Así que será importante agregarle un toque de imaginación a tu mensaje. Permite a esa persona visualizar lo que dices, sé descriptivo, conviértete en un novelista que cautiva por la forma en que narra sus historias, da detalles que estimulen los sentidos de quien te escucha y evoca sentimientos. Cuida las formas, tus ademanes y movimientos, modula tu voz para ser entretenido y cautívalo.

Puedes utilizar recursos de *storytelling* (el arte de contar historias) o valerte de algún tipo de apoyo externo como imágenes, videos, música, aromas, sensaciones. Puedes recurrir a la teatralidad si es tu estilo. Fomenta la reflexión, la participación, haz que quien te escucha participe de alguna forma a través de preguntas, ¡hasta alguna dinámica si lo consideras prudente! Hazlo vivencial.

Otros recursos pueden ser:

- ***Utilizar casos, anécdotas o testimonios.*** Habla sobre ti, cuenta alguna historia. Mientras lo haces permitirás que la persona con quien platicas te conozca más a fondo y se sienta en confianza, además, es una buena manera de hablar con sencillez de tu experiencia y estudios, para ganar credibilidad, sin oírte presuntuoso o petulante.
- ***Metáforas.*** Por ejemplo, la magia de la persuasión, ésa por sí misma es una metáfora, una figura retórica que te permite establecer una relación de semejanza entre dos términos y sus características. Es como cuando hablamos en doble sentido. Las metáforas nos ayudan a decir lo mismo pero de forma más bella y, por lo tanto, memorable. Para entender mejor el concepto, expongamos algunos ejemplos de metáforas que utilizamos constantemente al hablar, con el fin de que te sirvan de inspiración:

  "Las nubes de algodón".
  "Está que echa chispas."
  "Lo tienen bajo la lupa."
  "Me golpeó la noticia."
  "Eres la luz que ilumina mis días."
- ***Comparaciones:*** Antes y después. ¿Te has dado cuenta de cuánto *rating* tienen programas y *realities* que se dedican a mostrar a una persona, vehículo o casa antes y después de una intervención por parte de un especialista en imagen, decoración o remodelación? ¡Son hiperexitosos! Y lo que hacen es ir mostrando una transformación que por curiosidad o morbo nos engancha y resulta atractiva. Nos gusta conocer historias

de superación en todos los sentidos, nos hacen pensar que existe una luz al final del camino. Un recurso conocido de *storytelling* es el llamado *camino del héroe*. Consiste en contar tu historia o la de alguien más, como contarías la película de un gladiador o héroe. Empiezas hablando de un sueño que te inspiró, lo que hiciste por alcanzarlo, los problemas y dificultades que enfrentaste, tus peores fracasos y la manera en que estuviste a punto de tirar la toalla, hasta que algo sucedió, recibiste un nuevo llamado, mensaje, apareció un maestro en tu vida y te pusiste de nuevo de pie, saliste avante, ¡y triunfaste! Pero una historia de triunfo sin tropiezos no es igual de poderosa porque no es humana, no es realista. De hecho... si no leíste el primer capítulo de este libro poniendo atención a estos detalles, es momento de volver a hacerlo, es un buen ejemplo de este tipo de recurso.

- ***Sentido del humor*** (si te sientes cómodo y se ajusta a tu personalidad).
- ***Alegorías:*** Parábolas, fábulas, cuentos, analogías, simbolismos.
- ***Frases pegajosas o* soundbites:** ¿Te has dado cuenta de que a la gente le encantan las frases célebres y los dichos? En redes sociales hay cuentas con millones de seguidores que lo único que hacen es publicar este tipo de frases todo el tiempo. Bueno, ésa es la prueba de lo impactantes y atractivas que son, ya que son fáciles de recordar, pegajosas y suenan "bonito". La diferencia entre las frases célebres y los *soundbites* (bocado de sonido, sería su traducción exacta) es que las primeras pertenecen a alguien más, y los *soundbites* son propios. Si tú tomas una reflexión o pensamiento, podría ser una filosofía entera o una enseñanza, y la resumes en dos líneas, haciéndola sonar rítmica y pegajosa, ¡tendrás un *soundbite* que todos estarán repitiendo!

- ***Emblemas verbales:*** Los comediantes utilizan una versión de esto a lo que llaman *Rolling Gags*, y se trata de esos términos, frases, sonidos o chistecillos que repiten una y otra vez, que los diferencia y que se vuelven parte de su identidad. Muchas figuras del ámbito artístico utilizan este recurso. Por ejemplo, apuesto a que identificas perfecto a los autores de estas frases: "oh, oh, digo yo", "pum, pum, arriba, arribototota", "pásale a la catafixia, cuate", "¡qué no panda el cúnico!", "pa qué te digo que no, si sí", "fue sin querer queriendo"... Pero no necesitas ser una figura pública para tener tus propios emblemas verbales. Por ejemplo, Elizabeth mi prima es una seria y formal abogada (¡ay, ajá!), pero cuando tiene conversaciones casuales, utiliza frases (muchas de ellas inventadas) que repite siempre de la misma forma en distintos contextos, y se han vuelto icónicas. Lo mismo la oyes decir "perdón, se me pegó el claxon" cuando se le va la onda, "ya se te atoró el *clutch*" cuando se te va la onda a ti, "y wasaflu y wasaflais" para terminar una lista de ideas, "chochobec and jostoclok" para referirse a algo de lo cual no recuerda el nombre en ese momento. Son su sello.

  ¿Qué términos o frases podrías convertir en tus emblemas verbales? Harán que tanto tú como tus ideas, sean memorables.

En pocas palabras, para hacer tu mensaje memorable usa tu creatividad y recuerda esta frase de la exprimera dama y líder estadounidense Eleaonor Roosevelt: "Para manejarte a ti mismo, usa la cabeza; para manejar a otros, usa el corazón".

Con esto te asegurarás de comunicar tu mensaje de una forma convincente, elocuente, persuasiva y eficaz.

Magia para llevar

Crea argumentos poderosos:

- **Lo relevante:** es aquello que da sustento a tu idea. Datos duros. Sé específico.
- **Lo interesante:** ¿de qué manera le afecta a mi interlocutor esto que planteo o pido? ¿Qué gana o pierde? Sé necesario.
- **Lo memorable:** lo replicable. Es aquello que tu interlocutor va a recordar. La gente tiende a recordar más: imágenes, historias / metáforas / anécdotas, aprendizaje vivencial, reflexiones, visualizaciones, aquello que mueve emociones, lo que estimula los sentidos, frases cortas, pegajosas, citas y *soundbites*. Sé emotivo.

"Sé relevante, interesante y memorable al hablar. Sólo así tus argumentos estarán completos y retendrás la atención hasta de los más escépticos."

5 TRUCO

SIMILAR ES BUENO, TAMBIÉN AL HABLAR

Revelación: Habla en su idioma y serás mejor comprendido

No es lo mismo hablar con un directivo que con un becario. Ni es lo mismo hablar con tu pareja que con un desconocido o un amigo. Por eso es fundamental saber adaptar tu lenguaje verbal y no verbal en cada situación. Siempre ten en cuenta a tu receptor para saber cómo comunicarte. Recuerda esta frase que hemos usado ya: "Similar es bueno".

Escucha su lenguaje verbal. ¿Qué términos, expresiones, sonidos, frases o modismos utiliza para expresarse? Identifícalos y háblale en su idioma. Esto se llama *rapport* verbal. Hazlo de manera sutil, si no pensará que te estás burlando de él. Pero toma en cuenta que las palabras que elige son la expresión de sus pensamientos. Recuerda que cada palabra evoca imágenes y emociones distintas en nuestra mente, desde ese punto de vista no existen los sinónimos pues jamás te hará imaginar ni sentir lo mismo escuchar la palabra "casa" que la palabra "hogar". ¡Elige tus palabras de forma inteligente y ajusta tu lenguaje al suyo!

Habla su idioma

No se trata de abandonar tu personalidad y asumir por completo el *slang* del otro, ¡bájale tres rayitas! Me refiero a implementar en tu propia forma de hablar algunos aspectos sobre la forma de hablar del otro. Esto hará que te comprenda mejor, sienta que lo comprendes mejor y que son similares. Te sugiero empezar con estas dos herramientas:

1) ***Usa sus hobbies para ilustrar.*** Si sabes que es golfista, puedes decir que haberle ganado ese importante cliente a tu competencia fue tan emocionante como ganar el Masters de Augusta. (Conectará perfecto con tu emoción.)
2) ***Adopta términos de su vocabulario.*** Escucha con atención y utiliza sus propias palabras en lugar de los sinónimos que comúnmente usas tú. Claro, si al coche le dice "nave" y tú de plano no conectas con esa expresión, busca otras que sí te sientas cómodo utilizando.
3) ***Al recibir un mensaje de texto o correo electrónico observa la estructura, el uso de espacios y la terminología que emplea el remitente.*** Adapta tu respuesta a esas características. Sé tan formal o coloquial, tan afectuoso o seco como quien te escribe, de otro modo podría sentirse rechazado, despechado o se quedará con la sensación de que no "hace química" contigo.

Da importancia al contexto educativo, cultural e ideológico de tu interlocutor

Si siempre usas los mismos términos porque son los que conoces, si usas palabras domingueras o rimbombantes, si eres esclavo de las expresiones o el argot de tu profesión, pregúntate: ¿esto que estoy diciendo es fácil de comprender para la persona con quien platico?

Hace poco mi primo Santi me hizo una pregunta muy interesante en una comida familiar:

—Pam, he escuchado que comúnmente utilizas terminología en inglés al hablar, ¿eso es bueno en todos los contextos?, ¿cómo te hace quedar frente a la gente? Porque hace poco una persona que trataba de persuadir a mi jefe de algo llegó con una actitud tan prepotente y usando tantas palabras en inglés que nos cayó en la punta del pie y mi jefe mandó a este individuo a volar.

Entonces le pregunté:

—¿Si esa persona hubiera utilizado esos mismos términos pero con una actitud sencilla y amable, ¿lo hubieran tachado de prepotente o de ser una persona preparada? —en ese momento mis tíos Fede y Lulú, quienes escuchaban la conversación, interrumpieron:

—¡Por supuesto que de ser una persona preparada! Vivimos en un país que valora mucho a quienes dominan otros idiomas o tienen estudios en el extranjero, quizá por malinchistas, o quizá porque nos gusta la gente que va un paso adelante.

Me pareció acertado el comentario de mis tíos, así que les di la razón y lo complementé con un aspecto muy importante, ya que Santi tenía razón: ¡el contexto y la forma hacen toda la diferencia entre escucharte prepotente o alguien con mundo, preparación y cultura!

—En el ámbito laboral —le comenté a Santiago— usar tecnicismos y términos en otro idioma que muchas veces nos ayudan a expresar mucho mejor ideas complejas, si se hace con una actitud sencilla y amable, te sumará puntos. Sin embargo, si no estás seguro de que todos los presentes están comprendiendo perfectamente aquello a lo que te refieres con determinado vocablo, es mejor utilizar posteriormente palabras adicionales a manera de sinónimos o breves explicaciones para complementarlo. De esa forma dejas establecido que conoces la terminología o que eres bilingüe (si es que resulta relevante según tus objetivos) y a la vez te aseguras de ser claro para todos, ya que la responsabilidad de que tu mensaje llegue íntegro a cada persona con la que hablas es principalmente tuya. Sin embargo, tanto en el ámbito profesional como en el personal "según el pájaro es la pedrada"; evalúa qué características tiene aquella persona con quien hablas y ajusta tu mensaje para que esa persona en específico pueda comprenderte, y no sólo eso, el *rapport* verbal busca que dicha persona te perciba como similar y ¡se sienta cómoda en tu presencia! Ése es tu parámetro para decidir si usarlas o no.

Con los niños ocurre igual, no quiere decir que debemos hablar con ellos utilizando únicamente las 10 palabras que se saben, si pretendemos ayudarlos a ampliar su vocabulario, debemos utilizar nuevos términos todo el tiempo, pero complementarlos automáticamente después por una breve explicación de lo que queremos decir con esa palabra, utilizando aquellas que ya conoce. De esa manera somos nosotros los que le enseñamos a hablar al niño, no el niño a nosotros (como comúnmente acaba sucediendo), ¿o no?

Por poner un ejemplo de cómo NO debemos hacerlo, así podría sonar una pregunta común y corriente que cualquier persona cercana le haría a mi hija de dos años:

"Memeica, ¿te llevo tu bibija y tu pipitón, o prefieres tomarte tu ia y am am pío con *mamates?"*

Traducción:

"Doménica, ¿te llevo tu cobija y tu chupón, o prefieres tomarte tu leche y comer pollo con jitomates?"

Suele pasar...

Pero déjame ponerte un par de ejemplos de cómo sí podemos usar palabras rimbombantes o en otro idioma:

"Lo que sucede es que estás tergiversando la información, estás cambiando el significado de las cosas y eso confunde a la gente."

"Esa persona tiene una gran habilidad para hacer rapport, *es increíble cómo la gente lo percibe como similar, confía en ella y se siente cómoda en su presencia."*

"Este caso tiene muchos issues, *¡es una cantidad de problemas impresionantes!"*

"Cuidar el timing *en el que dices las cosas es importante, es decir, todo mensaje tiene su tiempo y su momento."*

Magia para llevar

Establécete como similar al hablar y comunica:

Las palabras que elegimos para expresarnos comunican mucho a nivel implícito. Elige con cuidado aquellas que sean familiares para la persona con la que hablas, eso le permitirá sentirse cómoda en un entorno en donde es comprendida y con alguien que le resulta "similar".

'Porque recuerda, para nuestro instinto:
Lo que se percibe como similar, se percibe como bueno."

RESUMEN PASO 4: comunica

Truco 1. Sé asertivo: ni pasivo ni agresivo.
Toma en cuenta QUÉ, QUIÉN, CUÁNDO,
DÓNDE y CÓMO comunicar lo que quieres.
No es lo mismo hablar que comunicar.
Haz de tu comunicación un verdadero arte.

Truco 2. Cuida los sentimientos
del otro o perderás su disposición.
Usa el Mensaje Yo y evita las 11 frases
o palabras peligrosas.

Truco 3. Claridad mata carita. Sé específico,
preciso y conciso al comunicar.

Truco 4. Construye argumentos poderosos.
Hazlos relevantes, interesantes y memorables.

Truco 5. Usa el *rapport* verbal.
Similar es bueno también al hablar.

PASO 5: CONVENCE

LA GENTE NO QUIERE SENTIRSE PERSUADIDA, QUIERE PENSAR QUE TU IDEA… ¡FUE SUYA!

Ésa es la realidad, si la persona que tienes enfrente se da cuenta de que está siendo persuadida, se sentirá manipulada.

Lo que pasa es que tendemos a desconfiar, a pensar que el de enfrente no busca nuestro beneficio sino sólo el propio. En México hay un refrán muy conocido que dice: "La mula no era arisca, los palos la hicieron". Y quiere decir que nos hemos vuelto desconfiados gracias a la experiencia. Porque, como platicábamos hace ratito, tendemos a ser manipuladores desde chiquitos y a perseguir nuestros propios objetivos a costa de los demás, hasta que abres un libro que te dice que vale más la pena ser persuasivo y buscar un ganar-ganar porque así cuidas tu credibilidad, tu reputación y tus relaciones, y piensas: ¡ojalá todo mundo tuviera este libro, así este mundo sería un mejor lugar! Entonces ya sabes qué regalarles a todos tus seres queridos de cumpleaños (y a los no tan queridos pero que buena falta les hace).

Por eso hay que ser inteligentes y… can can can… ¿te acuerdas? Ya lo has leído muchas veces a lo largo del libro: SU-TI-LES.

En este último paso del método te compartiré valiosas herramientas de persuasión que te ayudarán a cerrar con broche de oro, a sembrar en la mente de tu víctima… digo, de tu interlocutor, lo que necesitas para que decida a favor de ambos. Una habilidad valiosa del mago de la persuasión es el mentalismo, ¿correcto? Pues este primer truco tiene que ver con eso y con ser sutiles.

1 TRUCO

SEPARA EL EGO DEL OBJETIVO

Revelación: Hazlo pensar que fue su idea (como dicen las abuelitas)

Pero ¿cómo logro que una persona llegue a mí misma idea para, después, hacerle pensar que fue suya?

Lo primero que tienes que hacer es guardar a tu querido ego en un cajón con llave, porque si tienes una gran idea, pero no estás dispuesto a cederla y entregársela a los demás para que la hagan propia, si para ti es más importante gritarle al mundo "¡tuve una gran idea!" y te salen ronchas al tener que decir "tuvimos una gran idea", pues entonces sólo será eso... una gran idea. Pero si quieres verla materializarse, si quieres que la o las otras personas se comprometan con ella, entreguen el 111% de su capacidad para hacerla realidad, ¡necesitan sentir que fue de ellas!

¿Por qué?

Pues porque cuando la idea es nuestra, siempre es una gran idea, ¿a poco no? Y si los demás están dispuestos a apoyarnos, damos lo mejor de nosotros para demostrar que en efecto era una idea maravillosa.

Así que tú, como líder persuasivo, como mago de la comunicación, lo que necesitas es encaminar al otro para que se le ocurra lo que tú ya estabas pensando y después, cuando la idea surja en su mente, te vas a sorprender de cuán maravillosa es y vas a extenderle tu apoyo absoluto para después decirle: "¡Vamos a hacerla!, ¿por dónde se te ocurre que podemos empezar?"

Seguramente se te ocurrirán muchas maneras de lograrlo ya que empieces a llevar esto a la práctica, porque aquí según el contexto y según el pájaro, será la pedrada (por cierto, qué raro refrán mexicano, ¿como por qué agarrar a un pájaro a pedradas? ¡Óigame, no! Porque una como quiera, pero y ¿las criaturas qué? En fin...).

Por lo pronto, te adelanto algunos trucos que te ayudarán a sembrar y predisponer ideas constructivas en la mente de tu interlocutor, a favor de ambos; trucos que, como diríamos en el argot del ilusionismo y la magia, te ayudarán a forzar tu carta para que el otro elija la que tú tenías pensada y después puedas fingir sorpresa por la que escogió, para sorprenderlo aún más al final y regalarle una experiencia inolvidable.

MÉTODOS PARA FORZAR TU CARTA

Método socrático

La muy conocida mayéutica de Sócrates es de las formas de persuasión más efectivas que hay. El término mayéutica se traduce como partera (el oficio de la madre de Sócrates, por cierto), es decir, la que se ocupa de ayudar a otro a parir, a dar a luz, en este caso, una idea. A través de ella, el maestro Sócrates lograba que sus alumnos descubrieran la verdad por sí mismos, en lugar de inculcar el conocimiento al cual él mismo había llegado a través de su propia experiencia, ya que bien dicen que uno difícilmente aprende en cabeza ajena. Cada vez que uno de sus discípulos le hacía una pregunta, Sócrates le respondía con otra pregunta que lo llevaba a encontrar la respuesta por sí mismo.

Sócrates rechazaba que la mente de la gente fuera un receptáculo o un cajón vacío en el cual se pudieran introducir conocimientos así como así, ya que cada cabeza tiene los recursos propios para experimentar y aprender por sí misma. De esa manera se llega a lo que hoy conocemos como aprendizaje significativo, en el cual la persona integra la información nueva con la que ya tenía, reajustando y reconstruyendo ambas informaciones en este proceso, para darle una interpretación y una verdadera utilidad de acuerdo con su propio contexto y necesidades. Podríamos llamarle incluso "aprendizaje persuasivo".

Lo que Sócrates hacía para lograr este objetivo —y lo que tú vas a hacer a partir de ahora—, es realizar preguntas a la persona a quien quieres persuadir de algo, para permitirla reflexionar, de manera que la vayas guiando hasta que ella misma descubra conceptos que estaban ya latentes o de alguna manera ocultos en su mente. En lugar de explicarle la solución a un problema, por ejemplo, le harás preguntas que ella irá respondiendo y así le permitirás llegar a la solución por sí misma y pensará que fue su idea. ¡Porque lo fue! Pero tú fuiste quien la sembró.

Veamos un ejemplo en video:

Abogado del diablo

En una ocasión, impartiendo la clase de habilidades de comunicación en la Universidad Anáhuac, les pedí a mis alumnos que prepararan una presentación persuasiva, en la que tenían que defender una idea y después hacer un llamado a la acción. El tema era abierto. Un grupo de tres estudiantes pasó al frente, prendieron el proyector e iniciaron su presentación, titulada: "Fumar marihuana es más sano que consumir alcohol" #PLOP.

Casi me da el soponcio. No porque el tema me espante, sino porque como maestra, al pararme frente a los alumnos, represento a una institución cuyos valores debo respetar y defender, y claramente el consumo de marihuana no es algo que quisiera promover el rector.

Empezaron a exponer, mi ardilla corría a mil, atolondrada, tratando de tomar la mejor decisión, cuando para mi sorpresa empezó a ocurrir algo único e inesperado. ¡Los mismos alumnos, quienes conformaban el público, empezaron a rebatir el tema, indignados!

¡No daba crédito! Entonces tomé cartas en el asunto y aproveché la oportunidad. "Para la semana que entra vamos a dividir el grupo en dos: quienes están a favor y quienes están en contra de la idea que exponen sus compañeros. Tienen una semana para estudiar el tema, buscar fundamentos y elaborar argumentos poderosos. ¡Vamos a debatir!", les dije.

Cuando llegó el día, ambos grupos, bien documentados, defendieron sus ideas con gran ahínco.

¿El resultado? Que quienes veían en la marihuana un peligro afianzaron sus creencias y las volvieron firmes e inquebrantables. El otro grupo (en el que muchos acabaron dudando) básicamente sirvió como abogado del diablo para prenderles la mecha a los demás, y ponerlos a investigar y convencerse de una idea que, si yo misma hubiera expuesto, jamás hubiera echado raíces tan profundas en ellos.

Ilusión de alternativas

Este método bien podría asemejarse a la manera en que el chef de un restaurante fuerza nuestra carta sin que nosotros nos percatemos. Déjame explicarte:

Llegas un día cualquiera a comer a tu restaurante favorito, fuiste ahí porque tenías antojo de algo. El mesero se acerca y te ofrece el menú. En él encuentras distintas opciones:

Lees cada opción con detenimiento mientras evalúas tus necesidades y qué platillo podría cubrirlas de mejor manera. Al final eliges, y por supuesto (si eres una persona medio cuerda) no pides un coctel de camarones porque... ¡¿pues, por qué habrías de hacerlo si no está en el menú?!

Exactamente de eso se trata la ilusión de alternativas. Esta herramienta de programación neurolingüística afirma que tendremos mayores posibilidades de hacer que la otra persona elija algo que a nosotros nos conviene si dirigimos su atención de manera inteligente a un menú en donde cada opción sea buena para nosotros, aunque la persona elija lo que más se adapta a sus necesidades. Es también una forma de prestidigitación.

Pongamos un ejemplo de cómo pedimos las cosas comúnmente, y cómo deberíamos de pedirlas utilizando este método.

Forma común sin truco:

—Buenos días, licenciado. ¿Podríamos reunirnos esta semana para platicar sobre la propuesta que le envié antier a su correo?

—Buenos días, esta semana lo veo complicado, por favor búsqueme más adelante.

A ver, fíjate en la pregunta de este ejemplo. Da pie a dos posibles respuestas:

a) "Sí" (te conviene)

b) "No" (no te conviene)

Entonces, si el "no" como posible respuesta no te conviene, ¡no lo pongas en el menú! Así como el chef no puso una opción en el menú que dijera: "Nada, gracias, me voy a comer el pan de cortesía y me voy".

Forma persuasiva con truco:

—Buenos días, licenciado. ¿Qué día de esta semana podríamos reunirnos para platicar sobre la propuesta que le envié antier a su correo? Calculo que con 40 minutos sería suficiente para escucharlo y llegar a un acuerdo. ¿Le acomoda más el martes por la mañana o prefiere miércoles o jueves por la tarde? Podemos vernos en mi oficina o, si prefiere, lo veo en la suya. Sólo le agradecería que no fuera después de las 7 pm.

—Buenos días, dijo martes, miércoles o jueves, ¿verdad? Creo que el jueves por la tarde tengo una hora disponible entre cita y cita, déjeme checar mi agenda... sí, a las 5 pm. ¿Está bien? Sólo que como tengo una semana muy complicada le agradeceré que nos veamos en mi oficina.

Ahora bien, aunque este método te ayudará mucho a evitar el "no se puede" que arrojamos muchas veces en automático cuando nos piden algo y nos sentimos estresados, ninguna técnica es infalible. Es decir, si al licenciado en cuestión no le interesa tu propuesta para nada o si va a salir de viaje o de plano su agenda es un absoluto caos... pues no vas a obtener una respuesta afirmativa por más elocuente que seas. Pero si estaba dubitativo, si existe una mínima posibilidad de que te ganes esa cuenta, es así como vas a lograrlo (suponiendo que para hacer la propuesta tomaste en cuenta todos los pasos anteriores del método del mago de la persuasión).

Otra manera de utilizar la ilusión de alternativas es aprovechando la predisposición de la mente a pensar de manera lineal cuando se trata del tiempo.

Cuando nació mi hija Doménica, yo sentía que tenía todas las herramientas para persuadir a mi tierno bebé, ¡estaba más que armada, imagínate!

Ay, ajá...

Cuando yo, muy optimista, traté de usar la ilusión de alternativas para darle de comer diciéndole: "¿Quieres pollito con brócoli o prefieres pescado con jitomates?" y para mi gran desilusión me contestó tajantemente: "¡Que no, comer no!", me quedé pasmada... ¡se supone que eso no debería de pasar! (por eso te digo que aunque es muy efectivo y es muy factible que funcione la mayoría de las veces, con vikingas tercas de dos años encontrar la excepción a las reglas es muy fácil).

Así que después de recoger y sacudir mi ego persuasivo, que mi hija chiquita había acribillado y revolcado sin piedad en el charco de lodo en el que jugaba mientras me contestó, me puse a pensar en qué otro método podría funcionar con ella. ¡Y entonces me acordé de esta segunda forma de ilusión de alternativas que te voy a platicar!

En esta ocasión, lo que vas a poner en el menú son opciones de qué hacer primero y qué después. Independientemente de lo que la otra persona elija primero según su conveniencia, su mente registrará que el resto de actividades se tendrá que hacer después. ¿En qué orden? Eso realmente no importa, mientras se cumplan. Veamos un ejemplo:

Forma común sin truco:

—Mary, buenos días, un favor enorme. Fíjese que necesito el teléfono de la licenciada López para invitarla al congreso de la próxima semana, ¿podría ayudarme con ese dato?

Cinco minutos después cuando Mary ya se disponía a concentrarse de nuevo en sus labores:

—Mary, perdón, otro favorcito de volada. Me dijo mi jefe que usted podría ayudarme a ver qué tiene mi computadora que no quiere conectarse al mail de la oficina, no sea malita.

Diez minutos después, Mary ya presionada por los pendientes que tiene que resolver con urgencia, voltea a su computadora y activa la pantalla que permanecía en reposo, cuando de pronto vuelves a llamar su atención:

—Híjole, Mary, va a decir que qué lata le doy, una disculpa, pero ya por último, ¿me podría dar el documento que terminamos en la junta de ayer?, yo le saco las copias, no se preocupe.

Forma persuasiva con truco:

—Mary, buenos días, necesito su apoyo para tres cosas rápidas que sólo usted me puede ayudar a resolver. Sé que está ocupada, no se preocupe, le platico rápido y ya usted me dice qué me puede ayudar a resolver primero y en qué momento del día puedo regresar para ver lo demás. Le explico, necesitamos invitar a la licenciada López al congreso de la próxima semana, ¿podría usted extenderle la invitación por teléfono? Si se le complica, páseme el dato y con gusto lo hago. Por otro lado, el mail de mi computadora no está funcionando, me dijo mi jefe que usted puede ayudarme, no me urge para este instante, mientras quede antes de cerrar el día. Si quiere se la dejo para que le eche un ojito cuando le sea posible. Finalmente, ¿recuerda el documento que terminamos en la junta de ayer?, ¿podría apoyarme ya sea escaneándolo y enviándomelo para poder imprimirlo, o regalándome una copia del mismo? Lo que sea más fácil. ¿Con cuál de esas tres cosas podría ayudarme primero?

—Claro, licenciada, tengo varios pendientes que resolver ahorita y estoy un poco apurada, le marco de volada a la licenciada López, si la encuentro la invito de una vez, si no, ¿le parece bien que insistamos a lo largo del día a ver quién la localiza primero? Aquí está su número. La computadora déjemela y al rato le llamo al técnico para que la arregle y se la suba. Del documento, antes de irme a comer le dejo una copia en su escritorio.

—¡Gracias, Mary, éxito con sus pendientes!

Y si estás preguntándote qué tanto me sirvió este truco con mi hija... (Pam se endereza, recupera el prestigio, saca el pecho y se menea como pavorreal en celo). Je je je... me sirvió, ¡perfecto! No 100% de las veces, pero sí 80%. Vale la pena perfeccionar esta técnica, es muy útil en cualquier ámbito.

Otra forma de ilusión de alternativas tiene que ver con la implicación que tienen ciertas palabras que podrían cambiar por completo la predisposición de la gente a hacer o no lo que le pides. Por ejemplo:

En lugar de usar el condicional "si (sucede algo)" utiliza "cuando (suceda algo)". En este caso la alternativa que tendrá tu interlocutor será la de elegir en qué momento ocurrirá lo que deseas, mas no la posibilidad de que eso ocurra. ¡Más vale tarde que nunca!

En lugar de: "Si vienes a la junta, ¿te traes los papeles, por favor?"

Mejor di: "Cuando llegues a la junta, ¿me entregas los papeles, por favor?" o "Cuando vayas hacia la junta, recuerda pasar por los papeles, por favor".

Un valor agregado, y muy importante, de ofrecer alternativas, es que la gente no quiere lo mejor sino lo que la hace sentirse más cómoda. Es con base en esta premisa que elegirá lo que le conviene. Pero lo que pudiera ser cómodo para nosotros no necesariamente lo será para todos los demás. Es por eso que al ofrecer alternativas tendremos mayores probabilidades de dar en el clavo y posicionarnos como la opción más conveniente para cada persona.

Por ejemplo, en muchas ocasiones al visitar páginas web de distintos comercios me he topado con distintas opciones de contacto: por mail, por chat, por teléfono, por cita. Yo supongo que quien las ofrece lo hace para que quien quiere contactarlo se sienta lo más cómodo posible y brindar un buen servicio. Pero para mi sorpresa, pareciera que las personas que brindan información no están capacitadas en este sentido.

Cuando me casé tuve que contactar una gran cantidad de proveedores y te puedo decir que 70% de ellos cometía el mismo error. Éste consistía en no poner atención a mis elecciones, empezando por el medio de contacto que había elegido. Quienes me conocen en serio saben que detesto hablar por teléfono por muchas razones que no expondré en este momento. Prefiero, en la mayoría de los casos, una comunicación escrita por correo o chat, en donde podamos ir directo al punto, cada quien responda cuando tenga disponibilidad, la gente de alrededor no se entere de la conversación y los acuerdos queden documentados para futuras referencias. Si se trata de tocar temas serios o tener una conversación, prefiero hacerlo en persona porque observando el comportamiento no verbal de la otra persona me llevo mucha más información que solamente escuchándola, además sé si me está poniendo atención.

Así que seguramente deducirás que para pedir informes de algo, siempre elegiré un canal de comunicación escrita.

¡Y así lo hago! Pero en varias ocasiones he tenido discusiones de este tipo con distintos proveedores:

—Buenas tardes, escribo para pedir una cotización con estas características: bla bla bla bla.

—Buenas tardes, señora Jean, ¿me podría proporcionar su número telefónico para llamarle y comentarle al respecto?

—Agradecería que me comentara lo que fuera necesario por este medio, ya que estaré todo el día en reuniones y me será muy complicado tomar la llamada.

—Comprendo, es sólo con la intención de brindarle un mejor servicio, si desea le puedo llamar por la noche, indíqueme la hora.

—Por la noche tampoco me es posible, ¿me podría cotizar por este medio, por favor?

—¿Le resultaría más cómodo que la llame el fin de semana? O quizás agendar una cita para platicar en persona

¡Piedaaaaaaaad! Me perdió. El cuento de nunca acabar.

#Next.

Así que, por favor, si ofreces alternativas de cualquier tipo, pon atención a las preferencias de quien elige, hay mucha información de por medio para dar un buen servicio, si es que sabes observar.

La ley del menor esfuerzo

Este método consiste en poner las cosas en perspectiva, de manera que cobren menor dimensión ante los ojos de tu interlocutor. Para ello, pide primero algo que parezca complicado, tedioso, inasequible y después lo que realmente quieres. Parecerá fácil en comparación con lo primero que solicitaste. Partimos de la premisa de que toda persona, al tener que decidir, pondrá por encima de cualquier posibilidad aquella que implique un menor esfuerzo.

Es similar a lo que hacemos cuando regateamos un precio, por ejemplo. El vendedor eleva el costo, el comprador "le hace la llorona" para que lo baje y le ofrece la mitad, el vendedor finge estar cediendo mucho y se "hace del rogar", entonces cede y le da un descuento un poco menos cuantioso que el que solicitó el comprador; ambos se quedan felices sintiendo que se salieron con la suya.

Entonces, si en términos monetarios lo vemos tan común, ¡es momento de usar esta lógica para todo lo demás!

Pongamos un ejemplo de cómo podrías utilizarla, y vamos un paso adelante, ¡integrémosla con la ilusión de alternativas! De hecho, ya lo habíamos hecho en los ejemplos anteriores, pero probablemente no lo habías notado. Permíteme retomarlos para traer este asunto a tu atención:

—Buenos días, licenciado. ¿Qué día de esta semana podríamos reunirnos para platicar sobre la propuesta que le envié antier a su correo? Calculo que con 40 minutos sería suficiente para escucharlo y llegar a un acuerdo. ¿Le acomoda más el martes por la mañana o prefiere miércoles o jueves por la tarde? **Podemos vernos en mi oficina o, si prefiere, lo veo en la suya.** Sólo le agradecería que no fuera después de las siete de la noche.

En este primer ejemplo, lo más obvio es que el licenciado quiera verte en su oficina, tú ya lo tienes contemplado de esta manera, pero planteas inicialmente la posibilidad de verse en la tuya, lo cual implica para él una pérdida de tiempo y esfuerzo para desplazarse. Verse en tu oficina parece muy complicado. Verse en la suya, en comparación, parece algo mucho más sencillo de hacer.

Vamos con el segundo ejemplo.

—Mary, buenos días, necesito su apoyo para tres cosas rápidas que sólo usted me puede ayudar a resolver. Sé que está ocupada, no se preocupe, le platico rápido y ya usted me dice qué me puede ayudar a resolver primero y en qué momento del día puedo regresar para ver lo demás. Le explico, necesitamos invitar a la licenciada López al congreso de la próxima semana, **¿podría usted extenderle la invitación por teléfono?** Si se le complica, páseme el dato y con gusto lo hago. Por otro lado, el mail de mi computadora no está funcionando, me dijo mi jefe que usted puede ayudarme, no me urge para este instante, mientras quede antes de cerrar el día. Si quiere se la dejo para que le eche un ojito cuando le sea posible. Finalmente, ¿recuerda el documento que terminamos en la junta de ayer?, **¿podría apoyarme ya sea escaneándolo y enviándomelo para poder imprimirlo, o regalándome una copia del mismo?** Lo que sea más fácil. ¿Con cuál de esas tres cosas podría ayudarme primero?

Naturalmente para Mary será más sencillo darte el dato de la licenciada López, que hacer ella la llamada. Por eso le das ambas opciones; en realidad tú tenías programado llamarle directamente, pero "chance es chicle y pega". Por otro lado, generalmente sacar una copia de un documento es más sencillo que escanearlo y enviarlo por correo; para ti la copia está bien, pero al pedir un escaneo inicialmente, la copia ya parece cosa sencilla.

RETO LEY DEL MENOR ESFUERZO E ILUSIÓN DE ALTERNATIVAS

¿Cómo podrías utilizar estas herramientas en tu día a día?

Recuerda que la práctica hace al maestro. Para que tu mente sea cada vez más hábil pensando así, necesitas practicar. Te propongo que dediques este día a poner atención a la manera en la que pides las cosas, desde lo más sencillo, y aunque inicialmente podría costarte un poco de trabajo, haz un esfuerzo adicional por plantear tus peticiones utilizando estas técnicas. Pronto serás todo un experto.

Set sí o regla de tres

¿Has notado lo asiduos que somos a contar hasta tres para todo? Tanto si te vas a echar un clavado, vas a dar un brinco o estás por hacer algo que implica esfuerzo o valor. Para pegarle a una piñata. Para darle un ultimátum a un niño pequeño. Para cargar algo muy pesado entre dos personas. Para tocar una puerta damos tres golpes (sobre todo si eres Sheldon el de *The Big Bang Theory* o Luigi de Los Leftovers, que son casi lo mismo).

La tercera es la vencida...

¿Cuántos ejemplos más se te ocurren?

Esto sucede porque, efectivamente, nuestra mente tiene mayor predisposición para abrir la puerta de nuestra voluntad cuando se le han pedido o sugerido las cosas por tres ocasiones. Así estamos programados. Esta técnica se utiliza incluso en la comedia para disparar las carcajadas del público.

Veamos cómo podemos aprovecharla para forzar nuestra carta:

- A través de preguntas sugestivas del tipo: ¿Ya te pusiste a pensar en lo bien que te quedará esa prenda nueva si compras esta faja?
- A través de inducciones, por ejemplo: Entre más delgado te veas, te sentirás mejor contigo mismo y la gente te querrá más.
- Por medio de órdenes o afirmaciones: Luce esta faja debajo de esa prenda nueva y te sentirás de maravilla.

O las tres combinadas...

Harás que la mente de quien te escucha responda afirmativamente tres veces, antes de solicitar lo que necesitas. Esto sería como tocar tres veces la puerta de su mente para abrir su voluntad.

Como habrás notado, los ejemplos que puse suenan a infomercial, y es que ¡en ellos utilizan esta fórmula con maestría! Haciéndote querer tomar el teléfono de volada o dar clic en el enlace de compra, casi de manera impulsiva. Si no me creen, pregúntenle a mi mamá.

Podría funcionar también de esta manera:

Pregunta 1: *¿Te gustaría verte mejor que nunca?*

Respuesta 1: sí

Pregunta 2: *¿Quisieras que la gente se sorprendiera al verte pasar?*

Respuesta 2: sí

Pregunta 3: *¿Te gustaría deshacerte de ese peso extra que no necesitas?*

Respuesta 3: sí

(Aquí imagina las compuertas de la voluntad de la otra persona abriéndose de par en par, dejando entrever una luz blanca deslumbrante, mientras un coro angelical las acompaña.) Y entonces pides lo que quieres en forma de pregunta sugestiva, inducción, orden o afirmación:

Pregunta sugestiva: *¿Estarías dispuesto a probar algo que te dará esos resultados?*

Respuesta mágica: *¡Sí! ¿En dónde lo compro? ¡Quiero tres! ¡Quítate, hija de tu progenitora, son míos!* (Bueno, exageré un poquito.)

RETO SET SÍ O REGLA DE TRES

A partir de ahora desvélate un poquito de vez en cuando viendo infomerciales, o aprovecha el insomnio en lugar de estresarte, escucha con atención los comerciales, observa la publicidad en revistas y en las calles, e identifica estos elementos; verás lo comunes que son en el marketing.

Si eres millennial o muy moderno, seguro estás pensando: "¡¿Comerciales?!, pero si tengo Netflix y YouTube, ¡no sé de qué me hablas!"

Créeme, hacer las cosas a "la antigüita" por esta ocasión te traerá muchos beneficios. Entrenar el ojo y el oído, como un reto, para identificar estos recursos, te ayudará a pensar de una manera cada vez más creativa, de forma que puedas idear muchas formas de implementar esto según tus objetivos.

Peticiones encubiertas

Te lo pongo así, si eso es lo que quieres, ¡dalo por hecho! Ésa es la premisa de este método para forzar tu carta.

Se trata de pedir u ordenar algo de manera tan sutil y elegante que la otra persona no lo note. Parte de un fundamento muy interesante que mencioné en páginas anteriores, me refiero a que la mente suele acomodar las acciones por pasos o temporalidad; nos referimos a ello como mente lineal.

¿Cómo lo hago?

Vas a estructurar tu petición u orden de la siguiente forma:

Primera parte: Dices lo que realmente quieres, lo que verdaderamente importa, en forma de AFIRMACIÓN, dándolo por hecho y sin dejar lugar para la duda.

Segunda parte: Lanzas una pregunta o petición que no tiene importancia. No importa si es respondida u otorgada, o de plano no lo es. Simplemente te servirá para desviar la atención del otro a esta parte.

Resultado: La respuesta será que tu interlocutor dirigirá su atención y esfuerzo a realizar la segunda parte de tu oración —es decir, la petición—, mientras que su inconsciente manda la orden de realizar la primera sin ponerla en duda.

Por ejemplo:

En lugar de decir: *"Por favor, ¿podrías leer mi CV antes de que yo me vaya?" (Podría sonar prepotente o grosero.)*

Di: *"Mientras lees mi CV, ¿podrías indicarme en dónde está el baño, por favor?"*

En lugar de decir: *"¿Cuándo podrías mandarme las fotos que te pedí?"*

Di: *Cuando me envíes las demás fotos, ¿podrías enviarme tu CV, por favor? ¡Quiero recomendarte con alguien!*

En este segundo ejemplo agregamos el componente: beneficio, lo cual lo hace más atractivo. La atención de la persona irá directamente a lo más interesante de la frase que se refiere a la manera en que saldrá ganando si hace lo primero, pero estás condicionando el beneficio de una manera muy sutil.

En lugar de decir: *"¿Cuándo podrías pagarme el anticipo?"*

Di: *Cuando deposites el anticipo avísame, ¡tengo una noticia que te va a encantar!*

En este tercer ejemplo agregamos el componente: curiosidad.

Nota importante: Asegúrate de, en verdad, tener una noticia encantadora, evita que te agarre en curva.

Magia para llevar

Hazlo pensar que fue su idea y convence:

La gente demuestra mayor compromiso y disposición para desarrollar una idea propia que cuando se trata de una idea ajena. ¿El motivo? Ellos pensarán: "Si la idea fue mía, ¡seguramente es una maravillosa idea! Voy a hacer todo lo posible para demostrárselos".

Como mago de la persuasión, debes tener la habilidad de sembrar tus propias ideas en la mente de otras personas para conseguir lo que deseas, separando el ego del objetivo. Existen diversos métodos para forzar tu carta:

- La mayéutica o método socrático
- El abogado del diablo
- La ilusión de alternativas
- La ley del menor esfuerzo
- La regla de tres o set sí
- Las peticiones encubiertas

"Si quieres persuadir a alguien, has de hacerlo a través de sus propias argumentaciones."

—Giorgio Nardone

2 TRUCO

NO PIDAS, OFRECE

Revelación: Deja claro quién gana qué

Ahora que ya cautivaste la atención de la otra persona, que ya escuchaste atenta y suspicazmente, identificaste sus necesidades, motivaciones y creencias, y sabes reconocer claramente tanto tu objetivo como el suyo, es momento de alinear intereses y lograr un acuerdo común en el que ambas partes se sientan satisfechas.

Para comprender mejor este punto, pongamos un ejemplo hipotético en donde estás buscando un aumento de sueldo:

Cómo NO hacerlo (y cómo comúnmente lo hace la gente):

> ***—Oiga, jefecito, disculpe la molestia pero, pues... es que quería ver si usted podía echarme la mano con lo que viene siendo pues... este... un aumento de sueldo, ¿no? Mire, lo que pasa es que la escuela de mis hijos está cada vez más cara, mi esposa está esperando otro chilpayate y ahora con el precio tan alto de la gasolina, me tengo que venir al trabajo en Uber y me está saliendo recaro. Entonces, pues... este... quisiera ver si fuese posible lo que le digo del aumento de sueldo. Hoy por mí, mañana por usted.***

Palabras más, palabras menos, ésta es una figura muy cotizada por quienes aspiran a un aumento de sueldo. Es el recurso de quien cree que la empresa donde trabaja debería fungir también como fundación y dedicarse a amparar a sus empleados, o de quien cree que su jefe es una figura paternal a quien recurrir en tiempos de escasez o dificultad.

Pero hay todavía una peor, chécate "nomás":

> ***—Disculpe, jefe, como usted sabe, llevo ya laborando dos años para esta empresa y considero que durante todo este tiempo he hecho mi mejor esfuerzo, he dado el 100% de***

mi capacidad y he realizado un buen trabajo. Por lo mismo quisiera pedirle un aumento de sueldo, pues creo que me lo merezco. No sé usted qué piense...

Ésta es la figura preferida de quien supone que un aumento de sueldo es una especie de bonificación, de propina, un premio por hacer el trabajo que a uno le corresponde.

Ambas son maneras terribles de pedir un aumento de sueldo. En el primer caso porque no es responsabilidad de la empresa ni de tu jefe resolver tus problemas económicos. En el segundo caso porque, ¡ya te pagaron por ese trabajo! Es decir, cuando te contrataron ellos estaban esperando precisamente *eso*, que dieras el 100% de tu capacidad y realizaras una buena labor, ¿cierto? Y te ofrecieron un sueldo acorde a lo que esperaban de ti, ¿correcto? ¡Entonces, no puedes llegar a regodearte por haber hecho lo que se esperaba de ti como pretexto para pedir un incremento en tu sueldo!

—Entonces, Pam, ¿qué es lo que sí debo hacer para ganar más?

La respuesta es fácil: Aportar más. Identificar las nuevas necesidades de tu jefe o de tu empresa y ser propositivo. Si tú vas a dar un extra, entonces tienes el derecho de pedir un extra. Siempre, dejando claro cómo ambas partes saldrán ganando.

Cambia la perspectiva. No vas a *pedir* trabajo o dinero, vas a *ofrecer* trabajo, soluciones. Y "nomás" por no dejar, en este tema específico del aumento de sueldo, hay otras consideraciones que tener en mente, como por ejemplo, si no estás seguro de haber cubierto con las necesidades iniciales para las que te contrataron, si no has dado el ancho o si la compañía está pasando por momentos difíciles entonces *"hold your horses!"* o lo que es lo mismo "aguanta vara". No es el momento.

Da primero. Otra manera de ofrecer antes de pedir consiste en dar primero. Se trata de basar tu relación (sea del tipo que sea) en la reciprocidad.

Nos sentimos obligados a retribuir de algún modo a quien nos ha dado algo en primer lugar. La persona inteligente da primero. No se trata de cargar de interés cada cosa que haces por alguien más, se trata de entenderlo como los primeros pasos de una nueva relación basada en el beneficio mutuo, tal como sucede en una relación amorosa de cualquier tipo.

Por ejemplo, tres de mis productos más vendidos son las conferencias —que duran aproximadamente dos horas—, los cursos abiertos al público —que varían en tiempo y forma— y los cursos que impartimos en empresas u organizaciones —que se adaptan a las necesidades del público objetivo— (¡llévelo, llévelo!). En muchos momentos de mi vida tuve que regalar conferencias o asesorías para darme a conocer, claro que mi intención secundaria era ser contratada, pero mi intención primaria, aun sin ganar un peso, siempre era impactar positivamente la vida de quien me escuchara. Si yo no hubiera tenido clara esta intención primaria, hubiera sido muy fácil dar conferencias o asesorías mediocres en donde diera poca información y más bien me encargara de vender, lo mismo me hubiera pasado al ir a entrevistas en medios de comunicación, y entonces hubiera fracasado. Sin embargo, en cada plática, en cada entrevista, me entregaba (como lo hago ahora) como si fuera el momento más trascendente de mi carrera, y cada público, el más importante. De hecho, en una de las entrevistas que tuve con Yordi al inicio, me dio un gran consejo: "No escatimes en información, dile al público en cada entrevista todo lo que quieran saber, no pienses que porque ya diste la información, entonces nadie querrá tomar tu curso, porque ocurre exactamente al revés, entre más das, más interés despiertas y más recibes".

¡Y tenía toda la razón!

Así que, si has de dar primero, hazlo desde el corazón, con la única intención de que eso que ofreciste impacte positivamente la vida de alguien más. En el peor de los casos, serás contratado para algo más grande, pero en el mejor de los casos, habrás ya hecho algo extraordinario: habrás servido a tu misión en la vida y habrás dejado un legado que, como diría Gabriel Guerrero, te permita mejorar el mundo, una persona a la vez.

Carlos Duran, a través de YouTube, nos compartió la manera en que esta herramienta le funcionó de forma maravillosa en una ocasión:

> **Estuve un tiempo en una empresa y tenían cartera vencida con proveedores en un 60%. Los de mi área y los de Tesorería no tenían buena relación. Cuando conocí a los de Tesorería empecé a comunicarme y a relacionarme con ellos, les platiqué sobre mis funciones y responsabilidades, y ellos me comentaron sobre las suyas. Un día les platiqué que nos estaban pidiendo liberar los pagos a los proveedores a la brevedad, para no tener problemas. Poco tiempo después, noté que uno de ellos, además de tener la obligación de hacer los pagos, vendía productos de hombre y mujer a través de un catálogo. Empecé a ver sus ofertas, a adquirir sus productos... si de todas formas los necesitaba, en lugar de comprarlos en el súper, podía comprárselos a él y ambos saldríamos ganando; nos hicimos buenos amigos. Días posteriores, sin que yo preguntara o pidiera nada, me empezó a apoyar liberando los pagos que necesitaba. ¡Logramos bajar esa cartera en dos meses!**

Utiliza la ecasez como recurso. ¿Qué convierte en única tu propuesta o qué excepción favorable estás teniendo con esa persona? Ésta también es una manera de dar antes de pedir o de ofrecer un extra.

Una vez más, recuerda: "Haz todo lo necesario para hacer sentir especial al otro, importante". Eso sí, debes de cuidar que tu excepción o propuesta sea genuina, si a todos les dices lo mismo, estarías manipulando a través de engaños y no persuadiendo de manera honesta.

RETO NO PIDAS, OFRECE

Reúnete con tus colegas más cercanos y hagan una lista de aquellos valores agregados que diferencian su producto o servicio del resto, de acuerdo con su público objetivo. Háganse la siguiente pregunta: ¿Qué tengo yo que permite a mi cliente o prospecto ser mejor, y que la competencia no puede ofrecerle? También anoten el tipo de consideraciones, excepciones, cortesías, regalos, etcétera, que podrían ofrecer en determinados casos según el cliente. ¿Qué podría regalar como una probadita de lo que hago, no con la única intención de ser contratado después por compromiso, sino con la intención de ofrecer algo de verdadero valor en ese momento, independientemente de los resultados?

Magia para llevar

No pidas, ofrece y convence:

✦ Cambia la perspectiva: plantea lo que ofreces, como una solución para quien escucha. Deja claro cómo lo tuyo suma al proyecto de la otra persona.

✦ Da primero: ve un paso adelante, siembra con fe y riega lo que quieres cosechar. No bases tu relación en la conveniencia sino en la reciprocidad.

✦ Utiliza la escasez como recurso: ¿qué hace a tu propuesta única para esa persona en particular?

"Los hombres hábiles ambicionan convencer, los mediocres o sin talento no aspiran sino a mandar."
—José Joaquín Olmedo

RESUMEN PASO 5: convence

Truco 1. Separa el ego del objetivo: hazlo pensar que fue su idea y conquista su voluntad. Lo importante no es a quién se le ocurrió, sino que todos contribuyan con el 111 % de su capacidad y compromiso a hacerla posible. El otro pensará: "Voy a demostrarle que fue una gran idea" y tú obtendrás resultados.

Truco 2. No pidas, ofrece: deja claro desde el principio quién gana qué, cómo esto es conveniente para el otro. Cambia la perspectiva. Da primero.

NOTA FINAL

Recuerda siempre, todos estos recursos puedes usarlos para manipular y conseguir lo que quieres de una manera egoísta, a base de chantajes y engaños, o puedes usarlos para hacer magia... magia blanca, y conseguir lo que deseas, propiciando un ganar-ganar, fortaleciendo tus relaciones y generando respeto, gratitud y cariño por parte de aquellos cuyas vidas tienes el honor de tocar. Sea como sea, siempre cosecharás lo que siembres, ni más, ni menos.

Así que, querido lector, con la práctica conseguirás ser el mago de la comunicación y la persuasión que deseas ser. Te sorprenderás de lo que eres capaz de lograr. Te intrigará conocer cuántas cosas más hay que puedes hacer para conseguir lo que quieres y abrirte las puertas del éxito. A veces te sentirás frustrado por no lograrlo todo al primer intento, pero ten paciencia y recuerda que, en todo momento, ¡cuentas conmigo! Gracias por confiar en mí y leer estas palabras que, estoy segura, marcarán para bien y para siempre tu vida.

Si quieres saber más (porque siempre hay más que saber) y decides que sea yo quien te acompañe en este camino, aquí encontrarás los cursos, conferencias o locuras que esté haciendo en el momento en el que termines de leer este libro (porque lo estaremos actualizando siempre):

Pero esto no se acaba hasta que se acaba, y no existe mejor manera de cerrar este libro que con las palabras de uno de los genios del pensamiento crítico y la argumentación.

¿Te acuerdas que te conté que uno de mis pininos en esto de dar cursos de persuasión fue impartiendo el taller de Lenguaje Persuasivo a los grupos de liderazgo Anáhuac hace muchos años? Bueno, pues cuando buscaba la manera de entregarles a mis alumnos un diploma con verdadero valor, pensé que mi nombre no sería suficiente, finalmente, ¿quién era yo? Pero conocía a alguien que podía darle peso a ese pedazo de papel garigoleado. No sabía qué me iba a decir si se lo pedía, pues finalmente ese alguien me conocía como alumna pero jamás me había visto impartir un curso.

En fin, me atreví.

—Omar, fíjate que estoy impartiendo un taller de Lenguaje Persuasivo. Quiero compartirte el manual, el temario, si quieres te invito a escucharlo, pero... este... ¿cómo decirlo? Me gustaría que, si lo avalas, firmes los diplomas para que mis alumnos tengan algo que presumir —le dije por teléfono, sintiéndome un poco ilógica mientras me escuchaba a mí misma.

—Pam, le echo un ojo a tu material, pero sinceramente te conozco y sé que entiendes perfecto el tema, que lo has practicado y que lo que vas a darles es de calidad, no podrías hacerlo de otro modo, es tu esencia, ¡tráeme los diplomas y los firmo! —me contestó.

Ante un voto de confianza de ese nivel, solamente me quedaba dar el 111 % de mi capacidad y vivir eternamente agradecida con él por haber creído en mí, literalmente, con los ojos cerrados.

Él es una de las numerosas personas que han impactado mi vida y han hecho posible que yo sepa hoy lo mucho o poco que sé, una de las personas que más me ha inspirado y a quien tengo el gran honor de llamar no sólo maestro sino también colega de grandes proyectos y querido amigo; se trata de Omar Fuentes. Él es cofundador de la disciplina denominada Neuro-Ingeniería del Comportamiento Humano y autor de *Inteligencia Lingüística*.[1] Está certificado como Master Trainer of NLP y lleva más de 15 años impartiendo entrenamientos, certificaciones, conferencias y talleres en diversos países alrededor del mundo. Al igual que yo, Omar está convenientemente obsesionado por el lenguaje, la argumentación y su apretujada relación con la mente y el cambio (como él mismo lo define); por ello ha desarrollado algunos modelos y herramientas lingüísticas muy efectivas, que además enseña y comunica de una manera tremendamente original y profundamente divertida.

Es por todo ello que le pedí cerrar este libro con broche de oro, y es precisamente lo que hizo.

---

1 www.inteligencialinguistica.com/.

ÉSTE NO ES UN EPÍLOGO

Es algo que quieres saber antes de cerrar el libro

Por **Omar Fuentes Soto**

Aprovecharé la fortuna de participar en este fantástico libro y emplearé mis siguientes líneas para exponer dos ideas complementarias (locochonas, pachangueras y hasta chingüengüenchonas) que servirán para terminar de motivarte a desarrollar tu máximo potencial persuasivo.

No son poca cosa, pues... entonces, diré que son "mucha cosa".

Idea mucha-cosa 1: Todo lo que comunicas provoca una respuesta (en mayor o menor medida).

Nota: Lo que sigue, bienquisto lector, podría parecer innecesariamente técnico y fuera del tono de este libro, sin embargo, te prometo que elaboraré una explicación accesible y por completo relevante a nuestros fines.

Comencemos recordando el primero de los famosos axiomas de la comunicación humana: es imposible la *no-comunicación*.[1] Esto supone que todo el tiempo estamos comuni-

1 Si te interesa el tema, te recomiendo que le eches los ojos al libro *Teoría de la*

cando algo, incluso cuando ni siquiera tenemos la intención de hacerlo.

Pero ¿por qué?

Para comenzar, hay que asumir que no es posible la *no-conducta*, es decir, es imposible *no-comportarse*. No importa qué intentes: hagas lo que hagas y digas lo que digas, pienses lo que pienses y sientas lo que sientas, no hay forma de que puedas escaparte: siempre estás comportándote.

Te lo diré con un ejemplo: en tu vida cotidiana, siempre que intentas negar un comportamiento lo tienes que hacer por medio de otra conducta, no hay remedio. Así, cuando decides "no hablar más", para lograr semejante cosa tienes que comportarte de otra manera, por ejemplo, quedándote en silencio, durmiendo, comiendo o llevando a cabo cualquier otra conducta que resulte en "no hablar más".

Es imposible *no-comportarse*, y, siendo la comunicación una forma de comportarse, queda claro que es imposible *no-comunicarse*.

La segunda parte de este razonamiento tiene que ver con el ingrediente más importante de un contexto comunicacional. Son varios los elementos que deben estar presentes para que eso que llamamos "comunicación" ocurra y probablemente estás muy bien enterado de ello. El modelo clásico de la comunicación exige la existencia de un emisor (el que genera el mensaje), un receptor (el que recibe el mensaje), un mensaje (lo que se comunica), un código (el "lenguaje" que el receptor necesita para poder interpretar el mensaje) y un canal (el medio a través del cual el mensaje es transmitido), ¿no?

De acuerdo. Sin embargo, nuestro interés está en otro lado porque el elemento imprescindible no se encuentra en ese listado: para nosotros, lo que define a la comunicación es la *retroalimentación* (realimentación es la palabra que le gusta a la RAE).

---

comunicación humana; es una compilación de ensayos en los que Paul Watzlawick y su grupo de investigación establecen diversos parámetros esenciales para que los simples mortales podamos hundir los colmillos en este amplio tema.

Lo diré como si fuera eslogan de pauta publicitaria: si no hay retroalimentación, no hay comunicación.

En otras palabras: para que la transmisión de un mensaje que hace un emisor hacia un receptor por medio de un código a través de un canal se llame "comunicación" debe haber retroalimentación.

Sé bien que es probable que no te lo hayan enseñado así en la escuela, lo que pasa es que el concepto de retroalimentación se volvió particularmente especial cuando comenzamos a introducir las ideas del pensamiento sistémico en la receta (y, en gran medida, gracias a investigadores como Paul Watzlawick).

De acuerdo. Pero a todo esto, ¿qué es retroalimentación?

Hay que decir que el concepto por sí mismo merece un libro completo, por ello, aquí sólo mencionaré lo que nos es necesario para entender el resto de esta exposición.

La retroalimentación está caracterizada por *la respuesta provocada* por el mensaje transmitido (por medio de un código, a través de un canal, bla bla bla...). Dicho de otra manera, es cuando el receptor se convierte en emisor y el emisor toma el papel de receptor, lo que implica una *circularidad* en eso que llamamos "comunicación".

Es justo por esto que es imposible la *no-comunicación*: Siempre que te comportas —y ya quedamos que es algo que no podemos dejar de hacer— potencialmente estás comunicando algo. ¿Por qué? Porque potencialmente hay alguien más que puede interpretar tu comportamiento y responder ante él.

Entonces, no sólo es que la comunicación sea una forma de comportamiento sino que, al revés, todo comportamiento es una forma de comunicación.

Lo sé, lo sé. Esto hay que rumiarlo con varios ejemplos para no atragantarse:

- Cuando eres parte de una conversación es obvio que todo el tiempo estás comunicando algo *con tu conducta* —cuando hablas y cuando escuchas, cuando reaccionas de forma consciente a los mensajes y cuando lo haces inconscientemente, incluso lo haces cuando comunicas (de forma explícita o no) que ya no deseas continuar siendo parte de dicha conversación—.

- Cuando alguien te habla y, por la razón que sea, tú no quieres responder, *con tu conducta* le comunicas justamente que no quieres responder, que quieres ser indiferente, que no te interesa el mensaje; en este caso, tal comunicación no sólo tiene que ver con lo dicho sino muy probablemente con el tipo de relación que has establecido o que deseas establecer con tu interlocutor.
- Cuando fijas tu mirada en un libro y te hipnotiza a tal grado que parece que pierdes contacto con el mundo, queda claro que no tienes la intención de comunicar algo a alguien más, sin embargo, esto no excluye el hecho de que *con tu conducta* estés comunicando algo a cualquiera que pase por ahí y tenga la posibilidad de reaccionar ante ella.
- Incluso podríamos argumentar que, cuando estás solo, *con tu conducta* estás en continua comunicación contigo mismo (cuando te hablas, cuando recuerdas, cuando imaginas y hasta cuando te rascas) y esto es independiente al hecho de que te lo hayas propuesto así.

¿Te das cuenta de que el vehículo de una potencial comunicación, en todos los casos posibles, es *tu conducta*?

Dos notitas de este lado del margen:

La primera es que **la existencia de una comunicación no depende de nuestra intención**. Esto significa que, incluso en los contextos en los que no tenemos la intención de comunicar algo (por ejemplo, cuando guardamos silencio), de hecho estamos comunicando algo con nuestras conductas y siempre que alguien más las pueda interpretar y responda ante ellas.

La segunda es que **la respuesta que provocamos no siempre es evidente**. Considera que las respuestas lingüísticas (las verbales y las no verbales) no son las únicas que existen; hay veces que dichas respuestas ocurren internamente, con la forma de un pensamiento, un sentimiento, una representación sensorial, un razonamiento, etcétera.

Es importante recordar esto último porque, sobre todo cuando no tenemos la intención de comunicar, el no percibir una respuesta de nuestro interlocutor nos puede hacer creer que es cierto que logramos *no-comunicarnos* cuando, de hecho, sí provocamos una respuesta "invisible" con nuestras conductas.

Entonces, todo lo que comunicas provoca una respuesta (en mayor o menor medida). Todo el tiempo estás provocando una retroalimentación en alguna dirección... deseable o no, lo quieras o no, lo sepas o no... por el simple hecho de comportarte, y, sólo por eso, te conviene aprender a hacerlo adecuadamente y este libro es una excelente referencia para lograrlo.

Con esto, deslizo la segunda idea que quiero depositar acá...

Idea mucha-cosa 2: Todo lo que comunicas cuenta (en mayor o en menor medida).

El libro que tienes frente a tus ojos es fantástico por varias razones. Además de ser genuina, experta, divertida y accesible, Pamela hace algo que la gran mayoría de escritores de libros acerca de la persuasión no quiere hacer: implicar que, para convertirte en un mago de la persuasión, es necesario aprender varios tipos de cosas.

Piénsalo: es mucho más fácil vender un libro titulado *Lo único que tienes que hacer para adelgazar* que uno titulado *Las 14 cosas que debes tomar en cuenta para adelgazar*. Muchos objetivos en la vida, no sólo el de adelgazar, requieren la consideración de diversos elementos para su pleno cumplimiento. Por la clase de habilidad que es la persuasión, no debería ser sorpresa que esté determinada por una amplia variedad de destrezas que te conviene practicar y desarrollar.

Sé que todo esto ahora lo sabes bien, y con esto en la mente considera lo siguiente:

Cada una de estas áreas de tu comunicación cuenta, al menos potencialmente, y el asunto es que no podemos saber cuánto cuenta.

Me explico:

¿Cuánto cuenta la manera en la que suena tu voz? Hay contextos en los que su efecto es nulo (como cuando envías un mensaje escrito por WhatsApp) y hay contextos en los que es abrumador (como cuando envías un mensaje de audio por WhatsApp). Pero ¿cuánto cuenta para tu interlocutor el sonido de tu voz cuando envías un mensaje de audio o respondes a una llamada telefónica o dices "buenos días"? No puedes saberlo con certeza.

¿Cuánto cuenta tu habilidad para poner atención? Hay espacios en los que su efecto podría pasar desapercibido para tu interlocutor (como cuando atiendes a una conferencia y el expositor no puede saber que estás ahí) y hay espacios en los que es vital (como cuando haces una pregunta a una persona y ha comenzado a responder). Aun, ¿cuánto cuenta para ella tu habilidad para poner atención cuando responde a tu pregunta, cuando te explica algo que le preocupa, cuando te cuenta algo no muy importante? Tampoco puedes saberlo con certeza.

¿Cuánto cuenta tu capacidad para generar estados internos poderosos? En algunos lugares, quizá nada (como cuando estás relatando la última película que viste) y en otros lugares, tal vez mucho (como cuando estás negociando con un cliente "difícil"). Sin embargo, ¿cuánto termina contando tu capacidad para negociar con ese cliente, para manejar sus objeciones, para crear empatía con él? Realmente no puedes saberlo con certeza.

Parece un panorama desolador el que estoy presentando, ¿no? (Sabes que exagero, ¿verdad, mi perspicaz lector? No es desolador y es solamente un recurso para darle cabida a mi siguiente gran recomendación.)

Entonces, todo lo que comunicas cuenta (en mayor o en menor medida). Y como no podemos saber qué tanto cuenta cada una de estas áreas de nuestra comunicación, por piedad, **¡desarróllalas todas!**

Queda claro que es necesario practicar cada uno de los temas que Pam propone para desarrollar todas las habilidades de un mago de la persuasión... pero eso no significa que tengas que practicarlo todo al mismo tiempo y de manera perfecta desde la primera vez, ¿también estás de acuerdo?

Así que enfócate en el tema que te haya resonado más en la cabeza, el que te haya reverberado más en el corazón, el que te haya retumbado más en las entrañas; ensáyalo como si el mundo dependiera de ello siguiendo las recomendaciones de la maga; valora cada uno de los pequeños grandes éxitos que estarás obteniendo como resultado de tu práctica y disfruta esta satisfacción para que quieras seguir practicando el siguiente tema mientras que la destreza previa naturalmente se incorpora a tu menú de recursos existentes.

¡Gracias, Omar!

Antes de que cierres este libro, lo regales, lo uses como portavasos, como tope para detener la puerta, como base para subir la pantalla de tu TV o computadora, como tabla para picar cebolla, como herramienta criminal para matar mosquitos o como arma blanca para llamar la atención de tu pareja cuando no te hace caso... te pido que hagamos juntos un juramento que siempre hago con los graduados de la certificación de Lenguaje Persuasivo:Magia Orgánica, y que ahora quiero hacer contigo (mientras te imaginas cómo te cedo, de manera simbólica, la varita mágica de la comunicación, que te convierte en mago de la persuasión):

> ***A partir de ahora, que del tamaño que son tus habilidades con el lenguaje, sea tu voluntad y eficiencia para servir como un puente, un mensajero y un instrumento de amor, empatía y unión.***

Así sea, y así es. *Emet.*

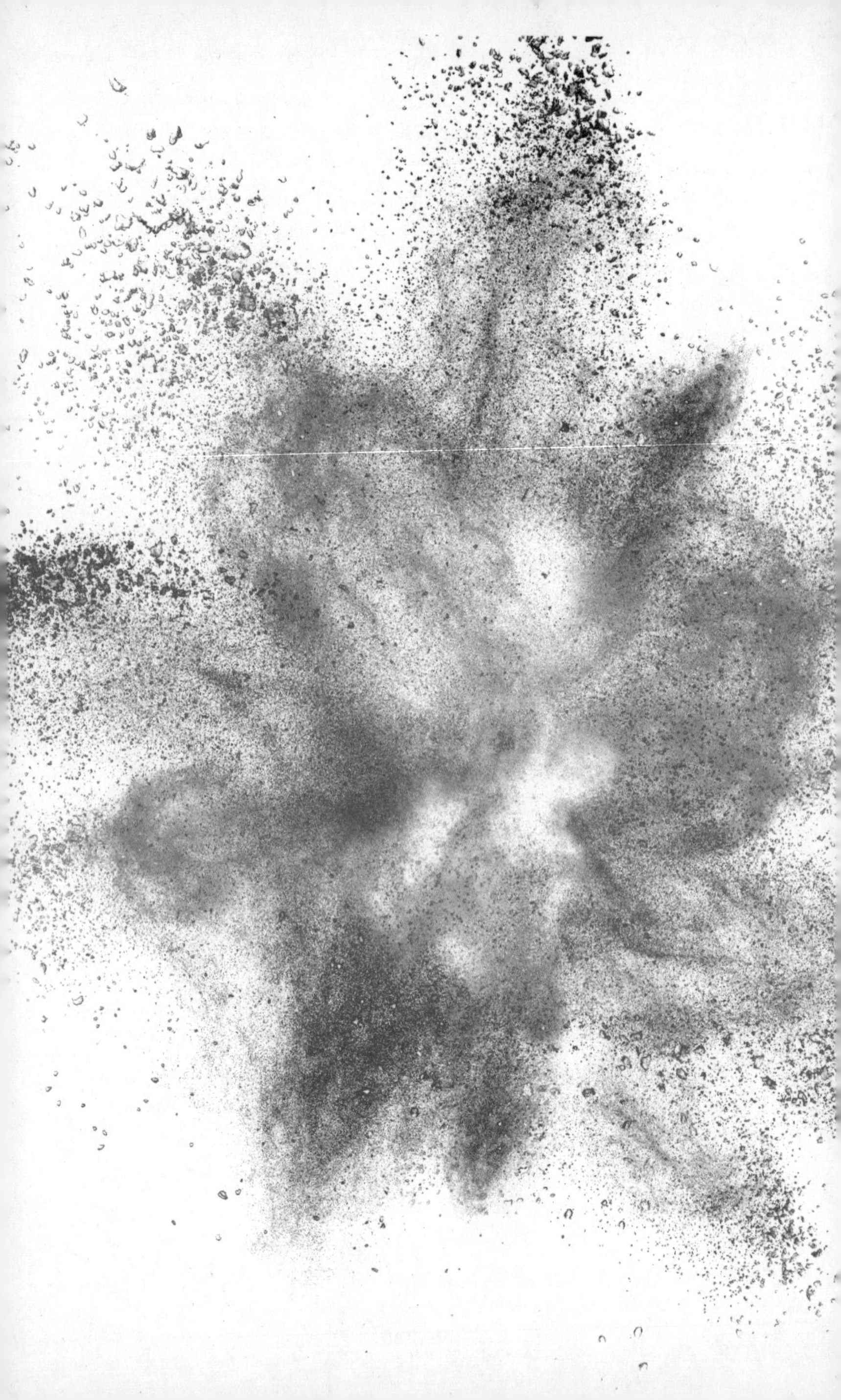

AGRADECIMIENTOS

A Yordi Rosado por ser el angelito que me puso en el momento, el lugar y con la persona indicada para darle vida a este libro.

A David García por creer y apostarle a este proyecto con tanta fe y optimismo. A Andrea Salcedo por compartir mi emoción, hacer suyo este libro y acompañarme de la mano en todo el proceso con tanta paciencia. A Jesús Guedea y todo el equipo de Penguin Random House por los polvos mágicos para hacer este proyecto volar y llegar a las manos indicadas.

A Pablo Camacho, Martha Guerrero y Antonio Albafull, por hacer posible la dinámica de "La Magia de la Persuasión, ¡escríbelo conmigo!" Y ayudarme a dar voz a tantas personas que nos compartieron sus anécdotas, dudas y reflexiones a través de YouTube y Facebook.

A Leopi, Ana María, Rosita, Alvaro, Rafa, Carlos, Eddie, Arturo y Omar por decir que sí y volver este libro EXTRAordinario.

A Israel Vital, Luis Otero, Amalia Ángeles y al equipo de diseño de Penguin Random House por ayudarme a ponerle cara a este libro y diseñar una portada MÁGICA.

A Laura Ballin y Domingo Álvarez por prestar su enorme talento histriónico para los videos del libro.

A Core Producciones por producir material multimedia de gran calidad para este libro.

A Roberto Arrieta y Resonancia Creativa por ayudarme a hacer posible esta experiencia multimedia y poner los contenidos y la plataforma al alcance de cada lector.

A Marcia González, Elena Zetina, Federico Zetina, Arturo Salas e Irma Ortiz por la asesoría legal y administrativa. Cuentas y letras claras, amistades largas.

A mis amigos y aliados en los medios de comunicación por confiar, hacerme un cachito en sus espacios y permitirme resonar más fuerte para tocar más vidas.

A mis chatos y man'tos por nutrir mi vida con su vida, agarrarme fuerte y no soltarme.

A Paola Belendez, Laura García y Alberto Vieyra por ser mis "Pepe Grillo" y ayudarme a crecer mental, emocional y espiritualmente.

A Lety, José, Ely, Regina, Pedro, Lourdes y Lidia por cuidar a los míos, encargarse del "changarro" y de tantas cosas importantes, para que yo pudiera sentarme a escribir.

A Lucrecia y Ramona, mis angelitas peludas, porque su compañía y cariño me hacen un mejor ser humano.

A mi familia: los Jean, los Zetina, los Gebara, los Rahal. Por estar pendientes siempre de mis locuras y disfrutarlas conmigo. Sin su apoyo nada sería posible.

A mis papás por ser mis raíces, mis alas y los mejores compañeros y guías en este viaje llamado vida. Por invertir tanto tiempo, esfuerzo y amor en darme las herramientas para poder dejar una huella positiva en el mundo y jalarme las orejas cuando hago burradas.

A Tony, mi cómplice y apoyo incondicional. Gracias por escucharme con tanto amor y paciencia, asesorarme, poner todos tus recursos para ayudarme a materializar mis sueños, elegirme todos los días y sostenerme en los momentos más difíciles.

A Doménica y Emiliano, mis amores. Por ser mi principal motivación e inspiración.

A Dios. Por guiar mi mente, mi corazón, mis acciones y palabras, y ser el mejor socio que alguien puede tener.

Y a ti, querido lector, porque pues... sin ti, sin tu curiosidad, esfuerzo, disciplina y tus ganas de mejorar, pos ni para qué hacer todo esto. Agradezco y honro tu confianza con todo el corazón. Gracias por no dejarme hablando sola.

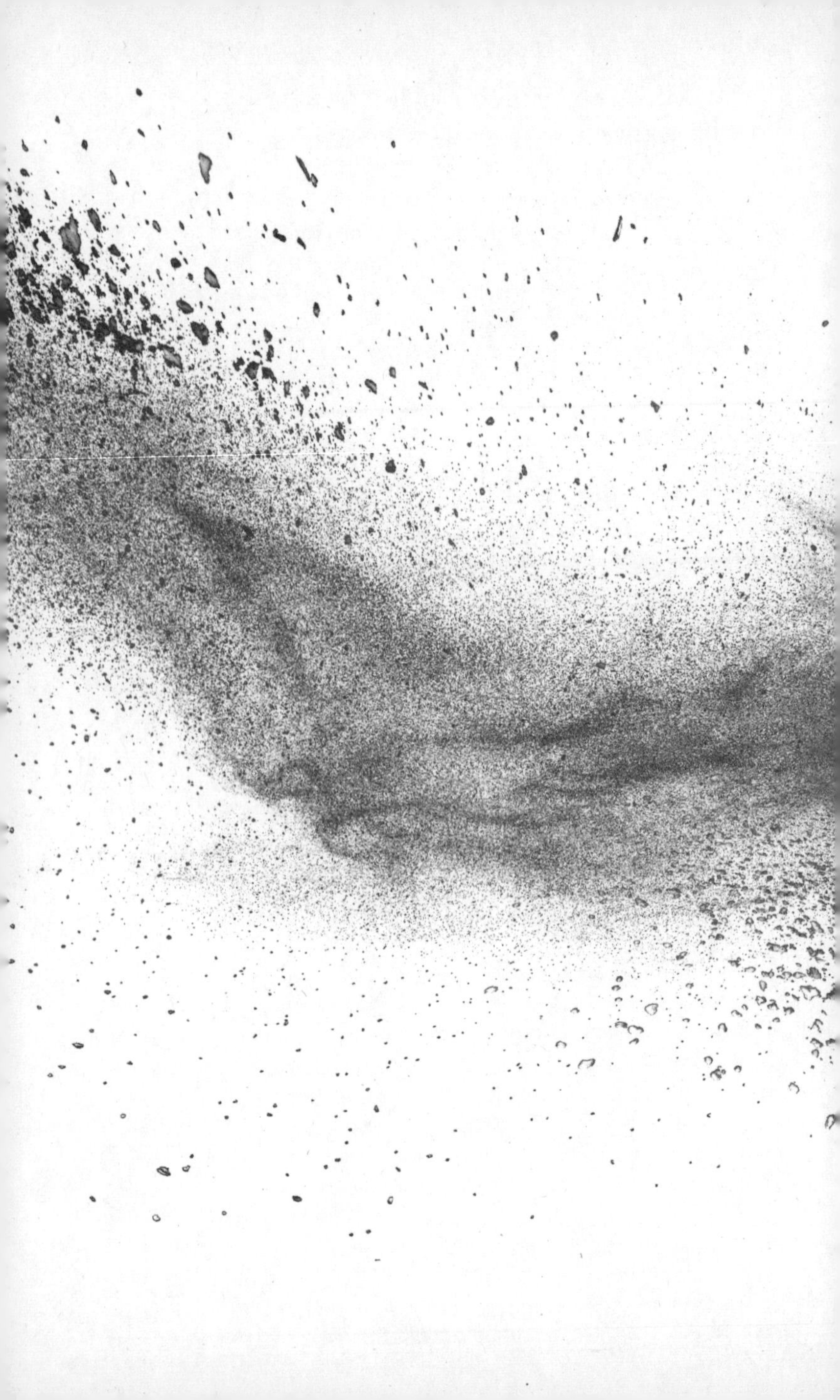

REFERENCIAS

Acaso, María, *El lenguaje visual*, Paidós, Barcelona, 2009.

Battaglia, John S. Jr., *The Rockstar In You*, iUniverse.Inc., Bloomington, 2008.

Baudouin, Bernard, *Las claves de la intuición*, De Vecchi, Barcelona, 2006.

Beckwith, Harry, y Christine Clifford, *El arte de venderse*, Grupo Editorial Norma, Bogotá, 2007.

Boothman, Nicholas, *How to Make People Like You in 90 Seconds or Less*, Workman Publishing Company, Nueva York, 2000.

Carnegie, Dale, *Cómo ganar amigos e influir sobre las personas*, Sudamericana, Buenos Aires, 1940.

———, *How to Win Friends & Influence People in the Digital Age*, Simon & Schuster Paperbacks, Nueva York, 2011.

Castellanos, Leonel, *El efecto Leopi para ellas*, Alfaomega, México, 2013.

———, *El efecto Leopi*, Alfaomega, México, 2012.

———, *Haz que suceda*, Alfaomega, México, 2017.

Chamoun-Nicolás, Habib, *Trato hecho*, Keynegotiations, Texas, 2008.

Chopra, Deepak, y Rudolph E. Tanzi, *Supercerebro*, Grijalbo, México, 2014.
Coque, Antonio, *Inteligencia verbal*, Edaf, Madrid, 2013.
Craig, David, *Sé que mientes*, Aguilar, México, 2012.
Davis, Flora, *La comunicación no verbal*, Alianza Editorial, Madrid, 2004.
De La Plaza, Javiera, *La inteligencia asertiva*, V&R Editoras, México, 2007.
Erickson, Milton H., *Seminarios de introducción a la hipnosis*, Alom Editores, México, 2005.
Forgus, Ronald H., y Lawrence E. Melamed, *Percepción: estudio del desarrollo cognoscitivo*, Trillas, México, 2010.
Fox Cabane, Olivia, *El mito del carisma*, Urano, Barcelona, 2012.
Gabor, Don, *How to Start a Conversation and Make Friends*, Fireside, Nueva York, 2001.
Gladwell, Malcolm, *Blink: inteligencia intuitiva*, Punto de Lectura, México, 2009.
Goleman, Daniel, *La inteligencia emocional*, Punto de Lectura, México, 2002.
———, *Working with Emotional Intelligence*, Bantam Books, Nueva York, 1998.
Gordoa, Víctor, *El poder de la imagen pública*, Grijalbo, México, 2006.
Guerrero, Gabriel, *Diseñando tu destino*, Khaos, México, 2004.
Hadfield, Sue, y Gill Hasson, *Cómo ser asertivo en cualquier situación*, Selector, México, 2014.
Herrera, Helios, *No me vendas, ayúdame a comprar*, HH Consultores, México, 2006.
Herring, Jonathan, *Cómo discutir de forma poderosa, persuasiva y positiva*, Selector, México, 2014.
Hoffman, Reid, y Ben Casnocha, *El mejor negocio eres tú*, Conecta, México, 2013.
Jaramillo Loya, Horacio, *La reconstrucción de sí mismo: bases del desarrollo humano multidimensional*, Alfaomega, México, 2012.

———, *Mitos y malentendidos del desarrollo humano*, Alfaomega, México, 2012.

Johnston, Peter D., *Negotiating with giants*, Negotiation Press, Canadá, 2012.

Knight, Sue, *PNL en el trabajo*, 3R Editores, Bogotá, 2009.

Lieberman, David J., *You Can Read Anyone*, MJF Books, Nueva York, 2007.

Limón Vigoritto, Rafael, *La aventura de conocer tu personalidad*, Panorama Editorial, México, 2013.

"Los porqués de la mente humana", *Reader's Digest*, México, 1991.

Lowndes, Leil, *Cómo comunicarse con los demás*, Oniro, Bracelona, 2012.

Lozano, César, *El lado fácil de la gente difícil*, Aguilar, México, 2013.

Mandino, Og, *El vendedor más grande del mundo*, Diana, México, 1998.

Morris, Desmond, *El mono desnudo*, Debolsillo, México, 2016.

Navarro, Joe, *El cuerpo habla*, Sirio, Málaga, 2010.

Ribeiro, Lair, *La comunicación eficaz*, Urano, Barcelona, 2000.

Ries, Al, y Jack Trout, *Las 22 leyes inmutables del marketing*, McGraw-Hill, México, 1993.

Rivas Lacayo, Rosa Argentina, *Saber pensar: Dinámica mental y calidad de vida*, Urano, Barcelona, 2008.

Roberts, Reginald, *Psicología del color*, Prana, México, 2013.

Rubia, Francisco J., *¿Qué sabes de tu cerebro?*, Ediciones Temas de Hoy, Madrid, 2006.

Segal, Inna, *The Secret Language of Your Body*, Atria Books, Nueva York, 2010.

Stanislavsky, Constantin, y Francisco J. Perea, *Creación de un personaje*, Diana, México, 2001.

Swaab, Dick, *Somos nuestro cerebro: cómo pensamos, sufrimos y amamos*, Plataforma Editorial, Barcelona, 2014.

Vargas, Gabriela, *Todo sobre la imagen del éxito*, Aguilar, México, 2014.
Viñals, Josep, *Manual práctico de Cromoterapia: La energía del color*, CUAM, México, 2012.

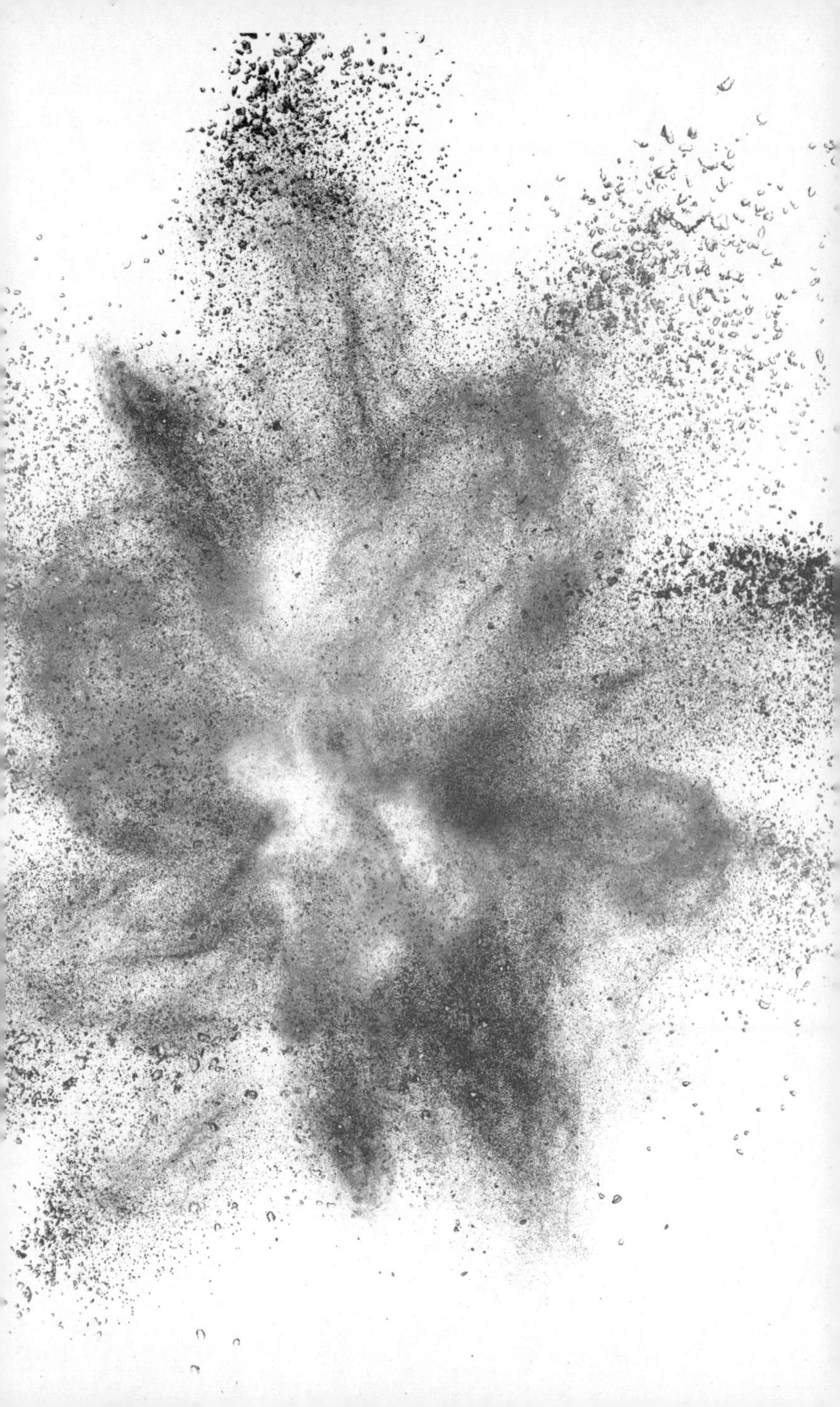

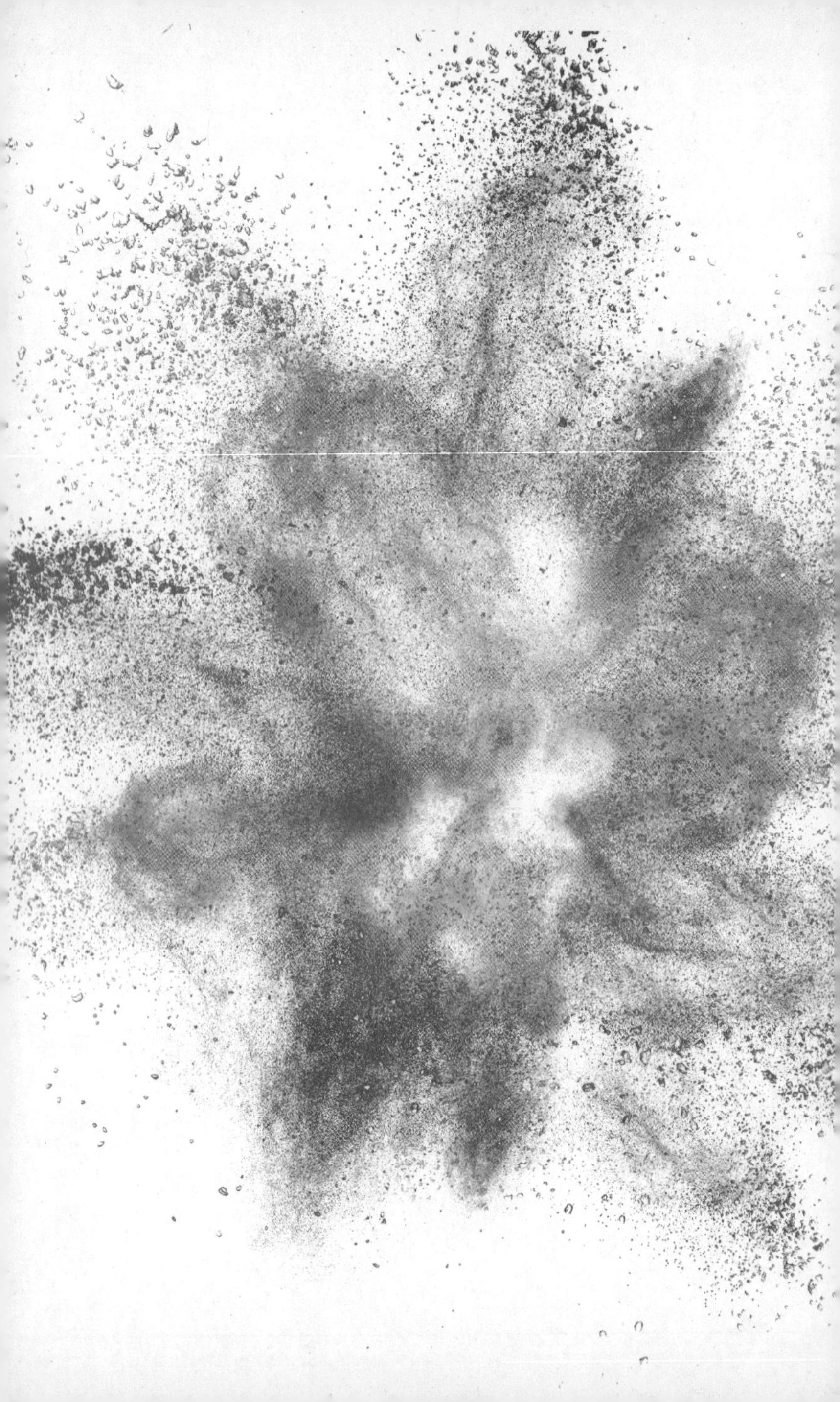